中国历史轻松阅读系列

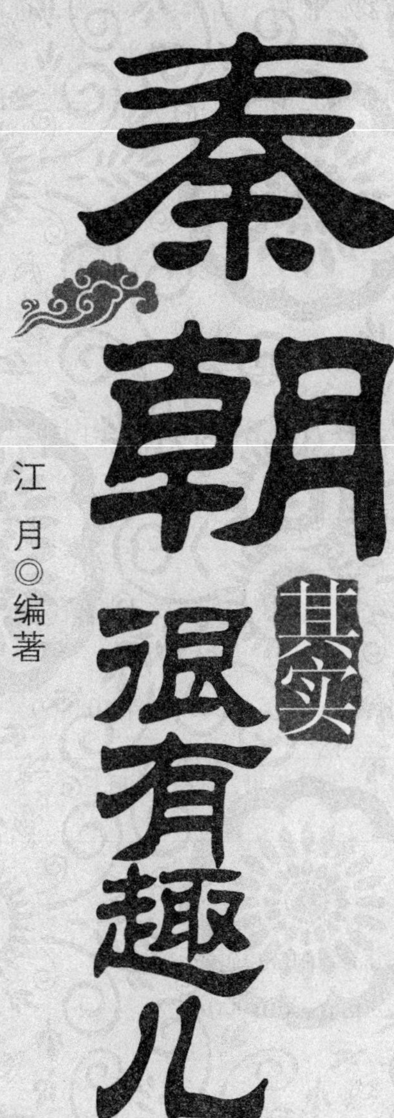

秦朝其实很有趣儿

江月◎编著

中国纺织出版社

内 容 提 要

秦朝，对于今天的中国人来说，似乎已经很遥远了。两千多年前的一个王朝，一想起来就像那十万八千里一样的遥远，它化为的灰尘，却不知又经历了多少轮回！

然而，当我们看到那横亘在群山之中的万里长城的时候，又似乎觉得这个朝代离我们很近，仿佛就在昨天，进而想起秦始皇统一中国的壮举，同时又想起他“焚书坑儒”，想起他的暴政，甚至还会想到那凄美的神话传说“孟姜女哭长城”的故事……

《秦朝其实很有趣儿》将带你重游秦朝。

图书在版编目（CIP）数据

秦朝其实很有趣儿 / 江月编著．—北京：中国纺织出版社，2011.9（2021.6重印）

（中国历史轻松阅读系列）

ISBN 978-7-5064-7575-4

Ⅰ.①秦… Ⅱ.①江… Ⅲ.①中国历史-秦代-通俗读物 Ⅳ.①K233.09

中国版本图书馆CIP数据核字（2011）第108860号

策划编辑：李秀英 姜 冰 责任编辑：韩枫朔 阮慧宁

责任印制：陈 涛

中国纺织出版社出版发行

地址：北京市东直门南大街6号 邮政编码：100027

邮购电话：010-64168110 传真：010-64168231

http://www.c-textilep.com

E-mail:faxing@c-textilep.com

河北鹏润印刷有限公司印刷 各地新华书店经销

2011年9月第1版 2021年6月第2次印刷

开本：710×1000 1/16 印张：17.25

字数：199千字 定价：49.80元

前言

秦朝，似乎离我们已经很遥远了。但当我们看到那横亘在群山之上的万里长城时，又似乎觉得这个朝代离我们很近，秦始皇统一中国的壮举仿佛就在昨天，甚至还会想到那凄美的神话传说“孟姜女哭长城”……

战国时期，诸侯林立，各国之间，以邻为壑，强者胜弱，众者暴寡，以兵相见，不得休息；同时对人民的交往和商品流通也带来了阻碍。为了勒索钱财，征收苛税，各国到处设立关卡。分散而各自独立的集权国家，显然不利于国计民生，人们从心底里渴望统一。这似乎与当今世界各国为政的状况有着相似之处。

在战国中期以后，中华大地走向统一的大势已趋明朗，一些有识之士也已清楚地看到，统一终将到来。但是，对统一究竟如何得以实现，看法却并不一致。

当时的大思想家孟子（约公元前372—公元前289年），就认为整个局势最后是会“定于一”的，但他同时又坚信，只有“不嗜杀人者能一之”（《孟子·梁惠王上》）。这就是说，走向最后的统一，靠的主要不是战争，而是仁义。孟子期盼着有朝一日能出现一位人物，借助精神的感召力，赢得天下的统一。

稍晚于孟子的荀子（约公元前313—公元前238年），也表示

过类似的意见。他说："能让天下归心的，就是王；被天下背弃的，则是亡。商汤和周武王注重推行道义，兴天下共同之利，除天下共同之害，所以让天下归心，成为王。"（《荀子·王霸》）

与孟子、荀子不同，《吕氏春秋》的作者意识到了必须用武力的方式消灭各诸侯国，从而建立统一的中央集权的政府。但是，《吕氏春秋》又指出，只有用"义兵"，才能赢得胜利。

历史证明了《吕氏春秋》的作者，在展望走向统一的途径这一点远比孟子、荀子高明。但是，在长平之战中活埋40万降兵的秦军，能称为"义军"吗？

秦国以得天独厚的地理环境，加上严刑峻法推行的耕战政策，使它在七雄中渐渐成为唯一的超级大国，并实现了"并诸强，吞天下"。然而，秦始皇在统一六国后建立的大一统王朝却如同天空划过的一颗流星，短短15年便崩溃灭亡了！这又说明了什么呢？

历史是一面镜子。秦王朝统一六国的历史重新成为人们关注和研究的文化热点。它的衰亡，它的强盛，它的一统天下，它的迅速崩溃，无论成功和失败的每一个细节，人们都渴望解读它。

由此，我们编写了这本反思秦朝历史的通俗读物，希望能满足读者的愿望。这本书在写作上的一个显著特点是：它不仅从历史的大背景上来看问题，而且从历史人物的言谈举止间来揭示历史发展变化的契机。

目 录

第一章　秦国的兴起

秦国的祖先，传说是颛顼帝的孙女，名叫女修。有一天，女修正在纺织，一只燕子从天上飞过，掉落下一颗蛋。女修捡起那蛋，并把它吞吃了，于是怀孕生下儿子大业。大业成人后，娶少典的女儿女华为妻，生下儿子大费。大费又名伯翳，曾经和大禹一起治理洪水。治水成功后，舜帝给大禹颁赐了玄圭作为奖赏。大禹在接受奖赏的时候说："这不是我一个人能够做成的事，还多亏了大费做助手。"

舜帝又对大费说："你帮助禹治水成功，为此赏赐给你一面有黑色悬垂物饰的旌旗，你的子孙后代必定会成就一番盛大的功业。"

接着舜帝把一个姚姓的美女嫁给大费做妻。大费行拜礼接受了。随后大费又辅佐舜调理驯服鸟兽，鸟兽大多被驯服。为此，舜帝又赐封大费姓嬴。

大费生有两个儿子：一个名叫大廉，就是鸟信氏；另一个名叫若木，就是费氏。大廉的玄孙名叫孟戏、中衍。中衍身形像鸟，能说人话。商朝太戊帝听说后进行占卜，看任用他做御者是否吉祥，结果是吉。于是就将他招来让他驾车，并且给他娶了妻子。从太戊以后，中衍的后代子孙每世都有立功的人来辅佐殷商，因此嬴姓在商朝大多显贵。中衍的玄孙名叫中潏，居住在西

戎，保卫西陲疆域。他生了个儿子叫蜚廉。

蜚廉生子恶来。恶来有气力，蜚廉善奔跑，父子都凭强壮的身体才能侍奉殷纣王。周武王伐纣的时候，一并杀了恶来。这时候蜚廉正在北方替纣王制作石椁。他回来后，因为纣王已死，没有地方禀报，就在霍太山筑坛祭奠纣王向他报告。在筑坛的时候得到一具石棺，上面有刻凿的文字，意思是“上帝诏令处父（蜚廉的别号）不要参与殷人的叛乱，赐给你石棺来光大你的氏族。”

大禹像

恶来死后，留有一个儿子名叫女防。女防生了旁皋，旁皋生了太几，太几生了大骆，大骆生了非子。非子居住在犬丘，喜好马匹和其他牲畜，并善于将它们畜养繁殖。犬丘人把这件事告知周孝王，孝王召他到汧水、滑水之间的地区去负责养马，马匹得到了大量繁殖。于是孝王想要把非子作为大骆的嫡传后代。申侯的女儿是大骆的妻子，

生下的儿子成是大骆的嫡子。因此申侯对孝王说：“以前我的祖先娶骊山氏生有一女，嫁给中衍的曾孙戎胥轩作为妻室，生下了中潏，因为和周结亲的缘故而归附于周，保卫周的西方边境，西方边境因此得到了和睦安宁。如今我又将女儿嫁给大骆做妻，生有嫡子成。申、骆再次发展婚姻关系，西戎都来归服，因此大王才能称王。大王要慎重考虑这件事。”

于是孝王说：“从前伯翳替舜主管畜牧，牲畜繁殖得很盛，因此就得到列土封侯，被赏赐姓嬴。如今他的后代也替我繁畜马匹，我将分封土地给他做附庸之国。在这个地方建立城邑，就叫秦，使非子持续嬴氏的庙祀。”于是非子的封地就叫秦嬴。秦国之所以称秦，就从这时开始。秦女修至非子，共经历了 18 代，其年数不详。

非子生了秦侯，秦侯在位 10 年去世。秦侯生了公伯，公伯在位 3 年去世。公伯又生了秦仲。

秦仲在位三年时，周厉王暴虐无道，有些诸侯反叛周王，西戎也反叛周王室，灭亡了犬丘及大骆的家族。十八年，周宣王即位，任命秦仲为大夫，讨伐西戎。二十三年，秦仲死于西戎。秦仲有五个儿子，其中最年长的一个名叫庄公。周宣王召来庄公兄弟五人，给他们 7000 名士兵，让他们去讨伐西戎，结果打败了西戎。于是周宣王再次赏赐秦仲的后代，包括他们先人大骆受封的犬丘之地，合并起来都划归他们所有，并任命庄公为西陲大夫，居住在犬丘故地。

庄公生了三个儿子，其中长子名世文。世文曾说：“西戎杀了我的祖父仲，若不杀死戎王为祖父报仇，我此后哪还敢再进城来面对族人。”

于是世文带领士兵去攻打西戎，把嗣位让给他的弟弟襄公，

春秋时期的秦国文字

襄公成了太子。庄公在位 44 年去世。太子襄公即位。襄公元年，把妹妹缪嬴嫁给了丰王做妻子。二年，西戎兵围犬丘，世文领兵反击敌人，被西戎人俘获。过了一年多，又被放了回来。

襄公七年春天（公元前 771 年），周幽王信用褒姒而废除太子，立褒姒的儿子做嫡子，屡次欺辱诸侯，致使诸侯反叛。西戎部族的犬戎和申侯联合侵伐周室，攻破西周国都镐京（今陕西西安西南），在骊山下杀死了周幽王，西周灭亡。秦襄公统率军队援救周室，作战非常努力，立了战功。周平王即位以后，为了避开犬戎的骚扰，决定把京都向东迁至洛邑（今河南洛阳市）。秦襄公带兵一路护送周平王，顺利到达洛邑。因为护驾有功，平王封秦襄公为“诸侯”，将周族早年的原居地丰（今陕西长安县丰河以西）、岐（岐山，今陕西岐山县东北）一带赐予秦人。从这时起，建立了秦国，和其他诸侯国互通使节。

然而，当时丰、岐之地仍处在戎、狄的控制之下。经过秦襄公及其子秦文公两代人的努力，秦国终于在秦文公十六年（公元前 750 年）夺回并控制了岐山以西的这片土地。这是关中（东以函谷关为界，相当于今陕西省、甘肃省的一部分）最富庶的地区之一。它为以后秦国农业生产的发展提供了物质基础。秦文公又招纳了在战乱中流散的周人，并从他们那里学习了较高的生产技术，使秦国由游牧经济转变成了农业经济。

秦武公十年和十一年（公元前 688~ 公元前 687 年），秦国在一些新征的地方开始设县，以加强秦对地方的控制。县的原意为“悬”，东汉许慎在《说文解字》中说：“悬，系而有所属。”即用绳子系住，虽悬挂着而有所归属的意思。这些在边境设立的兼有军事和行政两种性质的组织，归秦国国君直接管辖，不易滋生和形成分封制所带来的地方割据势力。这一措施巩固了初生的

秦国，增强了实力。在秦武公时代（公元前 697 ~ 公元前 678 年），西起甘肃中部，东至华山一带，整个关中和渭水流域已基本为秦国所据有。德公时，秦迁都于雍（今陕西凤翔）。但至德公的儿子成公时，没有大的作为。从秦侯到成公，一共 198 年，历经 9 世，12 位君主。

点　评

秦国的兴起，经历了两个重要阶段：一是非子时，得到“秦嬴封地”；二是秦襄公时，秦地正式成为诸侯国。其间的年代跨度久远，许多事迹不可考证，并伴有神话传说。但无论怎样神异，我们还是可以看出一个基本的历史真相：秦国的兴起不是偶然的，也不是命定的，而是秦族人世代努力的结果。特别是秦国的每一次兴盛，都是家族中出现了“能人”，从这可以看出杰出人物在历史发展中的作用。如果一个民族不尊重他的英雄人物，则这个民族是不会有复兴的希望的。

第二章　秦穆公称霸春秋

秦国的君侯，自成公以上，史书中皆失其名，从秦穆公开始才记载有名字。秦穆公，名任好，是德公的小儿子，成公的弟弟。成公有七个儿子，没有一个儿子被立为国君，他立了弟弟任好为王位继承人。成公在位 4 年去世，任好即位，这就是秦穆公。

秦穆公元年，穆公任好亲自率领军队攻伐茅津，取得了胜利。秦穆公四年，娶晋国太子申生的姐姐为妻。秦穆公五年，晋献公灭亡了虞国、虢国，俘虏了虞国国君和他的大夫百里奚。百里奚被俘以后，作为秦穆公夫人陪嫁的仆役来到秦国。不久百里奚从秦国逃走，跑到宛地，楚国边境的人捉到了他。穆公听说百里奚有贤能，想要用重金赎回他，恐怕楚国人不答应，就派人对楚国人说：“我国的陪嫁奴仆百里奚现今逃到了楚国，我们请求用五张黑色公羊皮赎回他。”

楚国人答应了这一要求，把百里奚交回了秦国。在这个时候，百里奚已经有七十多岁了。穆公亲自从囚车中把他释放出来，想和他讨论治国的事。百里奚辞谢说：“我是亡国之臣，哪里还值得询问！”

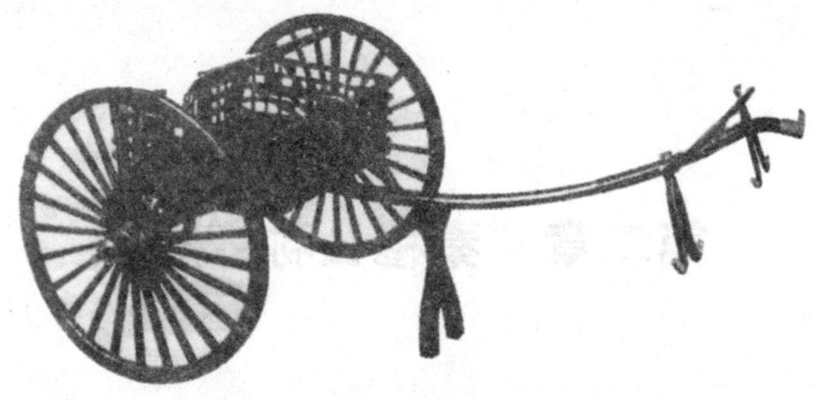

春秋战车

穆公说："虞国国君不能重用你，因而亡国，亡国不是你的罪过。"

穆公诚恳地向他请教，两人谈论了三天，穆公非常高兴，授给他掌管国家大政的权力，称为"五羖大夫"。百里奚推辞说："我的才能不及我的朋友蹇叔，蹇叔贤能而不被世人所知。我在游历齐国的时候，曾经困窘得讨饭吃，是蹇叔收留了我。我后来想到齐国追随齐君无知，是蹇叔制止了我的这一企图，使我能够避免卷入齐国内乱的灾难。于是我又到了周朝。周王子颓喜好牛，我就借养牛来接近他。后来颓想要重用我时，又是蹇叔劝阻了我，使我离去，才免于被诛杀。我奉事虞君，蹇叔又劝止我，我虽然知道虞君不能重用我，但我却为了贪图财利和爵禄，暂且留了下来。我两次采纳他的意见，都免于灾难。而一旦不听从他的意见，就遭遇了虞君亡国的祸难。由此我知道蹇叔的贤能。"

于是穆公派人用贵重的礼物迎请蹇叔，任用他为上大夫。

秋天，穆公亲自率领军队攻打晋国，在河曲地区展开了激战。晋国骊姬正在国内作乱，太子申生死在新域。公子重耳、夷吾从晋国逃亡而出。秦穆公九年，晋献公去世，立骊姬的儿子奚

齐做国君，晋国的大臣里克杀死了奚齐。荀息另立卓子做国君，里克又杀死了卓子和荀息。夷吾派人到秦国请求援助，要求秦国帮助他回到晋国，并对秦国人说："假如我能够被立为晋国国君，就将割出晋国河西的八座城邑奉献给秦国。"

于是穆公答应了他的请求，派百里奚带领军队护送夷吾回晋国。但当夷吾到达晋国被拥立为晋君以后，却派邳郑到秦国去推脱，违背前约而不给秦国晋国河西的城邑，并诛杀了里克。邳郑听说了这件事，非常害怕，和秦穆公一起谋划说："晋国人不愿夷吾做国君，事实上是希望重耳回国做国君。如今夷吾违背盟约并诛杀里克，都是吕甥、郤芮的计策。希望您用重利把吕甥、郤芮迅速召来，吕甥、郤芮一旦来到秦国，那么再护送重耳回晋国就方便了。"

穆公答应了他的请求，派人和邳郑回归晋国，召唤吕甥、郤芮。吕甥、郤芮等人怀疑邳郑有阴谋，于是叫夷吾杀了邳郑。邳郑的儿子邳豹逃到秦国，劝穆公说："晋国国君无道，百姓不亲附他，可以因此去攻伐晋国。"

穆公说："假如晋国百姓真是认为晋君不适宜做国君，那么他为什么还能诛杀创始的大臣呢？能够诛杀他的大臣，这正说明他能够适应民望。"

秦穆公表面上不听他的建议，暗地里却重用邳豹。秦穆公十二年，晋国遭遇旱灾，到秦国请求借粮度灾。邳豹对秦穆公说："不要给晋国粮食，趁着它发生饥荒去攻伐晋国。"

穆公以这件事问大夫公孙枝，公孙枝说："饥灾和丰收是变更无常的事，不能不借给晋国粮食。"

穆公又问百里奚，百里奚说："夷吾得罪了您，晋国的百姓又有什么罪？"

于是穆公采纳了公孙枝、百里奚的建议，把粮食借给了晋国。用船载漕运和车载陆运，从雍城到绛城运粮的车船相望不绝。秦穆公十四年，秦国发生饥荒，到晋国去请求借粮。晋国国君和群臣商量这件事。虢射说："趁着秦国正闹饥荒去攻打它，可以取得很大的成功。"

晋君听从了他的建议。第二年，晋国发动军队攻打秦国。穆公也调集军队，委派邳豹做将军，亲自统兵前往反击晋军。九月壬戌这一天，秦穆公与晋惠公夷吾在韩原展开大会战。

在战斗中，晋君脱离主力部队，和秦军争夺战利品。在回归途中因为马陷入泥潭中而行动迟缓。秦穆公见了，率领麾下军士急追晋惠公，但不仅没能捉住晋君，反而被晋军所包围。晋军攻打穆公，穆公受了伤。就在这时候，曾经偷吃过穆公良马的三百名岐下人冒死杀入晋军，迫使晋军退却，不仅救了穆公，而且活捉了晋君。

当初，穆公丢失了好马，住在岐下的三百名野人共同捕得并把它们杀死吃了。官吏捉到他们，要依法惩治他们，穆公说："君子是不会因为牲畜而伤害人的。我听说吃了马肉而不饮酒，会伤身体。"于是穆公又赏赐酒给他们喝，并赦免了他们的罪过。当这三百人听说秦军反击晋军时，都要求从军，当在军中看见穆公处境危险时，也都不避刀枪，争先死战，来报答穆公的恩德。

穆公俘获晋君回到秦国，在国中发布命令说："大家都斋戒独宿，我将用晋君祭祀上天。"

周天子听说这件事，替晋君求情说："晋侯是我的同姓，饶了他吧！"

穆公的夫人，也就是夷吾的姐姐听说了这件事，身穿丧服，光着脚来求穆公说："如果我不能拯救自己的兄弟，将不得不穿

經十有四年春王正月公至自晉無傳告於廟邾人伐我
南鄙叔彭生帥師伐邾夏五月乙亥齊侯潘卒七年盟于
扈乙亥四月二十九日書五月從赴○〔潘〕判干反六月公會宋公陳侯衛侯
鄭伯許男曹伯晉趙盾癸酉同盟于新城新城宋地在梁國穀
熟縣西秋七月有星孛入于北斗孛彗也既見而後入北斗非常所有故書
之○〔孛〕音佩〔彗〕似歲反一雖遂反公至自會無傳晉人納捷菑于邾弗
克納邾有成君晉趙盾不度於義而大興諸侯之師涉邾之竟見辭而退雖有服義之善所與者廣
所害者衆故貶稱人〔菑〕側其反〔度〕待各反○九月甲申公孫敖卒于齊既許
復之故從大夫例書卒齊公子商人弒其君舍舍未踰年而稱君者先君既葬
舍已即位弒君例在宣四年宋子哀來奔大夫奔例書名氏貴之故書字冬單伯

春秋經傳集解　卷九　　七一　中華書局聚

《春秋》书影

丧服，这样会影响君上的运势。”

穆公说：“我捉得晋君本来认为是一件大功，如今却是天子为他来求情，夫人因为这件事也苦恼。”

于是穆公和晋君订立盟约，答应放还他，还把他另行安排在上等住所，并馈赠他牛、羊、猪各七头作为食品。十一月，放回晋君夷吾，夷吾把晋国河西的土地献给秦国，让太子圉到秦国去做人质。秦穆公又把宗室中的女子嫁给太子圉为妻。至此，秦国的国土向东发展到了黄河。

秦穆公二十年，秦国吞灭梁国、芮国。秦穆公二十二年，晋国的公子圉听说晋君生病，说：“梁国是我母亲的家乡，而它被秦国吞灭了。我的兄弟很多，如果国君去世，秦国必定要留住我，那么晋国会不重视我，也就会另立君王的其他儿子为君。”

太子圉于是逃回晋国。秦穆公二十三年，晋惠公去世，太子圉被立为国君，称为晋怀公。秦国怨恨太子圉从秦国逃亡而去，就从楚国迎请晋国的公子重耳，而把过去太子圉的妻子再嫁给重耳为妻。起初重耳称谢推辞，后来才接受。穆公更加用厚礼款待他。

秦穆公二十四年春天，秦国派人告诉晋国的大臣，秦国想要让重耳入主晋国。晋国答应了秦国的请求，于是秦国派人送重耳回国。二月，重耳被拥立为晋国国君，这就是晋文公。文公派人杀死了太子圉。

这一年秋天，周襄王的弟弟带凭着翟国的武力攻伐周王，周王被迫出居郑国。秦穆公二十五年，周王派人到晋国和秦国，通报祸乱情况。秦穆公率领军队协助晋文公用武力护送襄王回国，诛杀了周襄王的弟弟带。秦穆公二十八年，晋文公在城濮打败了楚军。秦穆公三十年，穆公协助晋文公围攻郑国。郑国派人对穆

黄　帝

公说："灭亡郑国而加强了晋国，对晋国有所得，而秦国不能得到什么利益。晋国的变强，就是秦国的忧患啊！"

穆公于是罢兵回国。晋国也罢了兵。秦穆公三十二年冬天，晋文公去世。郑国有人向秦国出卖郑国说："我把守着郑国的城门，秦国可以来袭击郑国。"

穆公就这件事询问蹇叔、百里奚的意见。他们回答说："途经好几个国家，行程千里去奇袭别人，是很少能成功的。既然有人出卖郑国，又怎么知道我国没有人把我们的举动告知郑国呢？这件事不可做。"

穆公说："你们不知道中间的奥妙，这件事我已经决定了。"

于是秦穆公派百里奚的儿子孟明视、蹇叔的儿子西乞术及白乙丙率领秦军去攻打郑国。出发这天，百里奚、蹇叔二人对着他

们痛哭。穆公听说了这件事，怒道："我发兵而你俩哭丧，这是什么用意?"

两位老人说："臣子不敢哭丧您的军队，军队出发，臣子的儿子一同前往；臣子年老，恐怕他们回来迟了而无法相见，因此而哭。"

两位老人退下，私下对他们的儿子说："你们的军队如果失败，必然是在崤山险要地区。"

秦穆公三十三年春，秦军向东行进，越过晋国的领土，经过周室北门。周室的王孙满说："秦国军队的行动不合礼法，不失败还能有什么别的结果吗?"

秦军行进到滑地，郑国商人弦高带着12头牛正准备到周室去卖，见到秦军，恐怕被捉去杀掉，于是把牛献给秦军说："听说贵国要诛伐郑国，郑国国君正认真谨慎地准备防御，派臣子送12头牛来慰劳你们。"

秦国的三位将军于是相互商量说："我们准备奇袭郑国，如今郑国已经知道我们的行动，等我们赶到郑国时已错过时机了。"

于是秦军灭掉了晋国的滑城。此时，晋文公死了还没有安葬，太子襄公非常愤怒地说："秦国欺侮我丧父，趁着我办理丧事的时候攻打我国的滑邑。"

于是他身披黑色丧服，率领军队在崤山埋伏截击秦军，秦军被打得大败，没有一个人能够逃脱。晋军俘虏了秦国的三位将军后回师。晋文公的夫人，也就是秦穆公的女儿，为被俘的三位秦国将军讲情，说："穆公对这三个人恨之入骨，希望你能让这三个人回国，让秦国国君去烹杀他们。"

晋国国君答应了她的请求，放回了秦国的三位将军。三位将

军回到秦国，穆公身着丧服在城外迎接他们，对着三位将军哭泣说："我因为没有听从百里奚、蹇叔的建议而使三位将军受到侮辱，你们三位有什么罪呢？你们用心准备雪耻，不要懈怠。"

于是恢复了三人以前的官职俸禄，对他们更加厚待。秦穆公三十四年，穆公又派孟明视等人率军去攻打晋国，在彭衙地区交战。秦国军队没有取得胜利，退兵回国。这时，戎王派遣由余出使秦国。由余的祖先是晋国人，后逃亡到戎地，所以仍能讲晋国的方言。戎王听说秦穆公有贤德，所以派遣由余作为使者前往秦国观察。

秦兵马俑

秦穆公向他炫耀宫室的豪华和积聚的财宝。由余看后却说："这些若使鬼神去做，则太劳神了，若使人力去做，也太困苦民众了。"

秦穆公对他的说法感到不高兴，于是问："中原各国用诗书礼乐法度作为行政的原则，像这样有时还出现变乱。如今戎夷没有中原国家的诗书礼乐法度，用什么来治理国家？不是会更困难吗？"

由余笑着说："这

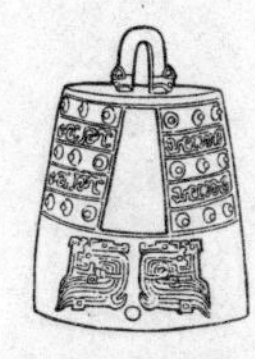

些正是使中原国家发生变乱的原因。自从上古圣人黄帝制作礼乐法度，他就以身作则而率先奉行，也仅仅能达到小治。等到后世君王，一天比一天更加骄淫，依靠法度的威严来监督责求臣民，臣民疲困已极就怨恨居上位者不行仁义，上下相争，积怨加深就会相互篡杀，导致毁灭宗族，所有的变乱都是因为这些缘故。而戎夷不是这样的，在上位的人对待在下位者充满仁德，在下位者事居上位者心怀忠信，治理一国的政事如同治理自己一样简单，他们不知道治理国家还需要有什么其他的措施，这才是真正圣人的治国方法。”

于是穆公私下向内史廖询问说：“我听说邻国有圣人，这是对立国家的忧患。如今由余是一位贤才，他将是寡人的祸害，将如何对待他呀？”

内史廖说：“戎王居处在偏僻闭塞的地区，还没有听到过中原国家的声乐之美，您不妨送给他女色声乐来改变他的心志；替由余向戎王请求延期返戎，借以疏远他们之间的关系，扣留由余而不遣送他回国，借此耽误他的归期。戎王对他感到难以琢磨，必然会怀疑由余。君臣之间有嫌隙，就可以把他俘获，而且戎王嗜好音乐，必然会懈怠国政。”

穆公说：“很好。”

于是穆公和由余接席而坐，互递杯盏而一同进食，询问他戎国的地形和兵力态势，了解了戎国所有的情况。而后命令内史廖把由 16 名女子组成的乐队赠送给戎王。戎王接受秦国的馈赠后，非常隆重地款待他们，过了一年后仍不送还。到这时秦国才放回由余。由余屡次劝谏而戎王不听从，穆公又多次派人暗中劝降由余，由余于是离开戎国而归了秦国。穆公用隆重的礼节对待他，询问他可以采用什么方式攻伐戎国。

秦穆公三十六年，穆公更加厚待孟明视等人，派他们率领秦军攻打晋国。秦军为激励士气，渡过黄河以后把船焚烧了，结果大败晋军，攻取了王宫城和鄗地，用来报复崤山之役秦国被晋国打败的仇恨。晋国人在城中困守不敢出战。于是穆公从茅津渡过黄河，为在崤山战役中牺牲的军士筑坟，为他们发丧，为他们致哀三日，并对军队发表誓言说："士兵们！听我说，不要喧哗，我有誓言要告诉你们。古时候人们有事如果向白发老人请教商讨，就不会有什么过失。今天，为了表示追悔当初不用蹇叔、百里奚的谋略，所以才作出这次誓言，使后世能够记住我的过错。"

军士们听了这件事，都为此而垂泪，他们说："唉，秦穆公做人真是非常周全，因而能获得孟明视等贤士的拥护。"

陶质量器

秦穆公三十七年，秦国采用由余的谋略攻伐戎王，增加了十二个属国，拓展了千里领土，最终在西戎称霸。周天子派召公带着金鼓去向穆公祝贺。

秦穆公三十九年，穆公去世，葬在雍地。陪葬的有 177 人，其中有秦国的良臣子舆氏三人，他们名叫奄息、仲行、鍼虎。秦国人为他们感到悲哀，为他们作了一首名叫《黄鸟》的诗歌，其中写道："交交黄鸟，止于棘。谁从穆公？子车奄息。维此奄息，百夫之特。临其穴，惴惴其栗。彼苍者天，歼我良人！如可赎兮，人百其身。"

由此，对于秦穆公，后人多评论说："秦穆公扩展疆土，使国家强盛，在东方征服了强大的晋国，在西方称霸于戎夷地区，像他具有这样的功勋和荣耀而没有成为诸侯国的盟主，也是命该如此。他死后弃民于不顾，把他的良臣带走，随从他殉葬。以往的先王崩逝，尚且能遗留下他们的美德作典范，但是穆公却夺去了美人、良臣及百姓所敬爱、依赖之人的性命去殉葬，由这件事可以知道秦国不能再度东征了。"

也有人说，有一次穆公与群臣饮酒时喝醉了，穆公说："我们生共此乐，死也共此哀。"奄息等人便答应了。到穆公死的时候，他们都愿意跟着死。这些殉葬者都是出于自愿，而不是穆公强迫他们死的。

秦穆公死后，他的继承者们继续参与中原的列国争霸。不过终春秋之时，也没有多大的作为。

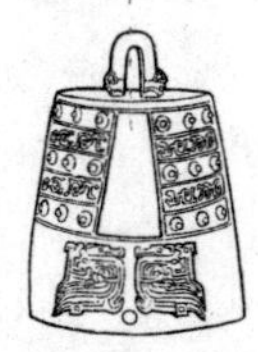

点　评

秦穆公在位39年，逐渐灭掉了西戎、狄人所建立的国家20个，开辟国土千余里，使长期以来被戎、狄占据的西北方广大地区得以结束支离破碎的分割局面，在局部地区实现了统一，加强了民族融合，促进了秦国社会经济的发展。孔子曾经高度称颂秦穆公的政绩，认为秦国国虽小，志气却很大，地处偏僻，行为却中正；其待人用人之道，是可以称“王”的。可惜，秦穆公的这一人格特性没有传递给他的子孙，致使后来秦国的统一走上了短命之路。

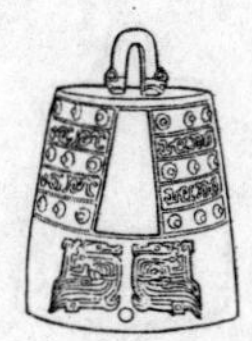

第三章　改革变法的商鞅

秦国在秦穆公之后到秦孝公以前，历代国君都没有大的作为。特别是由于屡次更换国君，君臣秩序混乱，国力下降，“兵弱而主卑”，在诸侯国中处于落后地位。在外交上不能参与中原各国的盟会，诸侯都以“夷狄遇之”，即把秦国视为未开化的野蛮之国。

公元前 361 年，秦献公的儿子秦孝公即位。面对“诸侯卑秦”的被动局面，他决心励精图治，改变现状，富民强国，并下令到处求贤，说：“谁能够出奇计使秦国强盛，我将尊崇他而给予高官，和他一起分享国土。”

秦孝公的求贤若渴打动了一位怀才不遇的人，他决定到秦国去，这个人就是商鞅。

一、有志少年求明主

商鞅是卫国国君姬妾所生的公子，名叫鞅，姓公孙。按当时以国名为姓的习惯，他又叫卫鞅，改称商鞅是以后的事情。

卫鞅出自名门望族，见多识广，加上自己勤奋好学，从小就显露出过人的才干。卫国地处交通要道，特别是都城濮阳（今河南濮阳西南）在当时是有名的大城市，经济繁荣，文化发达。当

时各种思想风起云涌，各种观点竞辩短长。在这种百家争鸣的开放文化环境的熏陶、滋养下，年少的卫鞅逐渐形成了他高远的志向、宏大的抱负，对当时流行的各种思想，他最青睐于法家。

商鞅画像

卫鞅对法家学说产生兴趣，是受到早期法家代表人物吴起的影响。吴起也是卫国人，一度在鲁国做将军，后又西去魏国，参与李悝的变法，政绩显著。公元前 390 年左右，吴起因受魏武侯大臣的排挤，离开魏国进入楚国。当时，楚悼王正力图振兴国势，就任用吴起为令尹（类似宰相的职务，为楚国最高行政长官，兼握军权），主持变法改制。吴起全力推行新政，在很短的时间里便使楚国出现一派新气象。吴起又善于治军练兵，从而增强了楚国的军力。为此楚军曾挥师北上，进攻中原。但吴起的变法时间很短，新法在楚国还没有很好地推广和巩固，支持他变法的楚悼王就死了。随即楚国反对变法的旧贵族便乘机作乱，围攻吴起。吴起被乱剑刺杀，最后又遭车裂之刑。楚悼王和吴起一死，楚国的变法也就失败了。

卫鞅长大后，为了谋求发展，离开了业已衰落且为强邻欺辱的卫国，来到法家政治思想影响较大的魏国。当时魏国的魏惠王为了争霸中原，任命法家人物公叔座为相，卫鞅入魏后，就被收

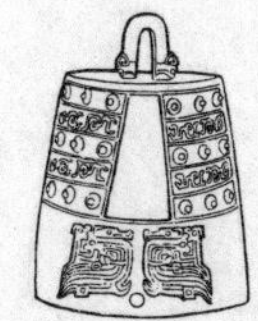

在公叔座门下。

公叔座非常欣赏卫鞅的才能，但还没有来得及推荐他，就病危了。这时魏惠王来探视公叔座，说："公叔的病如果有意外，国家将怎么办?"

公叔座说："我的弟子公孙鞅，年纪虽然轻，但有奇特的才能，希望大王把国家大事委托给他。"

魏惠王沉默不语。魏惠王将要离开时，公叔座驱走旁人又说："大王如果不任用公孙鞅，就一定要杀死他，不要让他走出国境。"

魏惠王答应后离开了。接着公叔座召见卫鞅，抱歉地说："刚才大王询问我能够担任相位的人，我推荐了你，但看大王的脸色没有同意。于是我以君为先，以臣为后，又对大王说，如果不用公孙鞅，就应当杀掉他。大王答应了我。你得赶快离开了，不然将会被害。"

卫鞅说："大王不能听您的话任用我，又怎能听您的话杀掉我呢?"

卫鞅始终没离开。而魏惠王离开之后，就对左右说："公叔座的病很重，可悲啊，他要我把国事委托给公孙鞅，难道不荒谬吗?"

公叔座死后，魏惠王并没有把公叔座的话放在心上。他既没有任用卫鞅，也未派人杀掉他。卫鞅在魏国一连住了几年，正在为自己的才干和抱负得不到施展而郁郁不乐时，传来了秦孝公求贤若渴的消息。于是卫鞅就向西进入秦国，通过秦孝公的宠臣景监去求见秦孝公。

卫鞅几次向秦孝公献策，最终以法家的改革主张取得了信任。据说，在卫鞅前两次献策时，为了试探秦孝公的意图，他介

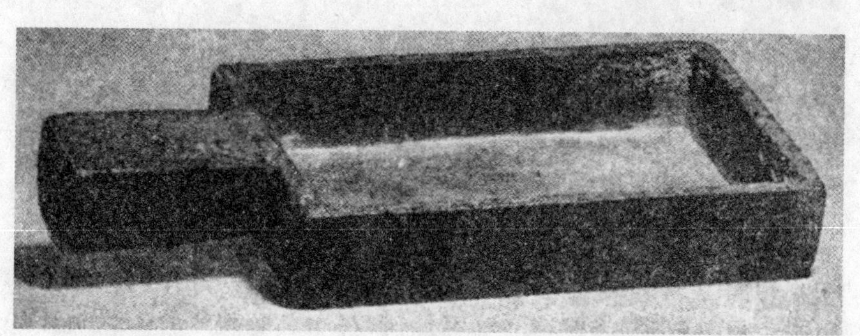

商鞅方升

绍了其他一些学说。第一次卫鞅以“五帝之道”劝说秦孝公，秦孝公对这一套毫无兴趣，卫鞅一边讲，孝公一边打起了瞌睡。交谈结束后，秦孝公对引见卫鞅的景监发怒说：“你的客人是个狂妄的人罢了，哪里值得任用呢?”

景监也责备卫鞅。第二次卫鞅向孝公说以“三王之道”，孝公仍感到厌烦，没有采纳。卫鞅又第三次求见，说以“五霸之道”，这一次，孝公听得津津有味。交谈结束后，秦孝公对景监说：“你的客人还不错，可以跟他交谈了。”

卫鞅又一次进见秦孝公，向他鼓吹“强国之术”。孝公越听越有劲，不知不觉挪动膝盖到卫鞅面前，如此交谈了几天，毫不厌倦。随后，卫鞅就被任命为大夫，留在了秦国。对此，景监不解地问卫鞅：“你凭借什么迎合了我们国君的心意？我们国君特别高兴啊！”

卫鞅说：“我用五帝、三王之道说服他，劝他跟三代相比，但国君说：‘太久远了，我不能等待。况且贤明的国君，每个人都想趁自己在位的时候扬名天下，怎么能够默默无闻地等待几十年乃至上百年之后才成就帝王大业呢?’由此，我用使国家富强的办法说服国君，国君就特别高兴了。”

二、变法的前奏

卫鞅的“强国之术”就是要变革当时使秦国停滞不前的旧法度，秦孝公赞同卫鞅的观点，却又有疑虑，因为在秦国的贵族与官员中，有相当一部分人是顽固地反对变法的。依照秦国的惯例，凡国君一时难以决断的大事，应当在朝廷上展开讨论和争议。于是，秦孝公三年（公元前359年），在一次朝廷会议上，围绕变法问题爆发了一场激烈的辩论。这场辩论十分精彩，兹录如下，让读者品味一番中华古人卓越的辩论术。

秦孝公首先抛砖引玉说：“卫鞅劝我说只有变革目前的旧法度，国家才能有希望强盛。我担心变法会遭到天下人的非议和反对，一时拿不定主意。不知诸爱卿有何高见?”

卫鞅说：“行动犹豫不决，就不会成名；事业迟疑不定，就不会成功。况且比一般人高明的行为，本来就会受到世人的非难；具有独到见解的人，必定会遭人厌疑。愚蠢的人对既成的事实还看不明白，聪明的人在事前就看到了结果。老百姓不能够在事前跟他们讨论，只能够在事情成功之后跟他们享乐。做事高明的人不迎合习俗，成就大功业的人不跟众人商量。因此，圣人只要能够使国家富强，就不必效法旧的法规；只要能够有利于人民，就不必遵循旧的礼制。”

秦孝公说：“好！”

甘龙反驳说：“不是这样。圣人不改易民俗来教化人民，聪明的人不变更法规来治理国家。因循民俗而教化，不费力却能成功；沿袭成法治理国家，官吏习惯，百姓相安。”

卫鞅说：“甘龙所说的是世俗的话。一般人习惯旧风俗，学

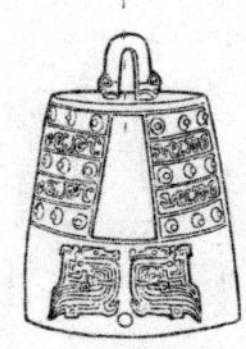

者们沉溺于自己的见闻。因此这两种人做官守法是可以的，但不能跟他们谈论常法以外的事情。三代不同礼制都能成就王业，五霸不同法度却都能成就霸业。聪明的人制定法度，愚蠢的人被法度制约；贤能的人更改礼制，平庸的人受礼制束缚。”

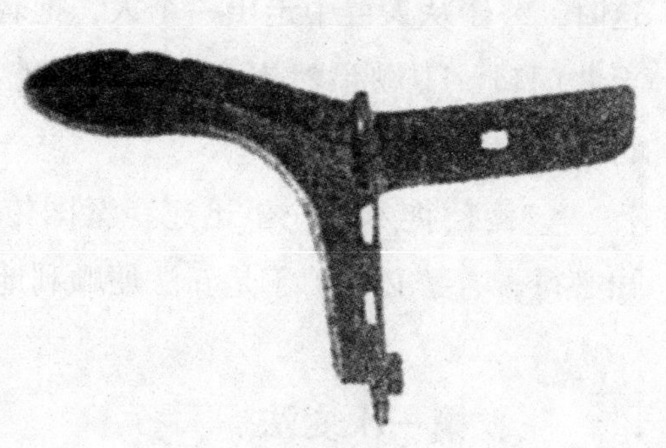
商鞅戟

甘龙哑口无言。另一个反对变法的人杜挚又说：“没有百倍的利益，不变革法度；没有十倍的功用，不改换器物。效法古制，可以没有过错；遵循旧礼，可以避免偏差。”

卫鞅说：“治理天下不是只有一种办法，为了利于国家发展，就不能效法古制。因此商汤、周武王不效法古制却都能成就王业，夏桀、殷纣不改易礼制却灭亡了。反对古制的人无可非议，而遵循旧礼的人不值得称赞。”

秦孝公于是说：“好！”

经过这场辩论，秦孝公终于下定决心，任用卫鞅实行变法。得到孝公的指示后，卫鞅立即着手制定改革秦国制度的法令。为了使法令能够取信于民，行之有效，在法令公布之前，卫鞅搞了一次“南门徙木”的试验。

一天，卫鞅派人在都城栎阳（今陕西临潼栎阳镇东北）的南门竖起一根 3 丈长的木杆，并宣布，有能将木杆移到北门者，“赏予十金”。消息传开，来看热闹的人越围越多，大家都窃窃私语，疑惑不解，不相信照此做了真会得到十两黄金。隔了一个晌午，没人动手。卫鞅又宣布，谁能移动木杆，“赏予五十金”。

这时，终于从人群中走出一个人，抱着试试看的心理，将木杆移至北门口。卫鞅果然当众赏给此人五十两金子，以表明令出必行，不欺骗民众。

"南门徙木"一事迅速在秦国传开了，大家都知道卫鞅令出必行，有禁必止。于是新法便顺利地推行了下去。

三、第一次变法

公元前356年，秦孝公任命卫鞅为左庶长。按当时秦国新拟订的二十等爵制，左庶长位列第十级爵，掌握军政大权，职位与当时列国的卿差不多。卫鞅手握重权，开始了第一次变法。这次变法的主要内容有：

1. 颁布法律，编定户籍，制定连坐法，轻罪用重刑

卫鞅将李悝的《法经》予以颁布实行。李悝是早期的法家代表人物，曾在魏国推行变法。其间，他收集、整理了春秋末期以来各国的法律条文，并结合魏国当时的实际情况，制定出我国历史上第一部系统的成文法——《法经》。卫鞅借用了《法经》的内容，只是将"法"改称"律"，定为《律经》。

卫鞅又把秦国居民按五家为一伍，十家为一什的形式编定户籍，并在此基础上形成相互告发和同罪连坐的制度。规定告发"奸人"的可以如同斩敌首级一样得赏，不告发的要腰斩。谁家藏"奸"，以通敌罪处罚；而其余九家若不检举告发，要一起治罪。旅客住宿要有官府凭证，客店收留没有凭证的旅客住宿，主人与"奸人"同罪。

卫鞅还主张对轻罪用重刑。如为了保护私有的耕牛和马，对盗窃牛马者判处死刑。他认为这样可以迫使人民连轻罪也不敢

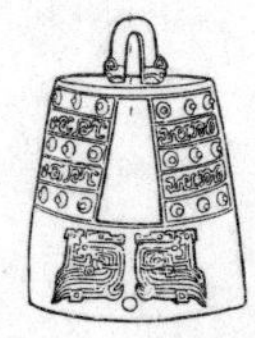

犯，重罪就更不敢犯了，这叫“以刑去刑”。

2. 奖励军功，废除旧的世卿世禄制

卫鞅颁布了新的等级制度——二十等爵制度。它的要点是：按军功赏赐爵位及相应的特权，包括占有的耕地、住宅、服劳役的“庶子”和担任一定的官职等，爵位高的还可以获得三百家以上的“税邑”，封邑内的税收归其所有。军功以在前线斩得敌人首级的多少计算，斩得敌人首级一颗的赏爵一级；要做官的，委以相应俸禄的官职。官爵的提升，与斩得敌人首级的军功相对应。

商朝人面纹铜方鼎

与此同时，新法废除了旧有的世卿世禄制。规定，宗室没有军功的，不得列入宗室的簿籍，不得享受宗室的特权。必须依据对国家功劳的大小，确定他们对爵位、田宅、奴婢以及车马、器物的占有，不许越制。有功劳的就显荣，没有

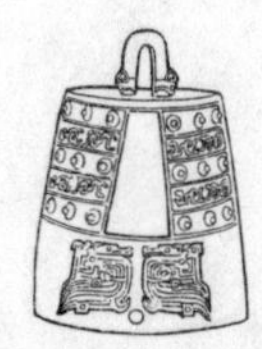

功劳的，虽然富有也不能尊荣。

3. 重农抑商，奖励耕织，特别奖励垦荒

新法规定，凡是粮食和布帛生产得多的可以免除劳役和赋税。从事商业、手工业和因游手好闲而贫穷的，将其全家变作官奴隶。由于秦国地广人稀，荒地比较多，新法把奖励开荒作为发展农业的重点。

4. 禁止私斗、游说之士，焚烧《诗》、《书》

新法禁止私斗，规定私人间的争斗要按情节轻重处以不同的处罚。这样，在平时，有利于社会治安；在战时，可增强战斗力。

秦国焚烧儒家典籍《诗》、《书》，一般以为是从秦始皇开始的，其实在秦孝公时就实行过。

卫鞅主张法治，与儒家“法先王”的复古思想不相容，于是禁止儒家经典，并采取焚烧《诗》、《书》的非常手段。

卫鞅又认为，游说之士以自己的主张动摇法治，而且只凭翻云覆雨的一张嘴而获得利禄，所以也在被禁之列。

卫鞅变法改制并非一帆风顺。这场巨大的改革犹如狂风袭来，将秦国世袭贵族的特权席卷而去，这使他们愤恨不平。太子驷有两个老师：公子虔和公子贾，他们都是宗室贵戚，也是守旧势力的代表人物。他们串联了上千人，借口闹事，反对新法。卫鞅毫不留情，坚决绳之以法，将两位太子的老师分别处以劓刑和黥刑，前者就是割鼻子，后者是在脸上刺字。这一举措使卫鞅与太子驷之间产生了严重的矛盾。

卫鞅又将议论法令的人流放到边远地方，触犯法令的人则处以酷刑。据说，有一天就在渭水河畔处决了七百多个破坏变法的闹事者，鲜血染红了渭水，哭号之声响彻天地。

废井田，开阡陌

在这些坚决有力的镇压之下，新法逐步在秦国贯彻了下去。

四、第二次变法

公元前352年，秦孝公任卫鞅为“大良造”，此为秦爵第十六级，相当于丞相兼将军。随即卫鞅又开始了第二次变法，进一步在经济上和政治上进行改革。其内容主要有：

1. 废井田，开阡陌，承认土地私有

卫鞅下令废除了西周以来盛行的土地制度——井田制，开掘井田的“都疆阡陌”。所谓“都疆”，就是指各级贵族所占有的井田界限，这些界限是用土堆、沟地、树木等连接而成的。所谓“阡陌”，就是井田中间与灌溉渠道相应的纵横道路。同时，允许地主和自耕农占有土地，允许土地买卖，按土地多少抽税。

2. 普遍推行县制，设置县一级的官僚机构

卫鞅将许多乡、邑、聚（村落）合并为县，建置341个县，并设了县令、县丞和县尉。县令是一县之长，县丞掌管民政，县尉掌管军事。他们都由国君直接任免。此举将全国的政权、兵权都集中到了朝廷，建立起中央集权的政治体制。

3. 统一度量衡，颁布标准器

卫鞅制造了统一的标准量衡器，发至全国各地，标准尺约合今0.23米，标准升约合今0.2千克。

4. 按户按人口征赋

卫鞅规定按人口征赋，并严惩隐瞒户口的“匿户”，以限制官僚地主豢养食客的数目。同时又规定，一家有两个成年男子的必须分家另立户口，否则要加倍征赋。这是为了确立和鼓励一夫一妇为单位的个体小家庭经济，加快开垦荒地，扩大农业生产，提高劳动效益，并增加国家的赋税收入。从此以后，“田租”（土地税）和“户赋”（人头税）就成为中国古代社会两种重要的赋税制度。

5. 革除残留的戎、狄风俗，禁止父子兄弟同室居住

秦国的西南和西北部原是少数民族居住区，后来秦又统一了其中不少地方，因而秦人保留了较多戎、狄族的风俗。卫鞅认为这些落后的习俗对统一中原极为不利，便提出移风易俗，按照中原的风俗改革秦国落后的习俗，如全家人不分男女老幼同居一室等。

6. 迁都咸阳，以适应向东发展的需要

卫鞅的第二次变法，进一步剥夺了旧贵族的特权，损害了他们的利益。他们对卫鞅恨之入骨，欲置卫鞅于死地，但碍于秦孝公，一时无可奈何。秦孝公二十三年（公元前339年），有个叫赵良的人，代表“宗室贵戚”去见卫鞅，开始赵良劝说卫鞅让

位，继而又劝卫鞅放弃酷刑，并公开诽谤秦国变法改制取得的成就。在被卫鞅驳斥后，赵良又为一些受过惩罚的旧贵族鸣冤叫屈，并警告卫鞅必须立即废除新政，否则死亡之期就不远了。但卫鞅毫不动心，义无反顾。

在卫鞅对内实施变法的同时，秦军对外也积极展开军事活动，并取得了节节胜利。尤其是秦孝公二十二年（公元前340年），秦孝公听从了卫鞅的计谋，一举击溃魏国公子昴率领的精锐部队，迫使魏惠王将以前从秦国掠去的河西地区归还给秦国。遭此失利，一度趾高气扬的魏国转走下坡路。孝公论功行赏，提升卫鞅为列侯，并把於（今河南内乡县东）、商（今陕西西商县）之间的15个邑封给他作属地。于是后人据此称卫鞅为商鞅、商君。

商鞅的新法实施十多年后，秦国民众非常欢悦，路不拾遗，山里没有盗贼，家家富裕，人人丰衣足食。百姓敢于为国家而战，不敢为个人而争斗。因此，乡村城镇非常安定。秦国当初诉说新法不当的人又转说新法的好处。对此商鞅却说："这些都是扰乱教化的人。"

于是这些赞扬改革的人都被迁移到边远城邑，从此以后，百姓没有人敢议论新法，好坏都不敢说。

五、作法自毙

正当商鞅一意改革，而旧贵族们随时都在伺机反击的时候，秦孝公在公元前338年突然去世。太子驷即位，开始称王，叫做秦惠文王。怀恨在心的旧贵族们迅速行动起来，公子虔等人四处散布谣言，说："商君欲谋反！"

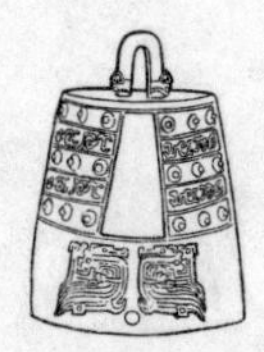

惠文王与商鞅早有嫌隙，于是下令逮捕他。商鞅闻讯后立即出逃，到达边境的时候，见天色已晚，准备投宿客店。但商鞅没有证件，店主也不知道他是商鞅，拒绝说："商君的法令规定，留宿没有证件的人，店主要被问罪的。"

商鞅这才感到自己新法的弊端，长叹一声说："唉——，法令严也有这样的弊端啊！"

历史在这里好像跟商鞅开了个玩笑：他定的法律，现在却逼得自己无处藏身。商鞅准备出逃魏国，可是魏国边关守将拒绝他入境。他们怨恨商鞅曾设计打败魏公子昂，同时又担心如果商鞅入境，强大的秦国会进行报复。

商鞅只得逃回自己的封地商邑，准备率领从属和邑兵对抗惠

秦朝枣红玉五人组乐俑

文王。然而，秦国自变法以来已经建立起的中央集权体制，除了国君拥有集中指挥调动军队的权力外，任何卿相以及列侯都无权调兵。终于，商鞅被惠文王的军队俘获，并被处以车裂之刑。商鞅全家也遭到灭顶之灾。

点　评

商鞅以变法在秦国政坛崛起，从公元前 359 年到公元前 338 年，可谓叱咤风云 20 年。然而，商鞅最终因坚持新法而为自己埋下了祸根。不过，如果我们抛开个人生命的得失，从历史的长河来看他的价值，还是要为商鞅感到庆幸的。

在商鞅变法的近 20 年里，秦国空前地富强了起来，不仅收复了戎、狄等许多地方，而且各诸侯国也一改过去鄙视秦国的态度，纷纷向秦孝公祝贺，连周天子也给予秦国国君以特别的礼遇。尤其重要的是，商鞅人虽亡却政未息，他的变法在秦国推行了 21 年，已经深入人心，连妇孺都能“言商君之法”。因此，商鞅死后新法的根基并未动摇。秦惠文王将商鞅车裂之后，也没有任用公子虔等宗室贵族，仍然坚持商鞅变法时所确立的“有功者显荣，无功者虽富无所尊华”的原则，在其统治的 27 年间，使秦国继续走向强大。从总体上看，商鞅推出的许多政策，后来都融入了秦王朝的国策和制度中。他变法时提出的许多措施，一直沿用到秦朝灭亡。从这一点上说，商鞅的变法是成功的，他比吴起的机遇好，有较长的时间变法改革，从

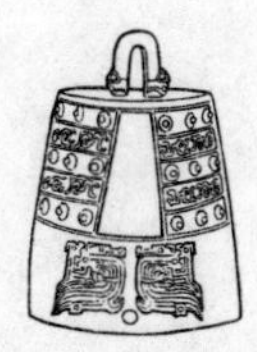

而获得了成功；而吴起却因为时间短而人亡政息，变法失败了。同时，从商鞅变法和吴起变法还可以看出，战国时期的变法运动能否推广和持续下去，能否走向成功，与是否有一个开明的君王的支持是密切相关的。

商鞅以铁腕手段推行变法，刻意制造出一种绝对服从法令的政治气氛，用暴力镇压反对派，又主张轻罪重刑，以求大治。这一切，既与商鞅信奉的法家理论有关，也与他的个人性格有关。司马迁曾说，商鞅是个“天资刻薄之人也”。有意思的是，信奉法家理论的人，在个性特征上也往往与商鞅比较接近。这似乎可以说是观念造就了人，也可以说是什么样的人选择什么样的理论。不过，平心而论，大凡在中国古代大刀阔斧地进行变法的人士，都有超乎寻常的果敢、刚毅、倔强乃至偏执，绝不会是“温柔敦厚”之士。宋代王安石也是有名的“拗相公”。这位被列宁称为中国 11 世纪最伟大的改革家，十分敬仰商鞅，曾作了一首诗《咏商鞅》：

自古驱民在信诚，一言为重百金轻。

今人未可非商鞅，商鞅能令政必行。

从这里我们似乎体悟到，变法需要商鞅这类果敢而“刻薄”的勇猛之士，有锐意的思想并以偏激的方式加以推进，非此类人，不足以冲破旧传统罗网的束缚，也不足以承受因反对旧习俗、旧观念而带来的巨大心理压力。据史书记载，由于推行新法，商鞅招致许多旧贵族及民众的怨恨，以致有生命危险，需严加提防。商鞅每次出门，必须跟随保卫车几十辆，让武装卫士旁车而行。秦孝公的变法，得以由具有商鞅这种心胸和脾性的人来加以操作，才能冲破阻力，顺利地实施。不然，很可能就进行不下去而归于失败。

但商鞅之法导致以后秦帝国昙花一现的强盛，也暴露了这种苛法的局限性。好的法律必须合乎人道，合乎人类故有的本性，不然它就会被人类的自由所摧毁，而不管它有多么强大。这是人类的进化史对法治政治的启示。

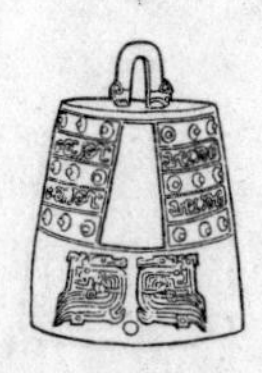

第四章 合纵连横

经过商鞅变法，秦国国势蒸蒸日上。而在东方，经过公元前341年的马陵之战，魏国因惨败而力量大大削弱，齐国又成为强国。于是，天下形势发生了很大的变化，出现了秦、齐两强遥相对峙的局面。在这种背景下，一些游说之士研究形势，奔走于各国之间。他们针对各国都试图寻找盟友以壮大或保存自己的心

山东曲阜的周公庙

理，提出了“合纵”说和“连横”说。在这些纵横家的影响和鼓动下，在战国中后期的一百多年里，各国之间发生了外交、军事上的合纵、连横。

所谓“合纵”，就是由许多弱国联合起来抵抗一个强国，以防止强国的兼并；所谓“连横”，就是由强国拉拢一些弱国来进攻另外一些弱国，以达到兼并土地的目的。从具体情况看，合纵的国家多少不一，合纵进攻的对象有秦国，也有齐国。连横在战国中期以秦国或齐国为中心，后期以秦国为中心。由于各国之间的矛盾复杂，形势不断发生变化，合纵、连横的缔结联盟很不稳定。今天和这个是朋友，明天却变成了敌人，而昔日的敌人一转眼又成了朋友，呈现出一种“朝秦暮楚”、变化不定的特点。

一、一对政敌的较量

最早发表合纵的公孙衍，与最早游说连横的张仪同为魏国人，但两人实在是一对冤家。起初，公孙衍在秦国任大良造（秦爵第十六级，相当于丞相加将军），可后来秦惠文王转而信任张仪，用张仪取代了公孙衍。张仪为相后，倡导连横策略，在惠文王十二年（公元前323年）约齐国和楚国的大臣相会，以图联合齐、楚向魏国进攻。公孙衍解职后返魏，被魏惠王任命为相，号为犀首。他针对张仪的举动，建议魏王广结友国，以相抗衡。

于是，就在秦、齐、楚相会的那一年，魏国约集赵、韩、燕、中山共同称王，史称“五国相王”。在这五国中，魏、韩其实早已称王，此次集会只是新结赵、燕、中山为王，并且五国相互称王。魏国用发起相王、承认一些国家称王的办法来组织联合阵线。

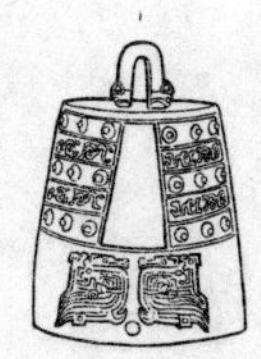

“五国相王”是魏国结盟自强的一大胜利，这引起了齐国的担心。齐国害怕魏国凭借这联盟的势力，对自己不利，于是加以破坏。齐国两次设计破坏五国联盟，都未得逞。然后，魏惠王的合纵被楚国的进攻打乱了。就在北方五国相王的当年，南方的楚国向魏国发起军事进攻，楚将昭阳在襄陵打败魏军，夺取 8 个邑。眼见敌不过楚国，魏惠王转而听从张仪的主张，将公孙衍弃于一边。

公元前 322 年，张仪来到魏国，向魏惠王提出联合秦、韩而攻击齐、楚的策略。魏惠王觉得有道理，就任命张仪为魏相。然而，诡计多端、巧言如簧的张仪，表面上是要魏联合秦、韩攻击齐、楚，真正的意图却是要魏事秦，进而使诸侯都来仿效。这可惹火了公孙衍。公孙衍忙不迭地出来阻拦，到韩国通报说：“秦、魏联合，魏王重用张仪，目的在于图谋韩国。如果韩国重用我，秦、魏的连横就可以被阻止。”

韩国大臣公叔很欣赏公孙衍，就委以公孙衍国事。与此同时，齐国和楚国也想到秦、魏连横于己不利，就出面反对张仪，支持公孙衍任魏相。魏惠王不久也发现张仪的真实目的是要他投降秦国，心生不满，不想与秦联盟。见魏惠王不肯就范，秦惠文王就出兵攻打魏国。

秦国咄咄逼人的东进势头令东方列国生畏，于是纷纷支持公孙衍的合纵之策。齐、楚、燕、赵竞相重用公孙衍，请他去参与各自国家的决策大事。魏惠王见此，也将张仪逐回秦国，让公孙衍复出，主持政事。于是公孙衍志得意满，掌五国相印，更加积极地推行合纵。

公元前 318 年，也就是魏国以公孙衍代替张仪为相的第二年，赵、楚、魏、燕、韩五国联合攻秦，并推楚怀王为盟长。然

秦·瓦当

而，实际出兵与秦国交战的只有魏、赵、韩三国。伐秦联军进到函谷关，遭到秦军的迎头痛击。联军组织松散，很快败下阵来。次年，秦军又在修鱼（今河南原阳县西）重创联军，斩杀8万将士。五国合纵攻秦的战争宣告失败。

从公元前323年秦与齐、楚相会引发“五国相王”，到公元前317年“五国伐秦”失败，纵横家公孙衍和张仪竭尽口舌之能事，挑起一次次事端，令天下不得安宁。当时有个叫景春的人对此评价说：“公孙衍、张仪才是真正的大丈夫，他们一怒，各国诸侯就会畏惧；他们安居，天下的事端就会平息。”

二、张仪的骗局

又过了一些年，秦国想攻打齐国，齐国便和楚国合纵相亲。于是张仪跑到楚国进行活动，设法拆散齐、楚联盟。张仪可以说

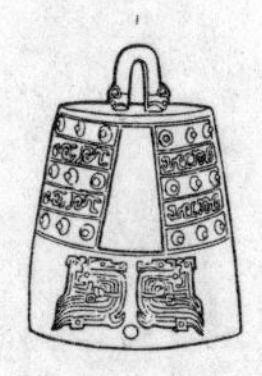

是战国游说之士中一个比较典型的人物。传说，张仪年轻时师从于鬼谷先生，跟他学习游说之术。学成后就去游说诸侯，他曾投在楚国宰相昭阳门下。有一次，昭阳丢失了玉璧，门下的人怀疑是张仪偷的，说："张仪贫穷，品行不好，一定是他偷了相君的玉璧。"

大家一起拘捕了张仪，鞭打了几百下，但张仪始终不承认，只好释放了他。张仪的妻子见了，说："唉，你如果不去读书游说，怎么会遭受这个耻辱呢？"

张仪却对他的妻子说："你看我的舌头还在不在？"

他的妻子笑着说："舌头还在。"

张仪说："这就够了！"

只要舌头还在，他就可以凭三寸不烂之舌游说，谋取官禄。这一次，张仪以秦相的身份来到楚国，其感觉自然与从前穷困时完全不一样了。他对楚怀王说："我们秦王最憎恨的是齐国，最尊敬的是大王您，我张仪也是如此。大王您如能断绝同齐国的关系，秦愿以商於之地600里相赠，并将秦国美女嫁与您为妻妾。这样，秦、楚就是兄弟之都，以后永远不动干戈。"

楚怀王一听，既能得地，又能求太平，末了还捎带上可人的秦国美女，真是天上掉下来的好事，便欣然应允。群臣也都向楚怀王祝贺，唯独陈轸表示不安。楚怀王见了，不高兴地说："我用不着出动军队，就得到600里的土地，大臣们都很高兴，唯独你不安，为什么呢？"

陈轸说："依我看来，商於一带的土地不但不能够得到，而且齐、秦两国倒能联合起来。如果齐、秦两国联合起来，那么祸害必然到来。"

楚怀王说："有理由吗？"

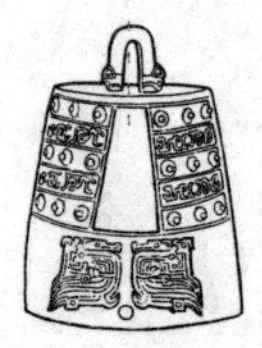

陈轸说：“秦国之所以重视楚国，是因为我们有齐国的联盟。如果同齐国断绝往来，那么楚国就会孤立。秦国何必再贪图孤立无援的楚国，送给我们商於 600 里的土地呢？张仪回到秦国后，一定会辜负大王。这样，我们北面断绝了与齐国的交往，西南产生了来自秦国的祸患，因而两国的军队必然一起进攻楚国。我们现在不如暗中和齐国联合，而表面和齐国绝交，并派人跟张仪到秦国去。假如秦国给我们土地，再跟齐国绝交不迟；假如秦国不给我们土地，那就暗合我们的策略了。”

楚怀王说：“希望陈先生闭上嘴，不要再说了，就等着我得到土地好了。”

楚怀王早已被张仪的花言巧语所蒙蔽，哪里听得进陈轸的建议。他以相印授予张仪，又送上丰厚的财礼。同时，下令关闭与齐国的交通，断绝关系，然后，派一位将军随同张仪去秦国接受土地。

张仪回到秦国，假装车绳失手，坠落车下，3 个月没有上朝。楚王听说这件事后，认为这是张仪嫌他与齐国断交的态度不够坚决，就又派人去辱骂齐王。齐王大怒，与楚绝交，并放低姿态去与秦国结好。张仪见破坏齐、楚联盟的目的已经达到，就出来接见楚国的使臣，说：“我有受封的城邑 6 里，愿意把它奉献给大王。”

楚国的使臣听后发觉不对，就说：“我受命于王，是接受商於之地 600 里，从没听说是 6 里。”

楚怀王这才知道上当受骗了。恼羞成怒的他要立即出兵讨伐秦国。大臣陈轸又建议说：“不如割一块地给秦国，让秦国和楚国一起进攻齐国。那样的话，楚虽失地于秦，却还能从齐国夺取土地得到补偿。”

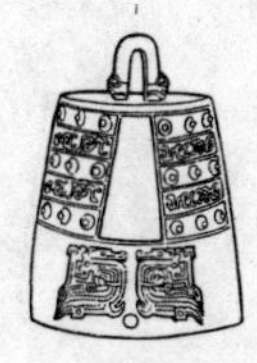

秦兵马俑

楚怀王哪里听得进陈轸的意见，于楚怀王十七年（公元前312年），以屈匄为将，起兵攻秦。秦将魏章率军与屈匄战于丹阳（今河南汜水之北），楚军大败。秦斩楚军达8万人，主将屈匄及裨将逢侯田等七十多人被俘。秦军又进而夺得楚国的汉中。

楚怀王气急败坏，决心倾全国军力，与秦国决一死战。楚军狠命进攻，深入秦地蓝田（今陕西蓝田县）。秦军在蓝田迎战楚军，结果楚军又大败。于是楚国割出两个城邑来跟秦国议和。秦国得寸进尺，又要挟楚国，想得到楚国黔中这个地方，并愿用武关外的土地换取它。楚怀王说："我不愿交换土地，而愿得到张仪，然后奉献黔中这个地方。"

秦惠王想派张仪到楚国去，但又不忍说出来。张仪就自愿请求去楚国。秦惠王说："那楚王怨恨你不履行协议献出商於土

地，你去了他会把你置于死地而后快！”

张仪说：“秦国强盛，楚国衰弱。我和楚国大夫靳尚很友好，靳尚侍奉楚王夫人郑袖，郑袖说的话楚王都听从，况且我奉大王的命令出使楚国，楚国哪里敢加害于我。纵使杀了我而替秦国得到黔中这个地方，这也是我最好的愿望。”

于是张仪出使楚国。楚怀王见张仪来到，就要囚禁他，并准备把他杀掉。靳尚对郑袖说：“您知道您将被大王疏远吗？”郑袖说：“为什么呢？”

靳尚说：“秦王非常喜欢张仪，而不愿意让他出使楚国受害，今后将用上庸一带6个县贿赂楚国，并把秦国的美女嫁给楚王，用宫里能歌善舞的女子作陪嫁。楚王爱土地爱美女，必听从秦国。秦女一到，夫人您就会被疏远了。您应劝大王将张仪放掉。”

郑袖怕失宠，就日日夜夜缠住怀王，说：“臣子各自替他的君主效劳。现在土地还没有给秦国，秦国便派张仪来，可见极为重视大王。大王不但没有回礼，反而要杀掉张仪，这样秦王必然震怒，必然攻打楚国。我请求让我们母子都迁到江南去，以免被秦王当鱼肉宰割。”

楚怀王终于后悔了，赦免了张仪，如同以前一样客气地以礼相待。张仪获释后，马上又是利诱又是威胁地劝楚怀王与秦和好。楚怀王仍然经不住张仪伶牙俐齿的一番言辞，以两国太子互相作“人质”为条件，与秦缔结了婚姻之好，而黔中却被其拱让给了秦国。

随后张仪又巧言如簧地去连横了韩国、齐国、赵国、燕国事秦。但从燕国出使回来，还没有到达咸阳，秦惠王便去世了。继位的秦武王从做太子时起就不喜欢张仪，到登位后，大臣们常诽

谤张仪说："张仪不诚实，到处卖国来谋取利益，秦国如果再任用他，恐怕被天下人耻笑。"

随后张仪借故离开秦国到了魏国，在魏国担任宰相一年后去世。张仪死后，公孙衍又到秦国做宰相，持五国相印。

三、苏秦的合纵

秦国的力量日益强大，继各国先后称王之后，秦国又动起了称帝的念头。秦昭王十九年（公元前288年）十月，秦相魏冉到齐国，给齐湣王改帝号，相约秦称"西帝"，齐称"东帝"。秦国此时拉拢齐国同时称帝，是出于一种连横的策略，其目的是联合齐国及其他国家，并迫使它们一起攻打赵国。赵国武灵王实行"胡服骑射"改革后强大起来，大有与秦、齐成三足鼎立之势。秦国要东进，遇到了赵国这只拦路虎。

用至上神"帝"的称号作为国君的尊称，以显示自己具有高于其他国家的地位，这当然为齐国所乐意接受。于是，齐、秦称帝，并约好共同伐赵，瓜分赵国。

就在这时，苏秦出来策划合纵。关于苏秦这个人，司马迁在《史记》中将他的时代搞错了，说他的活动时期比张仪早。据1973年湖南长沙汉墓出土的帛书，苏秦活动的时代实为燕昭王、齐湣王时。苏秦也是战国时期一位著名的游说之士，是东周洛阳人。据说，苏秦早年到外地游说时没有成功，很困迫地回到家。兄弟、嫂子、姐妹、妻妾都暗地里讥笑他说："我们周人的习俗是治理产业，致力于工商，把谋取十分之二的盈利作为要务。现在你放弃了最基本的事情去卖弄口舌，受到困迫，不是理所当然的吗？"

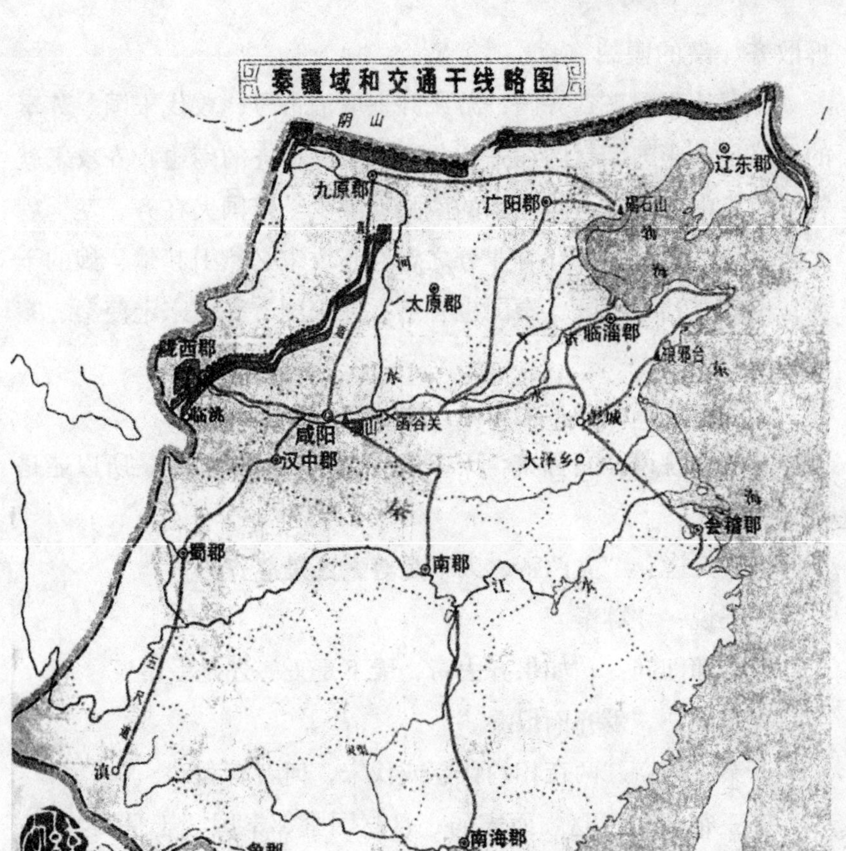

秦交通干线图

苏秦听到这些话后，暗自伤心，就关起门来发愤苦读，研究各种经世之书。一年以后，终于悟出了切合君意的心得，于是又去游说诸侯。周游秦、赵等国，最后在燕国被燕昭王赏识，成为燕昭王的亲信，经常为燕国出谋划策，奔走效力。燕国是七国中的弱国，无意亦无力征服齐国，却有被齐国征服的危险。齐与秦称帝合作，使燕国深感不安。苏秦就想以离间计

拆散齐、秦的盟约。

苏秦从燕国来到齐国，游说齐王取消帝号，攻伐宋国。苏秦的思路是：燕国、赵国在齐的北边，宋国在齐的南边，齐攻宋就将军力集中到南方，对燕国的威胁就减少。宋国夹在齐、楚、魏之间，楚、魏对宋都怀有非分之想，齐攻宋必然引起楚、魏的干涉，也就有利于燕国。秦国也有意吞并宋国，齐攻宋定使秦、齐关系破裂。

苏秦对齐王说："大王以为称帝如何？"

齐王回答说："称嘛，天下恨齐；不称，秦恨齐，所以还是称帝为好。"

苏秦又说："立两帝，天下是尊秦还是尊齐？"

齐王说："尊秦。"

苏秦随即问："如果齐去帝，天下是爱齐还是爱秦？"

齐王说："爱齐而恨秦。"

苏秦又问："两帝相约伐赵或伐宋，何者有利？"

齐王很清楚，赵强而宋弱，且赵国紧邻秦国，于是回答说："不如伐宋。"

就这样，一问一答，苏秦使齐王知晓了利害。随后，苏秦说："这样，大王何不去掉帝号，以得到天下的同情，并使天下排挤秦国，使之被动，然后再利用这种有利形势去攻伐宋国呢？"

齐王想来想去，以为苏秦的建议对齐国确实有利，可以接受，于是就去掉了帝号仍称王。齐国去帝，迫使秦国也只得去帝。秦国知道，如果不这样做，会引起天下人的辱骂和反对。秦、齐称帝在公元前 288 年 10 月到 12 月，仅仅两个月时间，犹如昙花一现。

离间了秦、齐关系之后，苏秦又开始了进一步的合纵活动。

他来到赵国，劝赵王说：

“当前，关东一带所建立的国家没有比赵国更强大的了。赵国领土纵横两千多里，将士几十万人，战车千辆，战马万匹，粮食可维持好几年。西面有常山，南面有黄河和漳水，东面有清河，北面有燕国。燕国本来是弱小国家，不值得害怕。天下最使秦国害怕的没有哪一个比得上赵国，但是秦国不敢出兵攻打赵国的原因是什么呢？是因为害怕韩国和魏国在后面暗算它。这样，韩、魏两国就是赵国南方的屏障。秦国进攻韩和魏的时候，没有高山大川的阻隔，可以逐渐吞食它们，直到逼近它们的国都为止。韩、魏两国如果抵挡不了秦国的入侵，一定会向秦国屈服称臣。秦国没有韩、魏两国的威胁，那么战争的灾祸必然要转嫁到赵国身上了。这是我替您所忧虑的。

我私下用地图来估算过，诸侯国的土地是秦国的五倍，诸侯国的士兵是秦国的十倍。只要六国团结一致，合力向西攻打秦国，秦国一定会被破灭。可现在您却向西服事秦国，对秦国称臣，打败人和被人打败，向人称臣和使人向自己称臣，难道可以同日而语吗？

为秦国游说连横的人，都想割让诸侯国的土地给秦国。如果秦国成就了霸业，就会高筑楼台亭阁、美化宫殿屋宇、倾听竽瑟乐音。诸侯国即使已经遭受秦国的祸患，游说连横的人也不用分担它们的忧患。这样，那些主张连横的人，日夜凭借秦国的权势恐吓各国，来达到割地的目的。因此，我希望大王深思这个问题。

我听说贤明的君主善于决断疑难，摒弃谗言，堵塞流言的渠道，杜绝朋党的门路，因此我才能在您面前把尊崇国君、扩大领土、加强军队的策略竭尽忠诚地陈述出来。我私下替大王考虑，

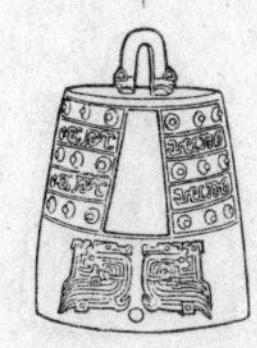

不如统一韩、魏、齐、楚、燕、赵六国来合纵亲善，反叛秦国。号召天下的将相在洹水河边会盟，交换人质，宰杀白马来盟誓，订立如下盟约：‘如果秦国攻打六国中的任何一国，其他五国都要出兵救助，攻打秦国。诸侯国中有不遵守盟约的，便用五国的军队共同征伐它。’六国合纵亲善来对抗秦国，那么秦国一定不敢越过函谷关来危害关东各国了。这样，霸主的事业就成功了。”

赵王听完苏秦雄辩的话，说：“我年纪轻，登位的日子不长，还没有听到过关于国家的长远之计，如今贵客有心保全天下，安定诸侯，我恭敬地以相国从。”

于是赵王用有花纹装饰的车子 100 辆、黄金 1000 镒、白璧

立鸟龙凤纹铜盉与铜盘

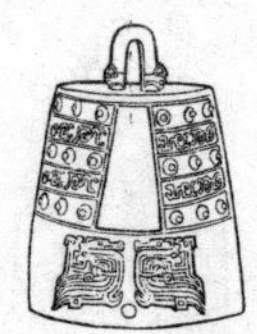

100 双、锦绣 1000 匹，让苏秦继续去游说诸侯各国。就这样，苏秦奔波于燕、齐、赵、魏、韩、楚之间，积极地与各国国君、重臣串联，最后终于结成了一个反秦的六国联盟，同时担任了这六国的国相。

当苏秦身挂六国相印北上报告燕昭王途经洛阳的时候，沿途诸侯国分别派使者，为他护送车马和后勤物资的人很多，几乎可以和国王相比。苏秦的兄弟、妻子和嫂子，垂着眼不敢抬头看他，俯伏在地上，侍候他用饭。苏秦笑着对他的嫂子说："为什么你先前那么傲慢，而现在却这么谦恭呢?"

嫂子弯腰匍匐而前，把脸贴着地面谢罪说："因为我现在看到小叔子地位高贵，财物很多。"

苏秦长叹一声说："同样是一个人，富贵的时候亲戚就敬畏我，贫贱的时候就轻视我，一般人谁不如此呢?"

苏秦约定六国合纵相亲后，回到赵国，被封为武安君。苏秦把合纵盟约送到秦国，秦军 15 年不敢窥视函谷关。这以后，秦国派犀首公孙衍欺骗齐国和魏国，与它们一起攻打赵国，想要破坏合纵盟约。齐、魏两国攻打赵国以后，赵王便谴责苏秦。苏秦恐惧，请求出使燕国，说一定要报复齐国。苏秦离开赵国后，合纵盟约便瓦解了。

这一年，秦王把女儿嫁给燕太子做妻，齐国又攻打燕国，夺取了 10 个城邑。燕王对苏秦说："以前我们资助你约定六国合纵，现在齐国首先攻打赵国，接着又攻打燕国，因为先生的缘故才使两国被天下人取笑。先生能够替燕国收复被侵略的土地吗?"

苏秦听了非常惭愧，说："请让我替大王把失地收回来。"

苏秦会见齐王，拜了两拜，俯首表示庆贺，随后抬头表示哀悼。齐王说："为什么庆贺和哀悼相继来得这么快呢?"

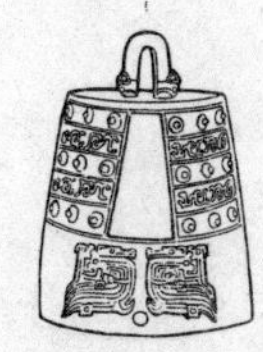

苏秦说："我听说饥饿的人之所以不吃鸟喙这种东西，是因为它暂时虽能充饥饱肚，结果却跟饿死一样有害。如今燕国虽然弱小，但燕国与秦国是亲家。大王贪图10个城邑的利益，却长期跟强大的秦国结成仇敌。如果让弱小的燕国作为领头雁冲锋在前，而强大的秦国在它的后面作掩护，你招惹天下的精锐部队，这跟吃鸟喙充饥是同一回事呀！"

齐王脸色变得严肃地说："那该如何呢？"

苏秦说："我听说古时候善于办事的人，能够变灾祸为幸福，化失败为成功。大王如果能够听从我的计谋，就归还燕国的10个城邑。燕国轻松地收复10个城邑，一定很高兴；秦王知道您为了他的缘故而归还燕国10个城邑，也一定很高兴。这就叫做抛弃仇敌，却得到磐石一样牢固的朋友。燕国和秦国都服事齐国，那么大王对天下发号施令，没有谁敢不听从您的。这样大王用虚假的言辞表示归附秦国，用10个城邑换取天下，这才是称霸为王的大业。"

齐王于是归还了燕国的10个城邑。燕国有人诋毁苏秦说："他是个左右摇摆、叛卖国家、反复无常的人，将来肯定会作乱。"

苏秦恐怕得罪燕王就回到燕国，但燕王不恢复他的官职。苏秦拜见燕王说："我本是东周鄙俗的人，没有分寸功劳，而大王亲自在宗庙里授予我官职，并在朝上以礼相待。现在我替大王退却了齐军，并且收复了10个城邑，理当更加亲密。现在我回到燕国，而大王不再让我当官，一定是有人用不诚实的罪名在大王面前中伤我。我的不诚实，正是大王的福气。我听说忠诚老实的人，正是为了自己；上进求索的人，正是为了别人。况且我游说齐王的时候，不曾欺骗他。我把老母亲弃置在东周，本来就是抛

弃个人打算，为别人的上进求谏而活动。如果有一个孝顺像曾参、一个廉洁像伯夷、一个诚实像屋生的人，找到这三个人来服侍大王，怎么样？”

燕王说：“那就足够了。”

苏秦说：“孝顺像曾参的人，坚持孝道，不肯离开他的父母在外面住一晚，大王怎能够让他步行千里来服事弱小的燕国，帮助危难的燕王呢？廉洁像伯夷的人，坚持义气，不愿做孤竹君的继承人，不愿做周武王的臣子，不接受封侯的赏赐，结果饿死在首阳山下。有这样廉洁的人，大王又怎能让他步行千里到齐国为别人的进取而活动呢？诚实像屋生一样的人，跟一个女子约好在桥下相会，但女子没依约来到，屋生一直等到大水来了也不离开，抱着桥柱被水淹死了。有这样诚实的人，大王又怎能让他步行千里，去退却齐国的强大军队呢？这就是我因为忠诚老

双耳方口青铜壶

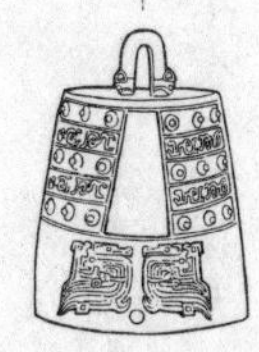

实却得罪了大王的原因。”

燕王说：“你自己不忠诚老实就罢了，难道有因为忠诚老实却得罪了君王的人吗?”

苏秦说：“不是这样。我听说有个在外地做官的人，他的妻子跟别人私通，她的丈夫快要回来的时候，跟她私通的人忧虑了。妻子说：‘不要忧虑，我已经做好毒酒等待他了。’过了三天，她的丈夫果然回来了，妻子让婢妾捧着毒酒给丈夫。婢妾想说酒里有毒，但害怕主人要驱逐女主人；想不说，却又害怕女主人毒死了主人。于是她假装昏倒，把酒洒在地上。主人非常生气，鞭打了她50竹杖。婢妾假装昏倒而把酒倒在地上，对上保全了男主人，对下保全了女主人，但是免不了被鞭打，从何见得忠诚老实就没有罪过呢？我的过失，不幸地类似这个故事啊!”

燕王说：“先生再担任原来的官职吧。”

燕王更加厚待苏秦。后来苏秦到了齐国做客卿，齐国的大夫中有许多人跟苏秦争夺宠信，因而派人刺杀苏秦，但没刺死。苏秦带着致命伤而逃。齐王派人搜捕凶手，没有找到。苏秦快要死的时候，对齐王说：“我如果死了，请在街市上把我五马分尸来示众，宣称‘苏秦为了燕国的利益在齐国作乱’，这样谋杀我的凶手就一定能够抓到了。”

齐王按照苏秦的话办，谋杀苏秦的人果然自我暴露，齐王于是把他杀了。苏秦死后，苏秦的弟弟苏代和苏厉也都向苏秦学习，游说诸侯，倡导合纵联盟，都有所成，名扬诸侯。

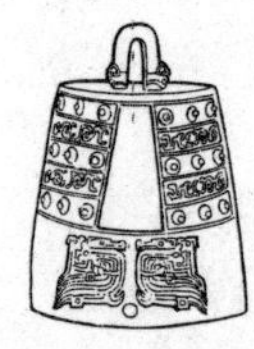

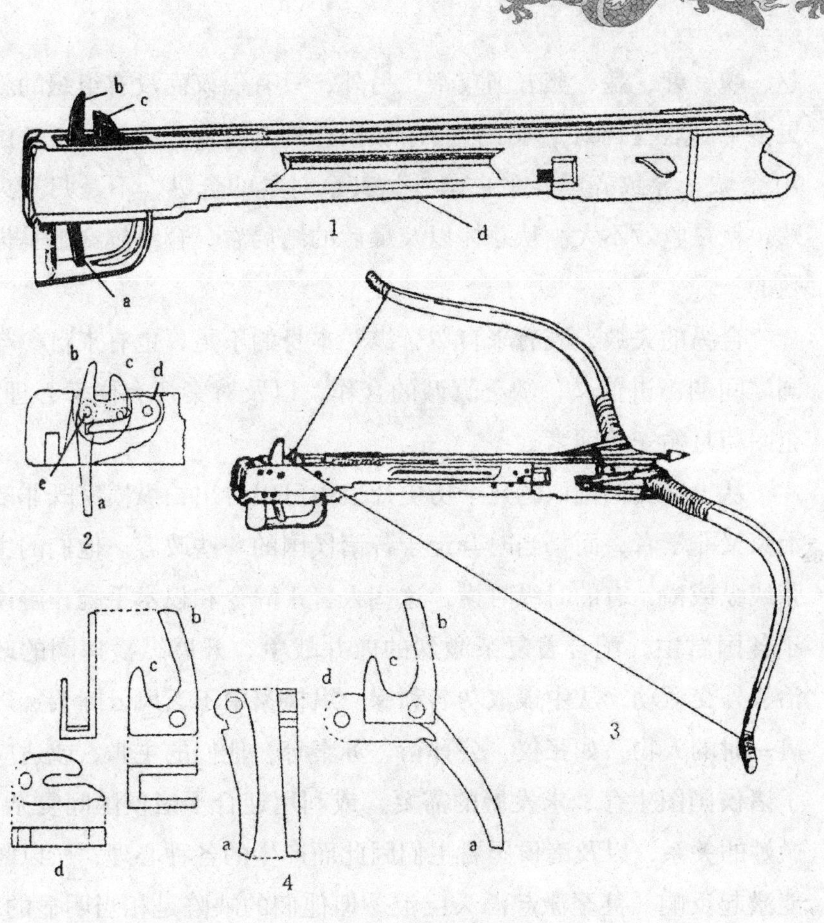

战国弩构成示意图

四、合纵的遗憾

战国时期发生的大的合纵，除了上面提到的几次，还有公元前298年齐国发动的齐、魏、韩三国攻秦；公元前284年燕将乐毅统率的燕、秦、韩、赵、魏五国攻齐；公元前257年赵、魏、楚解邯郸之围的三国抗秦；公元前247年魏国信陵君无忌率领的赵、魏、韩、楚、燕五国攻秦；公元前247年赵将庞煖指挥的

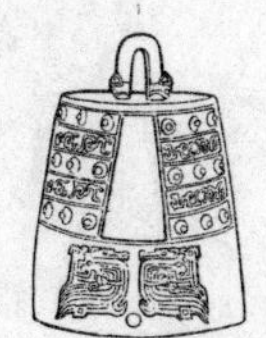

赵、魏、韩、楚、燕五国攻秦。另外，只有倡议而没有组织的就更多了。这些合纵，除了燕将乐毅指挥的五国攻齐，掠取了齐国70余城，导致齐国几乎亡国外，其余对秦的合纵，不是归于失败，就是收效不大。从总体以及最后的结局看，合纵抗秦都是失败的。

合纵的失败，既有来自“合纵”本身的不足，也有来自参与国之间的不讲信义，缺乏真诚的合作，以及对秦怀有侥幸心理，企图苟且偷安等因素。

从上面我们截取的几个历史片段中可以看出，纵横家既非政治家又非学者，而是当时奔走于各诸侯国的一些政客。他们的主张或纵或横，有的时纵时横。这些人善于辞令和权术手腕，游说于各国君主，配合着复杂激烈的兼并战争，开展纵横捭阖的政治、外交活动，从中谋取功名利禄。纵横家中不乏风云际会、声震一时的人物，如张仪、公孙衍、苏秦等，他们的主张，或适应了诸侯国图生存、求发展的需要，或利用迎合了诸侯国间复杂、微妙的关系，以及诸侯国君主们因此而产生的各种心理，所以颇能激起反响，甚至激起滔天巨浪。但他们的缺陷是相当明显的，如：过于重视依靠外力，过分夸大计谋策略的作用，而不是从改革政治、经济入手来谋求富国强兵，缺乏长远的眼光而只求一时一地之功效。所以，纵横家所策动的合纵连横，仅仅是一些“阴谋加阳谋”而已。合纵抗秦之所以最终失败，这是一个很重要的原因。

合纵中各参加国之间的不讲信义、缺乏真诚合作的特点也是很明显的。例如公元前287年五国攻秦的行动，表面上看，各国行动一致，联军很顺利地就集合起来。然而，韩、赵、魏、燕、齐5个国家其实都各有打算，所以貌合神离，以致意见分歧，犹

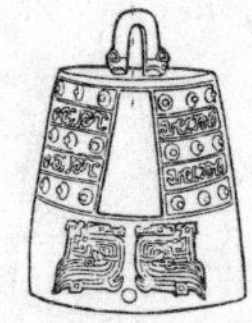

豫不决，军队长期停滞不前，最后未与秦军有大规模的接触，就不得不散伙了。而齐军在回国的途中，还乘机去占宋国的便宜，夺得一部分土地。

合纵之外，山东（崤山以东）六国互相倾轧、苟且偷安的情况就更多了。比如，宋国曾数次帮助秦国攻齐；魏国也曾与秦国联合一起讨伐韩国；燕国利用赵国壮年大多死于长平之战而遗孤还未长大的机会，两次派兵大举攻赵。这些战争使山东各国互相掠杀，自己削弱自己，从而为秦国的东进创造了条件，提供了便利。

当然，山东各国并不是所有人都是昏昏然的。如公元前 263 年魏、秦联袂伐韩，信陵君无忌就对魏王提出："秦国不是没有欲望的国家，韩亡之后，非攻魏不可。"后来秦国果然攻魏，这时正仕于魏的陈轸代表三晋劝说齐王出兵，他对齐王一针见血地说："能够危害山东各国的是秦国，现在山东各国却如此不断地相互攻伐、削弱，使得秦国得天下不用出力，'烹'天下不用出'薪'。山东各国多么愚笨啊！"

此外，对秦国卑躬屈膝，对东方邻国见死不救，也无疑是"助"秦扩张。以齐国为例。齐国在齐王建在位（公元前 264 ~ 公元前 221 年）的几十年里，奉行"事秦谨"

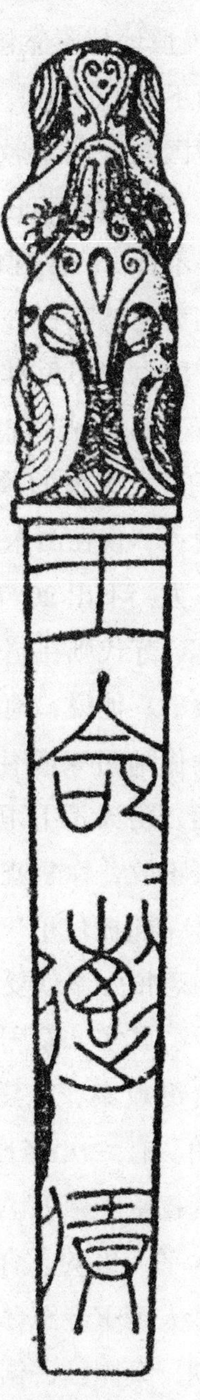

楚国铜龙节图

（谨慎地侍奉秦国）的方针，眼见东方国家受秦国攻伐处于危难而不救。如秦、赵长平之战期间，赵军被围，在最危急的关头，赵国向齐国求救，却遭齐王拒绝。有大臣劝说齐王应该紧急支援，并提醒齐王，齐国和赵国唇齿相依，唇亡则齿寒，可齐王就是不肯。齐王建的胆小和蠢笨，惹得一千多年后的宋代大文豪苏洵大发感叹："齐国与秦国结好而不帮助五国，等到五国衰败，齐国也就不免要衰败啊！"

如果说苏洵的感叹是事后诸葛亮，那么当时的子顺和苏代就是当之无愧的预言家了。长平之战结束后，孔子六世孙子顺就说："现在山东国家疲惫不堪，三晋对秦割地以求安，如果照此下去，不出 20 年，就将是秦国的天下了。"

苏代则在赵国攻打燕国时，对赵王讲了一个预言性质的寓言故事。他说，他路过易水的时候，看到一只蚌在晒太阳，一只鹬偷偷地过来咬住蚌肉，蚌则又钳住鹬的嘴。鹬说："今天不下雨，明天不下雨，你蚌就得死。"蚌回答说："我今天不放，明天不放，你鹬就会死。"就在鹬、蚌相争之际，渔翁来了，将鹬、蚌一起抓住了。苏代最后对赵王说："今天赵国还要攻打燕国，臣恐怕强秦就要做那渔翁了！"

其实，秦国是十分害怕合纵的。公元前 298 年，齐、韩、魏合纵攻秦，一度进入函谷关，秦王为了保住咸阳，只得割地求和。有一次秦王和大臣顿弱谈话，顿弱提议秦王用重金收买韩、魏权臣。秦王说拿不出重金，顿弱就语重心长地讲："天下不是太平无事的，合纵如果成功，就将是楚国的天下了。"秦王于是派人携重金至韩、魏等国，进行拉拢、收买活动。一直到战国末期，秦国已占据了压倒一切的优势，秦将尉缭还对秦王说："臣只害怕诸侯合纵。"秦惧怕合纵的心理，荀子看得很透，他曾说：

"秦国时时忧虑恐惧天下联合起来对付自己!"

因此，秦国对山东六国的合纵，极力采取分化瓦解的政策。这既有像张仪以商於600里之地引诱楚国与齐国绝交这样的骗局，又有直接以金钱开路的简单收买法。

有一次，一群主张各国联合起来对付秦国的游说之士，集中到赵国的首都邯郸，鼓吹合纵。秦昭王闻知，马上派唐雎带5000金，在距邯郸不远的武安大会宾客。唐雎对外界宣布说："这些金子专门赏给有功于秦的人，谁图谋攻秦就得不到金子，能得到金子的将如兄弟般看待。"

消息一传出，这群游说之士纷纷赶到武安，设法向秦表功，争着领赏。鼓吹合纵的事也就这样被瓦解了。

宋代史学家司马光曾对合纵评价说："合纵是六国的利益所在，如果六国能够讲信义，则秦国虽强大，六国也不至于灭亡。"

确实，如果山东六国合纵有效，将给秦国以极大的难堪。山东各国的力量合在一起，远比秦国大得多。正如《战国策·赵集》中所说："山东诸侯的土地，五倍于秦国，山东诸侯的兵士，十倍于秦国。"

然而，诸侯的合纵竟然失败了，这就是合纵的遗憾，留给历史的将是无尽的思索与回味。

五、秦在连横中称雄

张仪等人的"连横"说存在着与"合纵"说共有的弊病：过分看重计谋的功用，将玩弄阴谋和阳谋视为国家强盛的关键。然而，张仪等人的连横策略却获得了成功。这是为什么呢？其原因归结起来有以下几个方面：

第一，它是与秦国的耕战政策和其他一系列比较有效的国策相匹配的，起到了相得益彰的作用。而不像山东六国仅仅是孤立的合纵之举，忽视了强本之路。

第二，相对于六国，秦国的计谋也确实高出一筹，而且实施得比较成功。

第三，秦国的数任国君和大臣们都比较精明能干，也有眼光；而东方诸侯的君主，则不乏像楚怀王、齐王建那样的昏庸之辈，从而给秦国以可乘之机。

纵横家陈轸曾说，“山东诸侯为秦相煎，秦不用出力；山东诸侯为秦相烹，秦不用出薪。”实际上，这只说对了一半。当山东六国相煎时，秦总是不失时机地助上一臂之力；当山东六国相烹时，秦更是添上大捆薪柴。秦国有时不直接发动进攻，而是善于利用诸侯国家互相之间的矛盾，捕捉时机，然后推波助澜，火上浇油，或明或暗地“帮助”一方去攻击另一方，坐收渔翁之利。

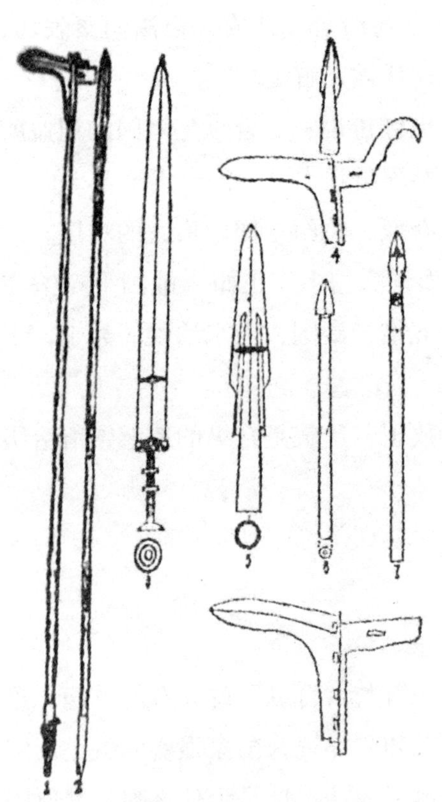

战国青铜武器图

例如，秦惠文王更元十三年（公元前 312 年），楚国将军景翠带兵

攻打韩国，秦助韩攻楚。同年，秦又劝魏伐燕。秦惠文王更元十四年，秦将樗里疾助魏伐卫。秦昭王四年，齐、魏、韩攻楚，秦又去救楚。秦昭王三十五年（公元前 272 年），秦国又帮助韩、魏、楚伐燕。如此多变的招数，令人眼花缭乱。

《战国策·秦策》中，张仪与秦王的一番对话，十分明确地表明了秦国使用这些“招数”的意图。有一次，楚国攻魏，张仪对秦王说：“不如助魏一臂之力。这样，魏若取胜，就会感激于秦国而听命于您，并将西河之外的土地献上。如果不能获胜，魏国也就没有了守卫的力量，那时您就可以夺取它。”

后来，秦王采纳了张仪的建议，选派皮氏率军一万、车百乘帮助魏。最后魏国好不容易战胜了楚咸王，却也因此被弄得筋疲力尽，于是更加害怕秦国，只得乖乖地将西河之外的土地献给秦王。

秦国在合纵连横中趋利避害，赢得胜利的典型事例还有联合燕、韩、魏共伐齐国一事。公元前 287 年，韩、赵、魏、燕、齐五国联合攻秦，不战而解散后，齐国经过 3 次进攻，在公元前 286 年灭掉宋国。宋国一灭，燕与魏、赵以及齐联盟更趋紧密。秦王于是抓住时机，亲自出行，先后与楚顷襄王、赵惠文王、魏昭王、韩厘王相会，促成了燕、秦、韩、魏、赵五国联合出兵伐齐。联军中燕将乐毅统一指挥，攻入齐都临淄，令齐国几乎亡国。虽然后来齐军反攻，收复了失地，但齐国已非秦的对手。秦国的主攻方向从此转向魏、赵、韩和楚国。而齐国也开始采用“事秦谨”的态度，坐视秦灭赵、韩、魏、燕、楚五国，这正是秦国所希望的。

就这样，秦国在合纵连横中机动灵活，趋利避害，最后雄霸天下。

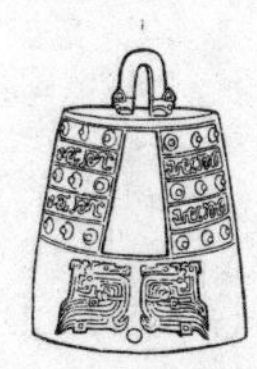

点评

合纵连横是我国战国时期诸侯之间争霸兼并战争的一个典型特征。在这种阴谋加阳谋的政治、外交和军事行动中，秦国巧妙利用东方诸侯之间的各种矛盾，趋利避害，机动灵活地实施战略战术，以事半功倍之效赢得了胜利，称雄于诸侯，为后来统一华夏奠定了坚实的基础。在这种活动中，纵横家们巧言如簧的辩术与智谋令后世叹为观止，为中华文明之光增添了闪亮的一页。

第五章　辩士与政客——范雎

战国时期，能言善辩的说客很多，然而许多人游说诸侯直到头发白了也没有碰上飞黄腾达的机会，这并不是因为他们设计策略的笨拙，也不是进行游说所做出的努力太少，完全是客观形势给予的机会太少罢了。能够遇上这种机会的便是个幸运儿。但机遇又只属于有准备的人。范雎就是这样一个有准备的幸运说客，在秦昭王时为秦所用，在秦史上留下浓重的一笔。

一、辩士出生

范雎是魏国人，字叔。有辩才，年轻时就投身于政治活动，在诸侯国中游说。他本来想侍奉魏昭王，对魏国的强盛有所作为，但无奈出身贫寒，不能如愿，于是就先投在魏国中大夫须贾的门下。

有一次，范雎随须贾出使齐国。他们因事在齐国停留了几个月。齐襄王见范雎能言善辩，十分欣赏他的才干，就派人赏赐范雎 10 斤黄金，还有牛肉、酒食等，范雎辞让不敢接受。须贾知道了这件事，十分生气，以为范雎是因为把魏国的秘密告诉了齐国，所以齐国才会送这些礼物。范雎具实以告后，须贾让范雎接

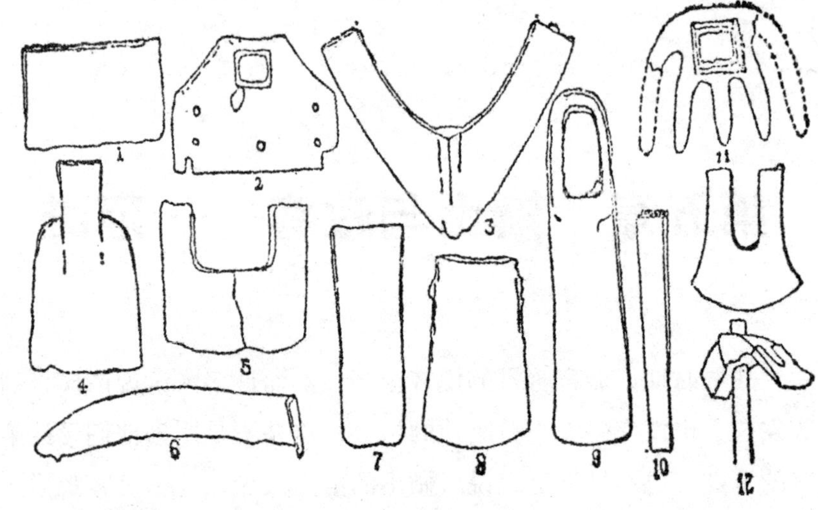

战国铁工具图

受了齐王的牛肉、酒食，退还了黄金。

回国以后，须贾觉得出使齐国受到冷遇全因范雎，心生怨恨，就把范雎在齐国受到厚赐的情况告诉了魏国的宰相魏齐。魏齐听了非常生气，就让家臣鞭打范雎，打断了肋骨，打落了牙齿。范雎假装死了，于是魏齐叫人用席子把范雎卷起来，抛弃在厕所里。宾客们喝醉了酒，便轮流把小便撒在范雎身上，故意侮辱他来警告后人，使他们不敢乱说。范雎在席子中对看守的人说："您让我出来，我以后一定重重答谢您。"

看守的人就去向魏齐报告，谎称范雎已死，请求放出弃置在席子里的死人。酒酣中魏齐命仆人将范雎尸体扔到荒郊野外。范雎这才得以脱身。后来魏齐后悔，又叫人寻找他。有一个叫郑安平的人听说了这件事，就带着范雎逃跑并将其隐藏了起来，范雎化名张禄。

这时，秦昭王派王稽出使到魏国。郑安平乔装兵卒侍候王稽。王稽向郑安平打听魏国有何人才，准备加以收罗。郑安平就推荐范雎，说："我同乡中有位张禄先生，想会见您，和您谈论天下大事。但这个人有仇人，不能白天来见您。"

王稽说："夜里您跟他一道来。"

郑安平夜里跟张禄去见王稽。王稽觉得张禄确实与众不同。张禄见与王稽谈得很投机，就放胆说了一句："秦王之国危如累卵，得臣则安。"听了这句话，王稽知道范雎贤能，就对他说："请先生在渟的南面等我。"

范雎和王稽私下约好后便离开了。王稽回国的时候，到约定的地点用车子载着范雎向秦国驶去。到湖关时，远远地看到有车子从西过来。范雎问："那边来的人是谁？"

王稽说："是秦国宰相穰侯到东部巡视县邑。"

范雎说："我听说穰侯独揽秦国的政权，厌恶合纵各国的说客，这个人恐怕要侮辱我。我暂且藏在车子里，您不要说。"

过了一会儿，穰侯果然来到旁边，问王稽说："关东有什么变化？"

王稽说："没有。"

穰侯又说："你不会跟诸侯国的说客一起来的吧？他们毫无作用，只会扰乱别人的国家罢了。"

王稽说："不敢。"

说了一会儿，穰侯走了。范雎说："我听说穰侯是个有智谋的人，只是对事物反应慢，刚才他怀疑车子里有人，却忘记搜查了。他一定会后悔，会返回来重新搜索一遍。"

于是，范雎下了车，独自走了十几里。穰侯果然派骑兵回来搜查车子，没搜到人，才作罢。王稽和范雎来到咸阳，王稽向秦

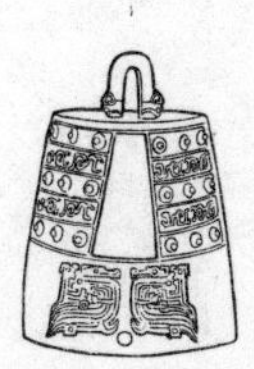

战国铜鉴上的水陆攻战图

昭王报告了出使的情况后，借机说："魏国有位张禄先生，是天下能言善辩的人。他曾说：秦王的国危如累卵，如果能够任用他就能变安全。可是这不能用书面传达，所以我用车子把他带了回来。"

秦昭王不相信，但还是让范雎住了下来，只给他吃粗劣的饭菜。这样范雎待了一年多。这时候，秦昭王已在位三十六年，秦国向南攻占了楚国的鄢城和郢都，楚怀王在秦国被幽禁身亡。秦国向东打败了齐国。秦昭王也厌恶天下的说客，不相信他们。

过了一段时间，穰侯要带兵越过韩国和魏国，去攻打齐国的纲、寿两个地方。这两地都在今山东一带。范雎听说此事后，感到进说秦王的机会来了。于是上书秦昭王，要求当面献策，并在信中说："如果有一句没有用的话，就用斧子把我劈了！"

这句话触动了秦昭王，就派车接范雎进宫晤谈。范雎来到宫中，这时秦昭王来了，范雎故意装糊涂说："秦国哪来的王？秦国只有太后和穰侯罢了。"

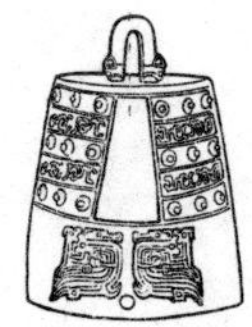

这话引起了秦昭王的注意，他赶忙迎上前去问候范雎。这一切令旁边的群臣个个面面相觑。

范雎和秦昭王将如何相待，他们又将说些什么，我们将在后文交待，这里先对为什么范雎说“秦王之国危如累卵”作一点历史的回顾。

二、秦王之国危如累卵

穰侯，名叫魏冉，是秦昭王母亲宣太后的弟弟，因被封在叫穰的地方，故称穰侯。穰侯在秦惠文王、秦武王时就做了大臣。武王雄心勃勃，曾将秦国的势力深入到中原，并在周王室面前耀武扬威。武王十分喜爱象征周天子权位的周鼎，一直幻想有朝一日能将其据为己有，所以常常以举鼎为戏。秦武王四年（公元前307年），武王在同一个名叫孟说的大力士比赛举鼎时，不慎折断了胫骨，并因此而死。

武王没有儿子，其弟兄纷纷争夺王位。武王的亲生母亲惠文后早死，庶母芈（音密）八子生有三个儿子。身为芈八子弟弟的魏冉当时居官已久，且在朝中权力最大，就将芈八子所生之子立为王，是为昭王。芈八子为宣太后。

昭王即位后，昭王的诸兄弟不服，发动叛乱。魏冉杀了为首作乱的壮和其他诸公子、大臣，巩固了秦昭王的地位。由于这些缘故，同时也由于魏冉确有一套手腕，所以从秦昭王（公元前306年）即位开始，到秦昭王四十二年（公元前265年），秦国虽几易国相，但实际权力大部分时间都掌握在魏冉和宣太后手中。魏冉先后5次担任丞相，达25年之久，是秦国历史上任丞相时

间最长的一个。

昭王即位时，年已 20 岁，但实际上由他的母亲宣太后代为掌权，魏冉负责执行。这样，一个以宣太后为首的外戚集团便在秦国形成了。这个集团的核心人物，除了宣太后、魏冉，还有被封为华阳君的宣太后的幼弟，以及被封为商陵君与泾阳君的宣太后的另外两个儿子。魏冉和其他三个人，时称“四贵”。

作为昭王前期的决策人物，穰侯魏冉也确有一番建树。他起用武将白起，派他率领秦军不断进攻韩、魏、赵以及楚国，多次取得重大胜利。比如在用阙之战中，白起指挥秦军打败了韩、魏联军，斩首 24 万，令山东各国闻风丧胆。以后，魏冉又派白起率军攻入魏国河内地区，取得大小城邑六十余座。再后，魏冉又派白起南下伐楚，攻破楚国国都郢城（今湖北江陵）。这些军事活动削弱了山东国家的势力，对秦的统一起了积极作用。

然而，随着秦国对外军事斗争的不断胜利，宣太后的外戚家族在朝廷上的权势越来越大。他们生活骄奢淫靡，飞扬跋扈。每人各自都有一大片封地，成为全国最大的封建地主。他们嫉贤妒能，一反秦国一贯吸纳外来人才的做法，拒斥外来的政客、游士。他们欺上瞒下，不把昭王放在眼里。

政治的黑暗又影响到对外斗争，导致了一系列军事活动的失利。比如，魏冉后来又被封于陶（今山东定陶），这个地方在齐国边境附近。为了扩大自己的这一方领地，魏冉竟不顾穿越韩、魏两国，让秦军长途跋涉去进攻齐国。这种舍近求远的做法，使秦国在战略上处于十分不利的地位。

这就是范雎为什么说“秦王之国危如累卵”的原因。

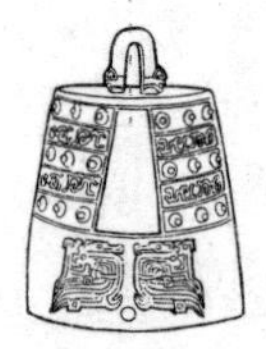

三、远交近攻

两诏秦椭量

范雎进宫见到秦昭王，他高声叫嚷秦国没有王，这话既道破了当时秦国的症结所在，又触及了昭王心头的隐痛。昭王年少登基，无力左右政局，遂使后党势力日益强大，一切都把持在宣太后和魏冉手中，自己形似傀儡。然而昭王对此并不甘心，他也绝非无能之辈，只是手下缺乏得力的亲信、干将。范雎的出现，令他眼前一亮，一种直觉令他感到某种时机的到来。

秦昭王屏退左右，恭敬地两腿跪在地上，挺着上身，请求范雎说："先生怎样指教我？"

范雎只说："嗯嗯。"

过了一会儿，昭王见范雎不开口，又跪着请问："先生怎样指教我？"

范雎依然只是说："嗯嗯。"

如此一连三次都是这样。秦昭王说："先生始终不肯指教我吗？"

范雎终于说："不是臣不肯。我听说从前吕尚遇到周文王的时候，以渔夫的身份在渭河边钓鱼。之所以这样，是因为关系疏

远。当周文王说服他之后就任用他做太师，用车子载他一起回去。文王待吕尚厚，吕尚也对文王谈得深。所以文王依靠吕尚的辅佐而征服天下。臣是秦国的一个过客，和大王没有什么交情，而臣所要说的事，都是匡正国君的事，牵涉到大王的骨肉至亲。我处在别人的骨肉关系中，希望竭尽忠诚，但不知大王的心意。这就是为什么大王三次发问我却不敢回答的原因。臣不是因为害怕而不敢讲。如果臣今天讲了明日就被害，臣并不害怕，因为人都免不了一死。如果需要臣死而又能对秦国有所好处，臣是心甘情愿的。然而所害怕的，是臣死以后，天下的人如果知道臣是为尽忠而死，以后就没有人再敢对王进言了，也没有人敢入秦了。”

范雎如此一段话，使秦昭王心头一热，说：“今日得见先生，是我的幸运。先生有话尽管讲，事无大小，不管涉及谁，上至太后，下至大臣，愿先生全都说出来，以教导寡人。寡人不会怪你的。”

范雎连忙向昭王跪拜，昭王也向范雎回拜。随后，范雎说：“秦国地势险要，四周皆为要害，北面有甘泉、谷口，南面有泾河和海水环绕，右面有陇山、蜀山，左面有函谷关、商阪。同时军队强盛，有奋力击杀之士百万，战车千辆，有利时就出兵进攻，不利时就退兵防守，这是称王者的地方。人们对于私斗胆怯，而对于公战却很勇敢，这是称王者的人民。大王同时兼有着这两方面的条件。凭借秦国士兵的勇敢，车马的众多，去对付诸侯国，就像驱使韩国的猎犬去搏击跛脚的兔子一样。大王具有了称霸天下的条件，但群臣却没有谁能称其职。到现在闭关 15 年了，不敢向山东各国积极拓展，其原因就是因为穰侯为秦国谋事不够忠诚，并且大王的计谋也有失误的地方。”

秦昭王长跪着说：“我希望听到我计谋失误的地方。”

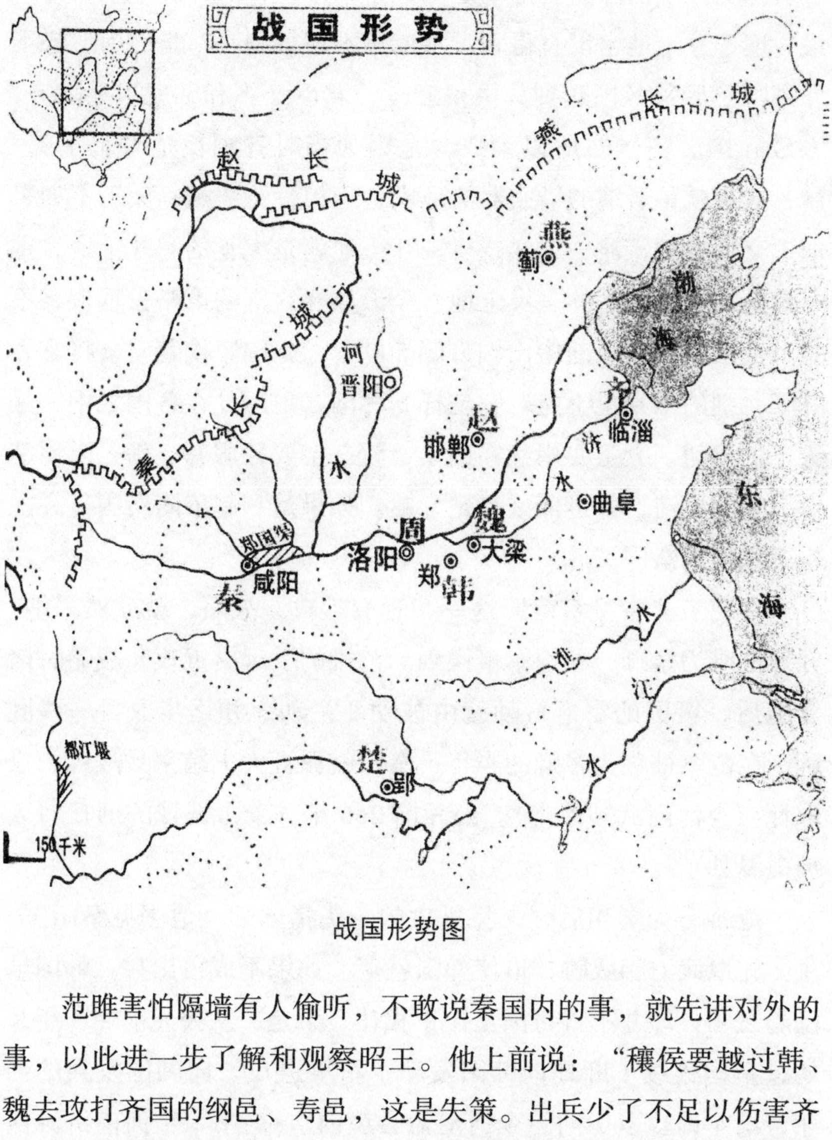

战国形势图

范雎害怕隔墙有人偷听，不敢说秦国内的事，就先讲对外的事，以此进一步了解和观察昭王。他上前说：“穰侯要越过韩、魏去攻打齐国的纲邑、寿邑，这是失策。出兵少了不足以伤害齐国，出兵多了对秦国有害。我心想大王的计划是：希望少出兵却让韩国、魏国的士兵全部出动，那就不合理了。现在秦国和邻国的关系并不亲善，跨越邻国去攻别国，行吗？这在策略构想上是

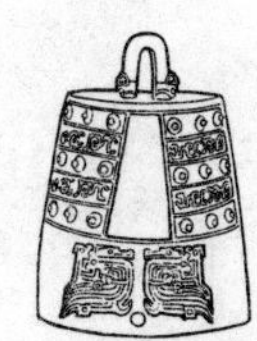

有疏漏的。从前齐湣王南攻楚国，斩军杀将，又开辟千里，可到最后连一寸土地也没有得到，难道是不想得到吗？是因为形势不允许呀！后来各国看到齐国很疲惫，君臣又不和，就兴兵战齐，大破齐国。齐国之所以大败，是因为当时齐国伐楚时肥了韩、魏，这也就是所谓的借武器给敌人，运粮食给盗贼。大王不如采取远交近攻的策略，这样，得一寸土地就是大王的一寸土地，得一尺土地就是大王的一尺土地。今天放弃这样的策略去远攻，不是太荒谬了吗？从前中山国方圆 500 里，赵国紧挨着它，将它吞并了，别的国家也不能对它怎样。韩国、魏国处在各国之中，是天下的枢纽。大王要想称霸诸侯，就一定要征服韩、魏，以便掌握天下的枢纽，并进而威慑楚、赵。如果楚、赵依附秦国，齐国也必定依附秦国。”

秦昭王非常赞赏范雎这一“远交近攻”战略，就欣然采纳，并拜范雎为客卿，参与军事谋划。范雎的“远交近攻”战略付诸实施后，秦国的军事行动就由被动变主动，并逐步取得一些胜利。在范雎被称为客卿的当年，秦国就派五大夫绾率兵战魏，攻取怀（今河南武陟西南）。公元前 266 年，秦占据魏的刑丘（今河南温县东）。

范雎升为秦相后，又将进攻的矛头指向韩。他去见秦昭王，主张先以武力相威胁，迫使韩国就范，如果不成再出兵。韩国虽已趋衰弱，却并不肯将国土拱手相让。于是，从公元前 265 年开始，秦国连续不断地向韩国发动了军事进攻。向韩国发兵的当年，秦军即攻取少曲（今河南孟县境内）、高平（今河南济源西南）。次年，秦将白起攻韩，又拔五城，斩首五万。公元前 263 年，白起又进兵太行山以南地区。韩国的疆土就这样一块块被秦吞食掉了。

随着对韩扩张的一步步得手，秦国与赵国之间的矛盾日趋激化。公元前260年，秦、赵两国爆发了著名的长平之战。事情的经过是这样的：

公元前262年，秦昭王依范雎之计派兵攻占韩国的野王（今河南泌阳县），切断了韩国上党郡与本国的通路，韩国被拦腰截成两段。上党郡守冯亭十分着急，派使者去赵国商议，愿以上党等17个城邑降赵，共同抵抗秦国。赵王经过一番掂量，决定接受冯亭的投降。他派平原君领兵进驻上党，同时派大将廉颇进军长平（今山西高平县），互相声援，成犄角之势，阻挡秦军。

秦王眼见快要到嘴的"肥肉"被别人拿走，哪会善罢甘休。他派大将王龁进攻上党。上党驻军抵挡不了秦军的凶猛进攻，被迫撤到长平。紧接着，秦军直扑长平。驻守长平的赵国老将廉颇深知秦强赵弱，秦是攻赵是守，秦军利于速决战，赵军利于持久战，所以采取了筑垒固守、坚不出战、以逸待劳的策略，以消耗秦军的力量。

秦军面对固若金汤的赵军防御工事，硬攻不下；屡屡挑战，却不为廉颇理睬。如此相持3年，不分胜负。秦王见战争旷日持久，于秦不利，就改换方法，使出了惯用的离间计。秦国派出间谍以重金贿赂赵国的权臣，又散布流言说："廉颇太老了，哪儿还敢和秦国打仗啊！秦国最怕的是马服君的儿子赵括，如果由赵括领兵，秦国这点兵马早就被打败了。"

昏庸的赵王听了这些流言，信以为真，误以为廉颇坚守不出是因为畏惧秦军。他准备召回廉颇，让年轻的赵括替代他做统帅。赵括是赵国著名将领、曾指挥赵军在阏与之战中大败秦军的马服君赵奢的儿子。赵括自幼跟随赵奢读兵书，学了一套套兵法，理论上颇有造诣，有时连赵奢也辩不过他。他也因此自视很

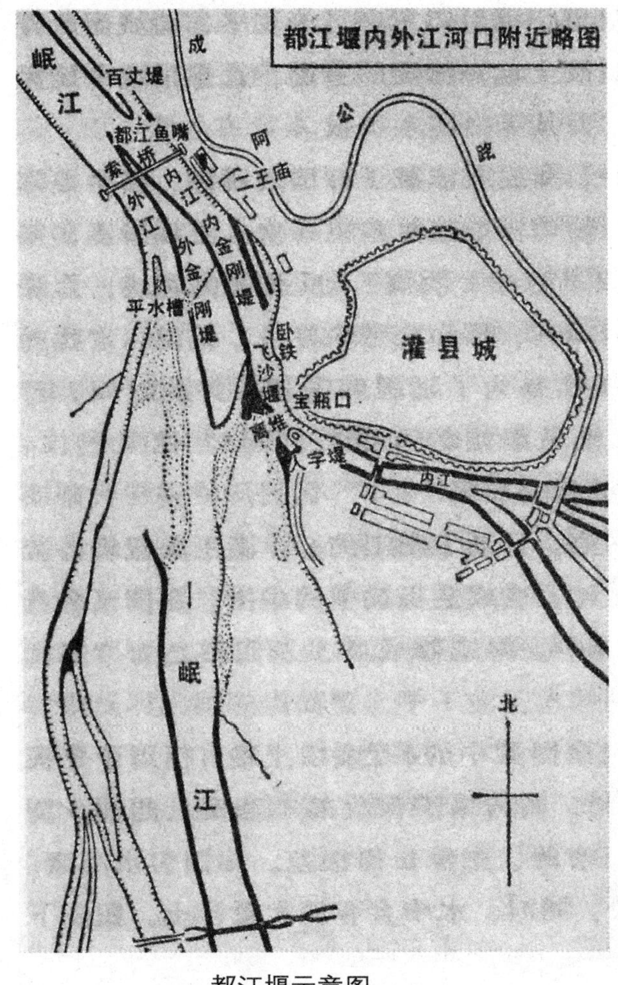

都江堰示意图

高。其实，赵括只不过是一个纸上谈兵的专家，这一点，赵奢也早就看出来了。他曾对妻子说：“用兵关系到生死存亡，赵括却说起来很容易，夸夸其谈。我看今后赵国不用他为将则已，如果用他为将，断送赵军的一定是他。”

而今赵王真的要任赵括做大将了，知道底细的丞相蔺相如十分反对，说：“赵括只会纸上谈兵，不会在实际中灵活运用兵法，不可做大将。”

赵王不听。赵括的母亲又赶紧去见赵王说：“赵括和他父亲不同，赵奢做大将和部下相处得很融洽，得到赏赐都分给部下共同享用，接受了命令，就一心一意为公，顾不得家里的事。而赵括，一旦做了将领，就会盛气凌人，自以为了不起，对下属毫不

关心，大王赏赐的金银财宝，都会拿回家里藏着，准备购买田地房屋。赵括比不得他父亲，请大王收回任命，不要派赵括去领兵打仗，免得危害国家。”

难得有如此深明大义顾大局的母亲。然而赵王偏偏不理会，仍然固执己见。于是赵母只好讲求说：“如果赵括出了差错，请不要牵连我们全家。”赵王答应了。

公元前 260 年，赵括走马上任。他一反廉颇原来的战略部署，更换将官，还撤除了防御工事，准备出城攻击秦军。秦国听说赵括替代了廉颇，立即暗地里派武安君白起为将，以王龁为前将，准备进攻。白起是当时秦国最骁勇善战的将军，而且作风凶狠，杀人不眨眼。秦王同时命令全军：“如果谁泄露是白起为将，斩首!”

白起针对赵括高傲轻敌的弱点，先用诱敌之计，故意打败仗。赵括自以为得意，出兵追击。这时白起派出两支精兵包抄赵军的后路，赵军被切成两段。白起又派 5000 骑兵进攻赵军的阵地，赵军被分割包围，粮道也被切断。赵军临时筑起壁垒自卫，等待救兵。

秦昭王为秦军包围赵军的捷报弄得兴奋异常。他亲自来到河内（今河南泌阳县），征召当地所有 15 岁以上的男丁组成军队，调到长平战场东北面的高地，切断赵国的援兵和粮道。

数十万赵军被困在壁垒中不敢出战，饥饿一天天夺取着赵军的生命。从 7 月至 9 月，赵军 46 日无粮，兵士互相残杀，拿人肉充饥。赵军企图突围，可秦军如铜墙铁壁般地将他们团团围住，杀不出去。绝望之下，赵括亲自率领一队精兵拼死突围，结果被秦军射杀。

主帅一死，赵军迅速瓦解，四十多万人向白起投降。白起

嗜杀成性，他担心赵军的四十多万降兵不易管辖，会寻机造反，就下令将他们全部活埋，只留下240个小孩放回赵国，放回之前还将这些孩子的耳朵割掉，并截肢弄成残废，让他们回去宣扬秦军的“声威”，真是惨绝人寰！直到现在，在山西高平的古战场上，还经常可以发现箭镞、戈矛、枯骨等，它们可能就是长平之战的遗物。

长平之战极大地削弱了赵国的力量。范雎“远交近攻”的战略使秦国的势力日益强大。

四、贬逐“四贵”

“远交近攻”策略的成功，使范雎进一步得到昭王的信任。随着君臣关系的日益密切，范雎感到向昭王谈论国内事务的时候到了。一天，范雎对昭王说：

“我在山东时，只听说齐国有孟尝君，没有听说有齐王。也只听说秦国有太后、穰侯、华阳君、商陵君、泾阳君，没有听说秦国有秦王。独揽国家大权才叫做王，能够兴利除害才叫做王，能控制死生才叫做王。现在太后独断专行，不顾后果；穰侯出使国外，不报告大王；华阳君、泾阳君等人刑罚毫无顾忌；商陵君任免官吏不向大王请示。四权旁落，而国家不危亡的，是未曾有过的事。在这四种权贵之下，就是没有国王。这样政权怎能不旁落，政令怎能由大王发出呢？我听说善于治理国家的，就是对内巩固自己的威信，对外重视自己的权力。穰侯出使时挟持大王的权威，对各诸侯国发号施令，在天下缔结盟约，征战敌国，没有谁敢不听从。战争胜利，攻有所得，那么利益就归于陶邑，而国家一垮台就归罪于各诸侯国；战争失败就跟百姓结下怨仇，而灾

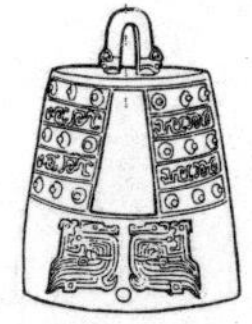

祸归于国家。”

范雎又引证齐、赵两国权臣废君的教训说：“崔杼、涉齿掌管齐国的时候，崔杼射伤齐庄公的大腿，涉齿抽掉湣王的筋骨，把他悬挂在庙堂的横梁上，很快就死了。李兑掌管赵国的时候，把主上囚禁在沙丘，百天后而饿死。现在我听说秦太后和穰侯当权，商陵君、华阳君和泾阳君辅佐他们，终究会取代秦王，这些人和涉齿、李兑是一样的呀！夏、商、周三代之所以灭亡，就是因为君王把政权完全授予臣下，自己放任喝酒、骑马打猎，不理政事。他们所授权的人，嫉贤妒能，凌驾下属，蒙蔽主上，以便达到他们个人的目的，他们不替君主着想，而君主又不能觉察、醒悟，所以丧失了他的国家。现在上到各大官吏，下到大王左右的使从，没有不是他们的人。眼看大王在朝廷很孤立，我私下替大王害怕，以后拥有秦国的恐怕不是大王的子孙了。”

秦昭王听范雎如此一说，万分惊惧，决心铲除祸害。随即在

郑国渠遗址

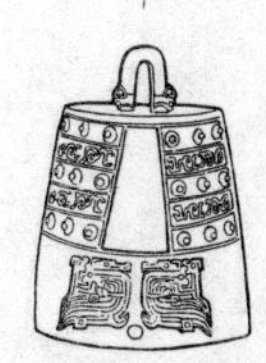

范雎的帮助下，昭王采取周密部署与果断措施，一举废掉宣太后，同时将穰侯魏冉与商陵君、华阳君、泾阳君逐出关外。秦王收回了魏冉的穰侯爵号及相印，让他去陶邑休养。当魏冉迁居时，满载珍宝的车辆有一千多乘。在离境出关检验时，有人发现，魏冉的宝器奇珍竟比王宫还多。

接着，昭王拜范雎为相，并封范雎为应侯。从此，秦国内政和军事大权便为范雎所控制。对内，他对政权机构进行清理整顿，废止了贵族擅权的局面，加强了中央集权。

五、睚眦必报的政客

范雎已经做了秦国的宰相，秦国人称范雎为张禄，但魏国人不知道，以为范雎已经死去很久了。魏国听说秦国将向东征伐韩国与魏国，就派须贾出使秦国。范雎听说这件事后，就秘密出发，穿着破衣，抄小路到驿馆，会见须贾。须贾一见到范雎惊奇地说："范叔原来平安无事啊！"

范雎说："是。"

须贾笑着说："范叔是来游说秦国的吗？"

范雎说："不是。我范雎前些日子得罪了魏国的宰相，所以逃亡到这里，怎敢来游说呢？"

须贾问："现在范叔做什么事？"

范雎说："我做人家的雇工。"

须贾心里可怜他，就留他跟自己座谈吃喝，说："范叔竟贫寒到这样啊！"

随即拿出自己的一件厚绸缎子来送给他，并趁机问："秦国宰相张禄先生，你了解他吗？我听说他受秦王宠幸，天下的事情

都由宰相先生决定。现在我的事情关键在于张先生。你可有朋友熟悉宰相先生的吗?”

范雎说:“我的主人熟悉他。就是我也能够拜见他,我范雎愿意替您引见张先生。”

须贾说:“我的车辆断了,如果没有四匹马拉的大车,就出不了门。”

范雎说:“我愿意替您向我的主人借用四匹马拉的大车。”

于是范雎回去带来四匹马拉的大车,自己给须贾驾车,进入秦国宰相府。相府里的人见了,有认识他的都躲开了。须贾觉得奇怪。到了宰相住所门口,范雎对须贾说:“您等着我,我替您先进去向宰相先生通报。”

须贾在门口等着,停车很久,没见范雎出来,便问看门的人:“范叔为什么这么久还不出来呢?”

看门的人说:“这里没有范叔。”

须贾说:“就是刚才同我一道坐车进来的那位。”

看门人说:“那是我们的宰相张先生。”

须贾大吃一惊,才知道自己受骗了。赶忙袒露上身,用膝盖跪着走,通过看门的人向范雎认罪求情。这时范雎坐在华丽的帷幕中,侍从很多。他接见了须贾。须贾磕头谢罪说:“我须贾没想到您能青云直上,我不敢再读天下的书,不敢再参与天下的大事。我须贾犯了该烹煮的死罪,请求独自隔离到胡貉蛮荒之地,是死是活,唯您之命是从。”

范雎说:“您的罪过有多少?”

须贾说:“拔下我的头发相连接,也没有我的罪过长。”

范雎说:“您的罪状有三条罢了。我范雎的祖坟在魏国,您以为我对外私通齐国,因而在魏齐面前说我的坏话,这是您的第

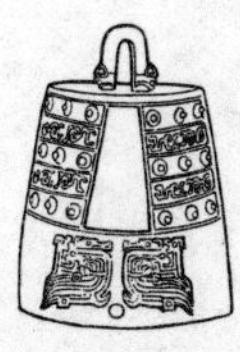

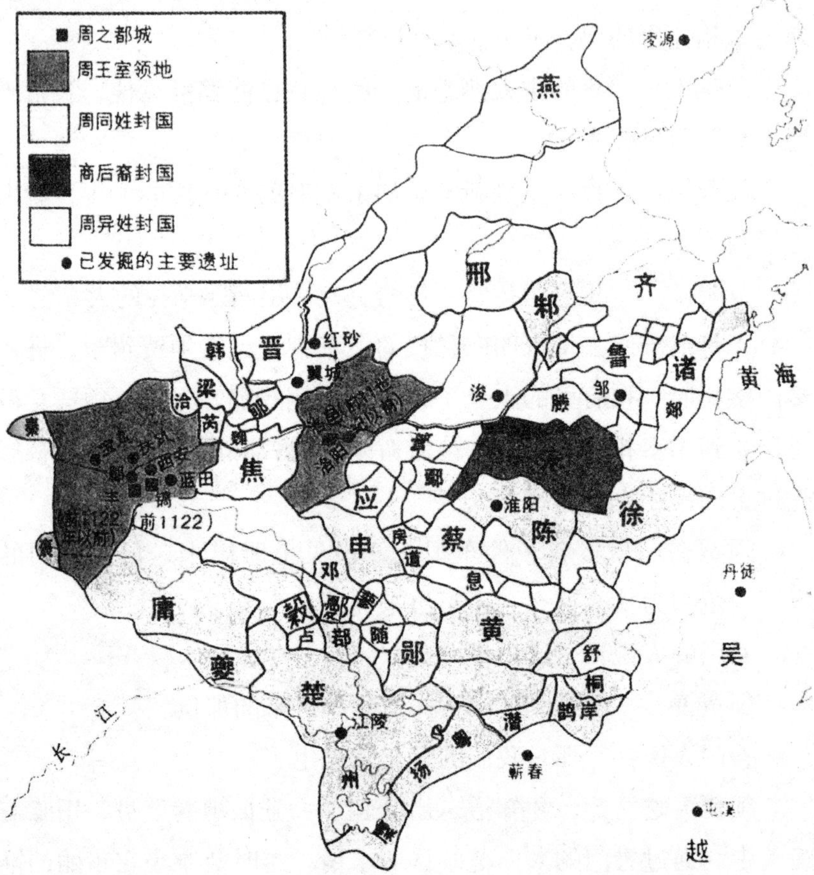

西周诸侯国分布图

一条罪状。当魏齐把我扔在厕所里遭受侮辱时，您不制止，这是第二条罪状。进而在醉后又往我身上撒尿，您是多么残忍啊！这是您的第三条罪状。然而您之所以免死，是因为送我一件厚绸袍子，还有恋恋不舍的老朋友的情意，所以我放过您。”

须贾于是谢恩告别。范雎进宫向秦昭王报告了这件事，然后让须贾回去。须贾向范雎告别的时候，范雎大摆筵席，把各国使

者都请来，跟他们一起坐在大堂上，酒菜非常丰盛。而让须贾坐在堂下，把一盆料豆放在他面前，让两个受过刑的囚徒看着他，像喂马一样地喂他。范雎数落他说："替我告诉魏王，赶快拿魏齐的头来！不然的话，我将要屠杀大梁。"

须贾回去，把这些话告诉了魏齐，魏齐恐惧，逃到赵国，躲藏在平原君家里。秦昭王听说魏齐在平原君家里，一定要替范雎报他的仇，就假情假意地写了一封友好的信送给平原君说："我听说您的崇高正义，希望同您结成平民般的朋友，如果有幸能得到您的来访，我愿意同您作十天的长饮。"

平原君害怕秦国，又以为信中所言为实，就进入秦国会见秦昭王。秦昭王同平原君喝了几天酒，秦昭王对平原君说："从前周文王得到吕尚，把他当作太公；齐桓公得到管夷吾，把他当作仲文；现在范先生也是我的叔父。范先生的仇人在您家里，希望您派人回去拿他的头来，不然，我不让您出关。"

平原君说："显贵以后结交朋友，是为了不忘卑贱的时候；富裕以后结交朋友，是为了不忘贫穷的时候。魏齐是我赵胜的朋友，就是在我家里我也不会交出来，何况现在又不在我家里。"

秦昭王就写信给赵王说："大王的弟弟在秦国，范先生的仇人魏齐在平原君家里。大王派人马上拿魏齐的头来，不然我就起兵攻打赵国，也不让大王的弟弟出关。"

赵孝成王于是就出兵包围平原君的家。情况危急，魏齐连夜逃出去，见到赵国的宰相虞卿。虞卿估计赵王终究不能说服，就解下自己的相印，同魏齐一道抄小路逃跑，考虑到各诸侯国没有一个能够马上抵达的，就又跑回了大梁，想通过信陵君而逃到楚国。信陵君听说这件事，害怕秦国，犹豫不决，不肯接见，他说："虞卿是怎样的人呢?"

这时候嬴在旁边说："人本来不容易了解，了解人也是不容易的。虞卿穿着草鞋，打着伞，第一次见赵王，赵王赏赐他一双白璧，一百镒黄金；第二次见面，赵王任命他做上卿；第三次见面，赵王终于给他相印，封他为万户侯。就在这个时候，天下争相礼聘他。魏齐在虞卿穷困的时候拜访过他，虞卿不以爵位俸禄为重，解下相印，放弃了万户侯而秘密外逃。他以朋友的窘困为急来投奔公子，公子你说他是怎样的人呢?"

信陵君非常惭愧，驾车到郊外迎接他们。然而魏齐听说信陵君起初要见他感到为难，愤怒地刎颈自杀了。赵王听说这件事，终于割下魏齐的头送给秦国。秦昭王于是释放平原君回国。

范雎在"以怨报怨"的同时，也不忘"以德报德"。对于救过他命的王稽、郑安平，范雎都予以提拔重用。范雎担任宰相以后，王稽对范雎说："事情不能预料的有三种，无可奈何的也是这三种事情。君王突然去世，这是事情不能预料的第一种情况。您突然死去，这是事情不能预料的第二种情况。我突然死去，这是事情不能预料的第三种情况。君王一旦去世，您尽管感到遗憾，想报答我也无可奈何。您突然死去，尽管我感到遗憾，想得到报答也无可奈何。假使我突然死去，您尽管对我感到遗憾，想报答我也同样无可奈何。"

范雎听了，就进宫对秦昭王说："如果不是王稽的忠心，没有谁能把我接纳到函谷关；如果不是大王这样贤明圣哲，没有谁能重视我。现在我的官职达到了宰相，爵位排在列侯，王稽的官职还停留在一名谒者之上，这不能体现他的功劳。"

秦昭王于是召见王稽，任命他做河东郡守，三年之内不用上报。又任命郑安平做将军。范雎又散发家里的财物，施舍给困苦的人。对此，太史公司马迁曾概括范雎是"一饭之德必偿，睚眦

之怨必报”。也就是说范雎是个一饭之恩一定报答，别人瞪他一眼的怨仇也要报复的人。这说明，范雎心胸狭窄，过分看重个人的恩怨。他与武安君白起的矛盾，也是一个典型的例子。

长平之战以后，秦国威势大震，形势对秦非常有利。白起准备一鼓作气，乘势灭赵攻韩。公元前 259 年，秦军再度攻占上党，然后兵分两路，一路由王龁率领，攻下韩国的皮牢（今山西翼城东）；另一路由司马梗率领，占领赵国的太原。白起自己则统率主力留在上党，等待昭王发布命令进攻邯郸。可是，等了两个月，得来的却是“罢兵”的命令。

秦朝铠甲

原来，这段时间韩国和赵国派苏代带重礼去游说了秦国的丞相应侯范雎。苏代问范雎说：“武安君擒获了马服君的儿子吗？”范雎说：“是的。”

苏代又说：“秦国又要围攻邯郸吗?”

范雎说：“是的。”

于是苏代说："如果赵国灭亡了，那么秦王就可以称霸天下了，武安君就位列三公。武安君替秦国攻占了七十多个城邑，南面平定了鄢邑、郢都和汉中，北面擒获了赵括的军队，即使周公、召公和吕望的功勋也不会超过这些了。如今赵国一旦灭亡，秦王称霸天下，那么武安君一定位列三公，你还能够在他们的地位之上吗？如果赵亡了，即使你不愿在他们的地位之下，也不可能了。"

苏代的话使范雎陷入了沉思，自己辩士出身，靠说起家。白起在魏冉为相时就已功勋卓著。范雎生怕在这个崇尚武功的国度，因白起的功高使自己身价跌落，从而不能独揽大权。于是范雎向昭王进言说："秦国的军队疲劳了，请您允许韩、赵两国割让土地来讲和，权且让士兵休息。"

秦昭王听从了范雎的话，割取韩国的垣雍和赵国 6 个城邑而媾和了。正月间，大家都收了兵。白起听到这个消息，从此跟应侯有了嫌隙。后来，情况发生了变化。赵国、韩国本来说好赔地，可秦退兵后，只有韩国献出了土地，而赵国却变了脸，拒不割地，并且派人去齐国，准备联合抗秦。秦昭王见此，就又命令白起率兵伐赵。但白起却说："不可。"

白起之所以反对伐赵，既有对范雎不满的因素，也有对形势的分析和考虑。他指出："赵国自长平之战以后，君臣发愤图强，努力耕作，对燕、魏结亲，与齐、楚联好，处心积虑，备战抗秦。所以，赵国现在是国内实，外交成，秦国不可以攻伐啊！"

白起的话无疑有一定的道理。然而，昭王和范雎之意已定，就另派王陵率兵攻赵。公元前 258 年，王陵在进攻邯郸时受挫，秦军伤亡不小。昭王又想起白起，请他出马，白起称病不出。不想前线不断失利。消息传来，令昭王十分焦急，就叫范雎亲自去

传说由李斯手书的《泰山石刻》(局部)

劝说白起。范雎无奈，就装模作样地去请白起就职。白起依然推托有病，不肯出战，并进一步分析形势，指出此次出兵不可能得胜。他说："现在赵国军民同心协力，誓死保卫国家。山东各国也都对秦怀有怨恨，秦若攻赵，它们必然相救。秦国远离自己的国土攻打邯郸，赵国坚守，诸侯外援，秦军必受夹攻。"

范雎早就有意让自己的亲信郑安平替代白起，所以白起拒绝，正合他意。他回到朝廷，向昭王禀报，同时免不了对白起数落一番。昭王听了，大发雷霆地说：

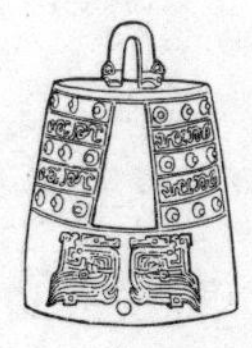

“不要你白起，我也能灭赵。”

于是昭王让王　代替王陵，并增加军队，继续围攻邯郸。不幸的是，事态的发展正如白起所预言的，赵国军民拼死抵抗，秦军久攻不下。同时魏国、楚国的援军又赶来攻击秦军，秦军大批逃亡，形势危急。昭王又一次亲自去求助于白起。他来到白起府，命令白起带兵伐赵，但白起还是以生病为由予以拒绝。昭王火冒三丈，对白起说：“你虽有病，但还是要为寡人出征。哪怕你是躺在床上指挥。”

生性怪僻的白起，心里有气，拒不从命，并继续向昭王陈述不可出兵的理由。他对昭王说：“愿大王接受我的意见，这回就放了赵国，让他们休养生息，同时伺机等待东方国家的变故。”

昭王根本听不进去，谈话彻底破裂。昭王当即削去白起武安君的爵位，并将他逐出咸阳，迁至阴密（今甘肃灵台县西）。由于有病，白起没有马上动身。3个月后，秦军在前线失败的消息传来，昭王又迁怒于白起，令他立即起行，不得滞留咸阳。白起只得起程。这时，范雎又在昭王面前煽动对白起的不满情绪，说：“白起迁居的时候，他的心情还是郁郁不服气，恐怕日后有变。”

昭王听范雎这么一说，也感到留着这位能征善战又生性怪僻的人，很可能是一个祸根，就立即派出使者追赶白起。在距咸阳以西20公里一个叫杜邮的地方，使者拦住了白起。使者按照昭王的吩咐，令白起自杀。白起引剑自刭而死。这件事发生在昭王五十年十一月。

然而，白起死了以后，范雎的日子也开始不好过起来。他举荐的郑安平带兵进攻赵国，被赵军包围，危急之下，带着士兵两万人投降了赵军。范雎只好坐在草垫上请罪。按照秦国的法律，

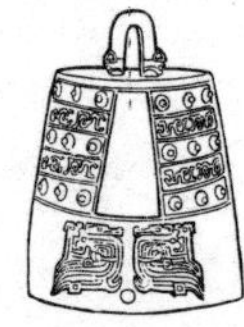

被举荐的人如果犯了罪，将根据被举荐人的罪状给举荐人定罪。于是范雎罪当收捕三族。秦昭王怕伤害了范雎的心，就下令全国："有敢于谈论郑安平事件的，就按郑安平的罪给他定罪。"

同时，秦昭王赏赐范雎的食物日益丰厚，以便安抚他的心。然而，两年以后，王稽担任河东郡守，因为跟外国勾结，犯法被处死。范雎的心里越发高兴不起来了。秦昭王也开始坐在朝堂上唉声叹气。范雎上前说："我听说君主有忧愁，臣子感到耻辱；君主受耻辱，臣子应当身死！今天大王在朝中发愁，我愿意请求给我定罪。"

秦帝国星台遗址，当地人称"拴马桩"。

秦昭王说："我听说楚国的刀剑锋利、兵精将勇，但战术笨拙。现在楚国的战术谋略也深远了，用深远的谋略统率勇敢的士兵，我恐怕楚国要图谋秦国。事情如果不在平时做好准备，就不能够应付突发的事变。现在武安君已经死了，而郑安平等人叛变，国内没有良将，而外敌却更加强盛，我因此发愁。"

秦昭王本想以此激励应侯范睢，不想范睢却越发恐惧，想不出办法来。这时，有一个名叫蔡泽的燕国人听说了这件事，就来到了秦国。蔡泽通过游学到过许多大大小小的诸侯国谋求官职，都不能得到赏识。蔡泽准备会见昭王，就派人扬言来激怒范睢说："燕国游客蔡泽，是天下英俊、善辩、明智之士。他一见到秦王，秦王一定会难为您，然后夺取您的职位。"

范睢听了说："五帝三代的事情，百家的学说，我已经知道了；众人的辩言，我都能驳斥他们。这个人怎么能难为我并夺取我的职位呢？"

于是范睢派人召见蔡泽，指责他说："您曾经扬言要代替我当秦国的宰相，可有这回事吗？"

蔡泽回答说："是的。"

范睢说："请让我听听您的说法。"

蔡泽说："唉，您的见识多么落后啊！君主圣明，臣子贤良，是天下最大的幸福；君主英明，臣子正直，是国家的幸福；父亲慈祥，儿子孝顺，丈夫诚信，妻子贞节，是家庭的幸福。然而比干忠诚却不能保存殷朝；伍子胥明智却不能保全吴国；申生孝顺，可是晋国大乱。这些都是忠臣孝子，可是仍然国亡家乱，是什么原因呢？因为没有英明的君主和贤良的父亲听从他们。

所以天下人认为他们的君主、父亲可耻可辱，而怜惜这些臣子和儿子。认为比干、子胥作为臣子，是对的，他们的君主是错

的。所以世人说这些人成就功业却不得好报。难道羡慕他们生不逢时而死吗？等待死了以后才能够立忠成名，这样微小的德行不配是仁人，孔子不配是圣人，管仲不够伟大。人们建功立业，难道不期望功名和性命全部得到保全吗？性命和功名都能得到的，是上等。功名可以得到，但牺牲了性命的，是次一等。声名蒙受耻辱，但性命保全的，是下等。”

听到这里，范雎连连称是。蔡泽得到机会，又趁势说：“日正则斜，月满则亏。事物极盛而后就要衰落，这是天地间的自然规律。进退伸屈，随着时势变化，这是圣人通用的办法。现在您的仇怨已经报复，恩德已经报答，心愿已经实现，但没有应变的计谋，我私下认为这是您不可取的。秦国的欲望实现了，您的功名到达了极点，这也是秦国重新分配功名的时候了。如果这个时候还不隐退，那么就是商君、白起、大夫种的下场。《易经》中的‘亢龙有悔’是说能上却不能下，能伸却不能屈，能进却不能退的人。希望您仔细考虑这件事！”

范雎终于大彻大悟地说：“我听说，欲望不能无度；占有不能过分。幸蒙先生指教，我范雎恭敬地听命。”

随即范雎请蔡泽入席，尊为上宾。几天后，范雎上朝，把蔡泽推荐给了秦昭王。自己则借口病重，辞去了相位。秦昭王随即任命蔡泽为相，向东灭了周王室领土内分裂出来的两个小国之一——西周。蔡泽担任秦相 8 个月，有人厌恶他，他害怕被杀，就称病归还了相印，被封为纲成君。此后在秦居住十多年。

点　评

长袖善舞，多财善贾。先秦的游士，像范雎之辈，奔走于各国，虽不同程度地存有利国利民的志向，但主要还是为了个人的荣华富贵。他们中的一些人以辩才取得荣宠，也能提出一些有益的主张，推行一些有益的措施，但称不上是有远见、有气度的政治家，只能算是一些政客而已。这类政客，有时为了自身的利益，往往会不择手段地干出祸国殃民的事情。

第六章　商人政治家——吕不韦

在中国传统文化中，历来把商业和商人贬得很低，“士农工商”中，商人的社会地位被排在了最后。然而，中国历史上，有一个人物开创了商人从政的历史先河，他就是吕不韦。吕不韦虽称不上盖世英雄，但他绝对是一个千古奇商。

一、商人世家

在今河北南部和河南北部一带，先秦时期有一个诸侯国，名字叫卫国。这个地方最初是商朝的中心地区，后来周朝建立，周公推行分封制，就将康叔封于此地，称“卫”。

卫国早先是个大诸侯国，但后来逐渐衰微，地盘也越来越小。到战国中期，已沦落为一个任人宰割的小国。国君的昏庸无能，奴隶贵族政治的腐败黑暗，使得优秀的人才纷纷外流。而人才流失越多，国家也就越没前途。这些往外流的代表人物有吴起、商鞅、吕不韦等。

吕不韦，出生于卫国都城濮阳（今河南濮阳西南）。濮阳地处黄河岸边，交通十分方便，逆河而上，可抵达洛阳（今河南洛阳），那里曾经是周王朝的政治中心。战国时，洛阳仍是全国屈

吕不韦像

指可数的几个大都市之一；顺流而下，可通往盛产鱼盐粟帛豆麦的齐、鲁（今山东境内）富庶之乡；向北过黄河，可直达北方大都会赵国的首都邯郸；往南，黄河水与鸿沟水系、淮河平原上的水道交通网联结了起来。如此优越的地理环境，为濮阳人经商致富准备了良好的外部条件，从而造就了一大批商人，濮阳也成为当时一个相当繁荣的商业城市。

吕不韦的父亲就是濮阳城里的一位大商人。在吕不韦生活的年代，卫国已成为秦国与魏国、赵国、齐国争夺的要冲地带。卫国求助于魏国的保护，在魏的羽翼下苟延残喘。卫国没有太多的东西可以自夸、自傲，相反，它的风俗还经常遭到别国人的讥议，有人把卫国以及离它不远的郑国所流行的一种音乐称为“郑卫之音”，把它归入淫邪一类，属于靡靡之音。

在周围环境的熏陶下，吕不韦继承父业，以经商为主，练就了一副精明的商人头脑，眼观六路，耳听八方。在濮阳、邯郸、阳翟（韩国城市，在今河南禹县）之间来回奔波，廉价买进，高价卖出，成为家产超过千斤黄金的大富商。国势衰微，风雨飘摇的卫国，早就留不住吕不韦的心。他离开了家乡，到邯郸城里住了下来，做着更大的生意。

邯郸远比濮阳繁荣。它既是赵国的政治中心，又是南通郑、卫，北接燕、涿（今北京与河北），东连齐、鲁的交通枢纽，是当时诸侯国中最大的商业城市之一。这座建造于公元前 386 年的

赵国首都，规模宏伟，布局严谨。北面和东面为市区和臣民住宅，西面为王城。王城长 1475 米，宽 1387 米，气势恢，为当时各国王城之最。据说，从这座大城市里走出来的男人，也像这座城市一样，别有一种大气的风度。尤其是他们走路的姿势、步态，令各地追求时髦的青年纷纷模仿。据说有一个愚笨的外地人怎么也学不会，还把自己原来走路的姿势给忘了，竟然不会走路，只好爬着回去了，闹了一个千古的笑话。这就是著名的“邯郸学步”的故事。

吕不韦在这座大都市里做着各种生意，寻找着能够一本万利的大生意。终于有一天，他找到了这样一种“奇货”。

二、居“奇货”于邯郸城

一天，吕不韦兴冲冲地跑回家，神秘兮兮地对他父亲说：“种田的利润有几倍？”

父亲回答：“十倍。”

吕不韦又问：“做生意的利润又有几倍呢？”

父亲说：“百倍。”

吕不韦再问：“如果立一个国王，利润又有多少倍呢？”

父亲让儿子这么一个没头没脑的问题给弄懵了，过了好久，才从嘴里吐出几个字：“无数倍。”

吕不韦一笑，一字一句地对父亲说：“当今之世，拼命种田，死力耕作，到头来也只能弄个吃饱穿暖。如果能买到一个国王，让他听我的，就不仅一生有享不尽的荣华富贵，还可泽及后代。我就要做这样的买卖。”

吕不韦为什么这样说呢？原来，他盯上了正在赵国做“人

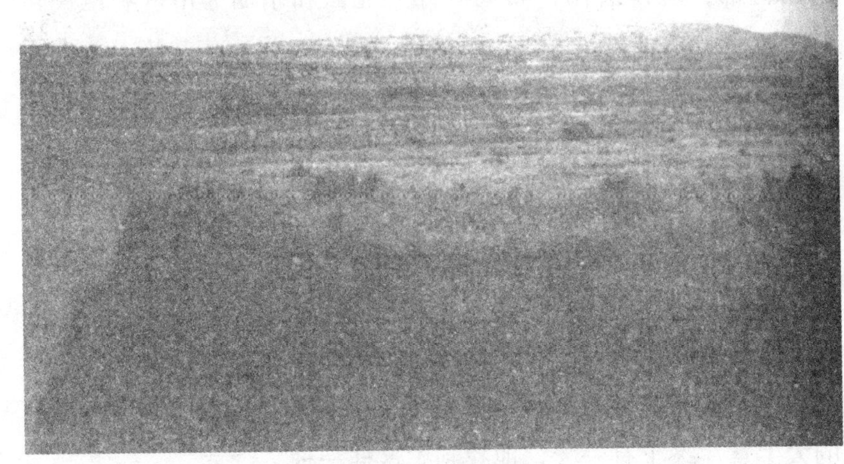

邯郸故城遗址

质”的秦昭王的孙子子楚。当时，诸侯国之间结盟时为了防止对方违约，往往把彼此国家的王子、王孙作为相互交换的人质，在本国违约时，人质就要受到惩处。子楚是秦昭王太子安国君的庶子（非正妻所生的儿子）。安国君有二十多个儿子，子楚排行居中，其母夏姬又不受宠幸，所以被送到赵国做人质。由于子楚在国内没有地位，再加上秦国又多次进攻赵国，子楚在赵国的处境非常糟，赵国人很不礼遇子楚，他乘用的车辆低劣，日常费用并不宽裕，生活困窘，很不得志。

吕不韦却以商人的敏锐嗅觉，意识到这正是“奇货可居”。他决定做一次冒险的但却能一本万利的政治投资。

于是吕不韦去见子楚，向他游说说：“我能光大你的门第。”

子楚笑着说：“你暂且先光大自己的门第吧，然后再来光大我的门第。”

吕不韦说：“你不知道，我的门第要等您的门第光大之后才能光大起来。”

子楚明白吕不韦的意思，就叫吕不韦坐下来，两人深谈起来。吕不韦说：“秦王年老了，安国君被立为太子。我私下听说安国君宠爱华阳夫人，华阳夫人没有儿子，能够选立嫡系继承人的，只有华阳夫人而已。现在你们兄弟有二十多人，您又排在中间，并不很受宠幸，长久地在诸侯国做人质。如果大王死后，安国君立为王，那么您也没有机会和长子或其他早晚在大王跟前的兄弟竞争当太子啊！”

子楚说：“是这样的，那您有什么办法吗？”

吕不韦说：“您很穷，在这里做客，没有什么资本可以奉献给亲戚和结交宾客。我吕不韦虽然贫穷，但愿意拿出千金替您到西边去游说，去侍奉安国君和华阳夫人，让他们立您为嫡系继承人。”

子楚于是叩头说：“如果按照您的计策成功了，我愿意分封秦国的土地跟您共享。”

吕不韦于是拿出五百金送给子楚，作为日常的费用以及结交宾客所需；又拿出五百金去购买珍奇和可供玩赏的物品，自己带上这些东西往西游历秦国。吕不韦来到秦国的都城咸阳，先去求见华阳夫人的姐姐，送上厚礼，然后请她把珍宝献给华阳夫人。吕不韦又通过她传话给华阳夫人说：“子楚贤能聪明，结交的诸侯宾客遍布天下，并日夜思念太子和夫人。”

华阳夫人听了十分高兴。吕不韦趁机让华阳夫人的姐姐游说华阳夫人说：“我听说过，凭美色来侍奉人的人，色衰则爱弛。现在夫人您侍奉太子，很受宠爱，但自己却没有儿子，不如在这个时候趁早在众多儿子中结交有才能又孝顺的人，推举他立为嫡子，认作亲儿子。这样，丈夫在的时候就更受到尊重，即使丈夫去世以后，所认的亲儿子继位当王，也不会失去权势，这就是所

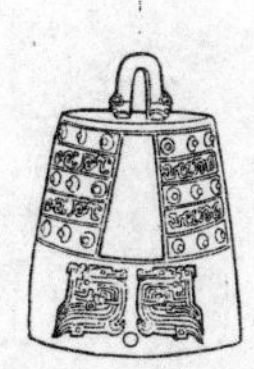

谓的一句话就能得到万代的利益。不在繁华时树立根本，那么美色衰退、宠爱松弛之后，即使想再进一言，还有可能吗？现在子楚贤能，而且自己知道是排行在中间的孙子，依次不得立为嫡系继承人，他的母亲又得不到宠幸，自己依附于夫人。夫人如果能在这个时候推举他作为嫡系继承人，那么夫人终生都能在秦国得到恩宠了。”

华阳夫人听从了吕不韦的建议。就在奉承太子的时候，委婉地谈到在赵国做人质的子楚特别贤能，来往的人都称赞他。接着又流着泪说：“有幸得缘列入后宫，不幸没有儿子，万望能让子楚继位来作为嫡系继承人，使我有个托身的人。”

安国君答应了华阳夫人的请求，并刻写玉符作为凭信，约定立子楚为嫡系继承人。安国君和华阳夫人因此送了很多东西给子楚，并请吕不韦来辅导他。由此，子楚的名声在诸侯国中盛传开来。

吕不韦在邯郸城里选中一个名叫赵姬的姑娘。赵姬不仅容貌娇艳，而且能歌善舞，很得吕不韦的喜欢，并且已有了身孕。一天，吕不韦请子楚吃饭，觥筹交错间，请出赵姬歌舞助兴。赵姬眼角眉梢都是情，又频频为子楚敬酒，弄得子楚神魂颠倒。酒后子楚拉住吕不韦的手，请求吕不韦将赵姬送给他为妻。吕不韦很不高兴，子楚则苦苦哀求，于是吕不韦改变了态度，心想既然已经为子楚破费了很多家财，要保住这个奇货，只有忍痛割爱了，遂顺水推舟地说：“既然你如此喜爱，我就只能割爱了，送给你吧。”

子楚千恩万谢，对吕不韦愈加感激不尽。赵姬隐瞒了已经怀有身孕的事，后来生下一个男孩，名政，这就是后来的秦始皇。因此，秦始皇被认为是吕不韦的私生子。秦昭王五十年，昭王派

龙纹空心砖图

王龁围攻邯郸，情况危急的时候，赵国想要杀子楚。子楚跟吕不韦谋划，送了六百斤黄金给守城的官吏，得以逃脱，一直逃到秦军的营地，然后顺利回到秦国。赵国想要杀死子楚的妻子和儿子，因子楚的妻子是赵国富豪家的女儿，遂得以赎身活了下来。

秦昭王于五十六年去世，太子安国君继位做秦王，华阳夫人当了王后，子楚成为太子。赵国也护送子楚的妻儿回到了秦国。

三、掌握秦相大权

安国君继位后，被称为秦孝文王。不知是由于熬白了头才

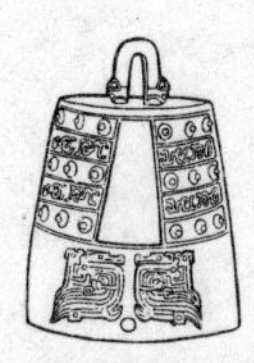

等到即位这一天，还是因为长期耽于安乐，安国君一临朝就被复杂的政务所击倒。秦孝文王继位不过一年，就猝然而死，魂归西天了。

吕不韦正处在为子楚被立为太子而洋洋自得的兴奋中，没料想，更惊人的喜讯又接踵而至。按秦国法律，太子子楚登基即位，是为秦庄襄王。这么多年来，吕不韦的苦心经营不就是为了这一天吗？可他做梦都没有想到这一天会来得这么快，这么突然。

秦庄襄王没有食言，登基后颁布的第一道命令就是专为吕不韦而发的“以吕不韦为丞相，封文信侯，以蓝田（今陕西蓝田县西）十二个县为食邑”（后来又改封河南洛阳十万户）。

这一道命令，把秦国的文武大臣都惊呆了。因为，在当朝的百官中，没有一人有此殊荣。即使在秦国的历史上，既封丞相又封侯的也只有两人，那就是魏冉和范雎，他们都是军功卓著之后被封的。但吕不韦一介布衣，既无战功又无政绩，竟如此平步青云，集官、爵、封地于一身！但当人们知道了庄襄王继位的内幕后，也就不再有非议了。

吕不韦当政后的第一件事，就是大赦罪人，奖赏先王的有功之臣，以及对平民百姓施行一些小恩小惠。虽说这是历代国王上台后的一套惯例，作为执政者，吕不韦因新君登基，必须例行这套老办法，但是这对吕不韦来说却更有一种特别的用意。

吕不韦深知，自己任丞相前，政绩战功一无所有，社会影响、地位也无从谈起。因此，吕不韦感到，施行“德政”，用“德”和“义”来感召和笼络臣民，就显得十分重要。不仅如此，从吕不韦以后的所言、所行看，“德”和“义”在他的治政思想中还确实占有比较重要的地位。吕不韦给长期倡导“严刑峻法”

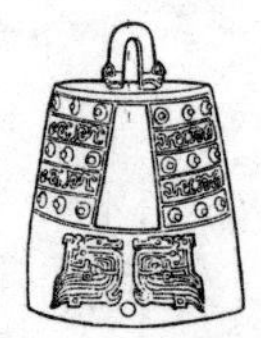

的秦国带来了新的思想色彩，统治手法也有所改变。

秦庄襄王也只做了3年国君就死了。随后由年仅13岁的太子嬴政即位。吕不韦继续任相，并以“仲父”身份辅政。如此一直到嬴政九年，即公元前238年秦王嬴政21岁亲政。在吕不韦担任秦相12年的时间里，秦国的军政大权都掌握在他的手中。

四、卓越的文治武功

吕不韦在当政期间，无论文治还是武功都取得了卓越的成就。首先在武功方面，秦国在中原地区稳步发展，并最终在战国后期的整个战局中，确立了主动与绝对优势的地位。吕不韦武功平天下的第一步棋就是灭亡了在巩地（今河南巩县）苟延残喘的小国东周。

战国前期，在周王室的领土内分裂出了两个小国：东周及西周。公元前256年，秦昭王灭西周，同年，周赧王死。从此，挂名的周天子不存在了。但东周仍遗存着，东周的统治者称周公。周公虽不称“天子”，但毕竟是周王室的残余。所以，他的存在，被秦国统治者认为是统一华夏的一大障碍。然而，无缘无故地去消灭他，又会受到道义上的谴责。

秦国正愁找不到借口，没想到东周竟自己向秦国的刀口上撞来。庄襄王元年（公元前249年），东周不自量力地联合各诸侯国图谋进攻秦国。吕不韦抓住时机，亲自率兵轻而易举地征服东周，将其领地并入了秦国版图。接着吕不韦又下令：将周公迁到阳人（今河南临汝西），让他奉其宗祀，延续着有名无权的周人宗室。

吕不韦的这一措施，表现出他不同于以往君王的政治眼光，

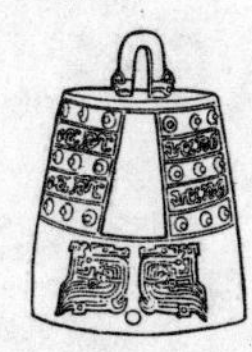

《吕氏春秋校释》书影

消灭东周的实体，但又不绝其宗祀，这正符合儒家“兴灭国，继绝世，举逸民”的思想。一百多年来，秦国以武力征伐东方各国，在东方各国中留下了非常恶劣的印象，人们常斥之为“虎狼之国”、“凶残暴虏”、“仁义不施”等，人们的口头禅都是“暴秦”。吕不韦这一举措既铲除了走向统一的一个政治障碍，又为

自己树起了崇奉“礼”、“义”，施行“兴灭”、“继绝”的善举形象。这种形象，对于嬴政得天下士人的好感、吸引他们投奔秦国，具有十分重要的意义，吕不韦一下子就显露出了他政治家的眼光。这是和范雎之流所不同的。

在灭东周的同一年，吕不韦又派将军蒙骜率军进攻韩国，韩桓惠王被迫将成皋和荥阳（均在今河南荥阳境内）一带割让给秦国。秦随即在那里建立了三川郡。成皋和荥阳历来是兵家必争之地，秦国取得它们，便控制了关西通向关东各诸侯国的一条要道，也为秦国的东进开辟了牢固的前沿阵地。至此，秦国的东部边界正逼近魏国的都城大梁（今河南开封），秦军的锋芒可由三川郡直指魏国的心脏。

公元前248年，赵、魏联合向北进攻燕国。吕不韦趁其后方空虚，派蒙骜率军向赵、魏两国进攻。很快，秦军就攻占了赵国的太原（今山西太原）、魏国的商都（今山西晋城北）和汲县（今河南汲县附近）。随后，秦军又在赵国的西部地区展开了大规模的攻势，先后取得榆次（今山西榆次）、新城（今山西新城）、狼孟（今山西盂曲北）等37座城池。

公元前247年，吕不韦令大将王龁进攻韩国的上党郡（今山西西北地区），将其全部占领，并重建上党郡。同时，又在越国故地太原及其附近一大块土地上设置了太原郡。

从庄襄王死到秦王嬴政亲政这段时间内，吕不韦仍然实施“近攻”的战略，即将韩、赵、魏作为主攻目标。公元前245年，秦攻取魏国的卷（今河南原武城北），斩首3万。公元前244~公元前243年，秦军又接连攻占韩国13个城邑及魏国的田易、有诡二邑。公元前242年，蒙骜率军大举征伐魏国，一连占领了酸枣、燕、虚、桃人（均在今河南延津、长垣一带）、长平（今河

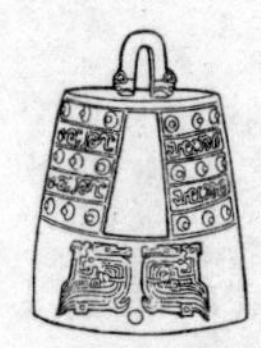

南西北)、雍上（今河南札梁)、山阳（今河南焦作市东南）等20座城邑，并在那里设立东郡。公元前241年，秦又攻占了魏的朝歌（今河南淇县)。至此，韩、魏两国的绝大部分与赵国的西部，都归入了秦的版图。

同年，为秦国的东进形势所迫，赵、楚、魏、韩、燕五国再一次联合起来，向秦国进攻。然而五国联军是如此的不堪一击，遭秦军稍微反击，便迅速瓦解。自此，东方诸国再也无力反击，只有等待秦国将其一个个灭亡。

公元前238年，秦军多路向魏国发动进攻，占领了垣、蒲阳(均在今山西境内)、衍（今河南郑州北)。昔日兵强地广的魏国，此时只剩下残兵败将和大梁以东的小片地区了。

如果说吕不韦执政时期秦国在军事上的胜利是借助了以往几十年打下的基础，并有相当一部分功劳应归功于秦军将士的英勇善战的话，那么，在这一期间，秦国在文治方面取得的成就，就紧紧地与吕不韦联系在一起了。吕不韦给秦国的思想文化开创了一个崭新的局面，写下了一段辉煌的篇章。如果没有吕不韦，秦国历史上极可能会缺少这么光彩的一页。吕不韦的文治成就大致表现在以下几个方面：

1. 倡导加强礼仪教化

在为政治国方面，除了主张原来的严刑峻法的法治外，吕不韦还倡导加强礼义教化。由吕不韦主编的《吕氏春秋》有《上德》一篇，其中写道：“为天下反国，莫如以德，莫如行义。以德行义，不赏而民功，不罚而邪止。”就是说，以“德”和“义”来引导天下，可以收到不用“赏”、“罚”手段以使民心归善、邪恶不生的功效。这种德、刑并用的思想，与秦国专用刑罚的传统有着很大的不同。这反映在对东方六国的兼并策略上，就

形成了刚柔相济的两手，除使用武力彻底消灭外，有时还加以笼络、安抚，如对东周的方法。

2. **大量引进人才**

吕不韦改变秦国过去的文化封锁政策，大量引进东方国家的文化，特别是各种人才。秦国虽有任用外来人才的传统，但长期以来，为秦国所欢迎的主要是持法家观点的人物。这使秦国的文化十分单一而贫弱。吕不韦任秦相后，广泛地从东方吸收、引进人才，诸子百家各派人物都欢迎。一时间，天下之士争相入秦事秦。据说聚集在吕不韦门下的宾客有三千之多，包括了儒、道、占星、阴阳、法、纵横、兵、农等各家各派门徒。这些士人在吕不韦周围形成了一个庞大的人才库，并担负着智囊团的作用。如后来为秦的统一和秦帝国的建立做出重要贡献的李斯，最初就投在吕不韦门下。

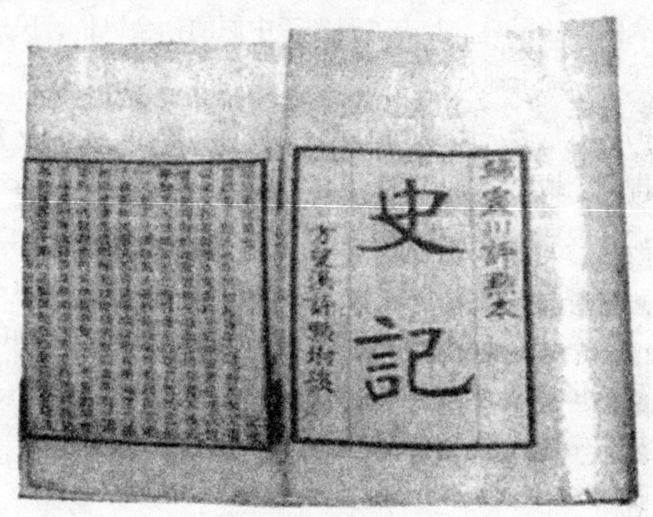

《史记》书影

3. **集百家之长，建立起治国安邦的理论体系**

吕不韦执政时期，全国统一的迹象已经十分明朗，当时一些思想家和政治家都在研究完成统一中国的军事和政治策略，以及

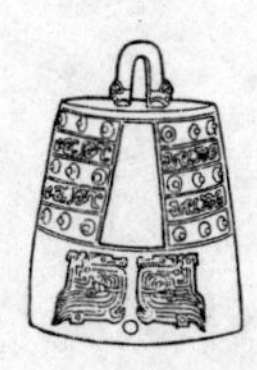

统一后的国家如何进行统治的问题。吕不韦也在思考。他采取了兼收并蓄的方法，来建构他的理论体系。他认为，人和物都有其长与其短，只有善于吸收和利用别人之长补己之短者，才能得到天下。由此，他组织手下的宾客，发挥各自的特长，著书立说，集百家为一家，编写出了先秦杂家的代表性著作《吕氏春秋》。

秦国早先所处的岐山以西为戎、狄杂居之地，由于地理和种族因素的影响，形成了迥别于中原的社会风俗，民性强悍，崇尚武功。加上地处西陲，与其他地区交流较少，造成了思想文化上的落后状态。比如，战国诸子百家的著名人物，没有一个是在秦国的土地上培养出来的。因此，吕不韦招揽各国人才，对各种学派采取兼收并蓄的政策，实在是秦国文化发展史上的一个壮举、一件盛事。而反映战国末期各派思想互相渗透、百家合流特点的杂家著作《吕氏春秋》出现在秦国，更是为秦国的统一做了思想文化上的准备。由于吕不韦在文化上进行的这项工作，使秦国可以毫无愧色地担当起统一天下的大任。

五、兼百家之长的《吕氏春秋》

1.《吕氏春秋》的由来和概貌

关于吕不韦编纂《吕氏春秋》的由来，《史记·吕不韦列传》是这样记述的：

当时，魏国有信陵君，楚国有春申君，赵国有平原君，齐国有孟尝君，这战国“四公子”都注重礼贤下士，以养着众多宾客而著称于世，当时的士人都十分钦佩和向往他们。吕不韦任秦相以后，意识到秦国虽然强盛，但多的是武士，文士却奇缺。吕不韦为此感到羞愧。于是他也广招天下士人，礼遇他们，门下聚集

了食客三千人。吕不韦又仿效当时著书立说的风气，让他们编撰自己的所见所闻，合成一辑，取名为《吕氏春秋》，全书分为“八览”、“六论”、“十二纪”，共二十余万言。

《史记》中的这些记载，使我们对《吕氏春秋》成书的情况有了一个大概的了解。不过，关于吕不韦养士、组织编撰《吕氏春秋》还有两点值得说明：

一是战国“四公子”养士主要是为了扩张自己的势力，而吕不韦养士则有着更为深远的意图。“四公子”养士没有编过什么书，而吕不韦却让他们编撰了一部著名的《吕氏春秋》，这是“四公子”所不如的。汉代王充说：“贤才之臣，入楚楚重，出齐齐轻，为赵赵完，畔魏魏伤。”（《论衡·效力》）。这就意味着战国之时，贤能之士的向背对一个国家的兴衰成败关系重大。从东方而来的吕不韦，当然明白在争夺人才的这一“战场”上秦国并不占优势，因而他要广泛罗致文士以弥补秦国文化上的不足，为统一做文化和人才上的准备。当然，他也有吸引人才以扩大自己势力的意图。从以后的历史看，吕不韦所网罗的人才，也确有为秦始皇所用，成为秦的栋梁之材的。

二是在《吕氏春秋》成书以前，虽然已有诸子百家的许多著作问世，并流传天下，但是像吕不韦那样有组织、有计划、集体编写文章的却是第一次。而且，在现存的先秦诸多著作中，像《吕氏春秋》这样的体裁也是独一无二的。在这个意义上，《吕氏春秋》的编纂和问世，实在是中国思想文化史上的一大创举。

《吕氏春秋》全书分“十二纪”、“八览”、“六论”三个部分。由于是有计划有组织地编写，所以在形式上十分整齐。

“十二纪”以“孟春”、“仲春”、“季春”、“孟夏”、“仲

公羊传

夏”、“季夏”、“孟秋”、“仲秋”、“季秋”、“孟冬”、“仲冬”、“季冬”十二个季节为“纪”，每一“纪”有五篇文章，共计六十篇。

“八览”是“有始览”、“孝行览”、“慎大览”、“先识览”、“审分览”、“审应览”、“离俗览”、“恃君览”，每“览”有八篇文章，共计六十四篇。

“六论”为“开春论”、“慎行论”、“贵直论”、“不苟论”、

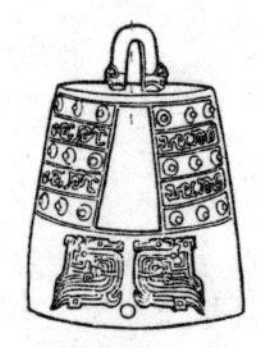

“似顺论”、“士容论”，每“论”有六篇文章，共计三十六篇。

另外还有一篇“序意”（即序言）。这样，全书一共有161篇文章。后来，《吕氏春秋》在流传过程中发生了遗失和错位现象。现存《吕氏春秋》中的“有始览”只有七篇文章，“序意”也残缺不全。

2. 集百家之长的杂家之言

在整齐的篇章形式下，《吕氏春秋》包容了相当繁杂的内容。汉代历史学家班固说它是“兼儒墨，合名法”，清代有一位学者汪中认为它是先秦“诸子之说兼而有之”。的确，参加编写《吕氏春秋》的学者来自各方，带来了各种不同学派的观点。但是，仔细分析《吕氏春秋》的内容，可以看到它还是有自己鲜明的思想倾向的。它并不是机械地照搬儒家、道家、法家、农家、兵家与阴阳家等原有观点，而是按照当时的政治需要有所选择和扬弃。

《吕氏春秋》首先对法家的一些有用观点作了肯定。法家提倡求实，“法后王”即注重当前现实，反对空谈“法先王”，效法先王。在《吕氏春秋》中，《离谓》、《当务》、《察今》、《不二》等篇都阐发了这些观点。法家主张法令划一，君主必须控制权柄和谙熟权术。《吕氏春秋》中的《有度》、《慎势》、《具备》、《任数》、《勿躬》、《知度》等篇就专门谈到了以法治国及人君面南之术。

但《吕氏春秋》在主张法治以外，又倡导加强礼义教化，“以德以义，不赏而民功，不罚而邪止”。为此，《吕氏春秋》十分赞同“君臣议”。它举了两桩史实说明这一道理。其一是：

春秋时代晋国的贵族智伯被赵襄子所害，晋国的一部分也被赵国瓜分。智伯的一个臣子豫让决心为智伯报仇。他把自己的胡

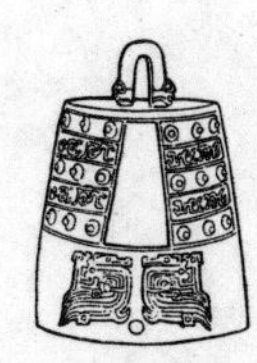

墨子画像

子眉毛全剃光，全身涂黑，又弄得断肢残手，穿上破烂衣服，回到家中向妻子行乞。他的妻子见来人模样像讨饭的，可开口说话的声音却像自己的丈夫，十分生疑。见此，豫让离开后又吃木炭，把嗓子搞坏，让妻子也分辨不出他的声音。伪装成功后，豫让准备去暗杀赵襄子。这时，豫让的一个好朋友见他如此残害自己，就问他："你怎么想出这样的主意?"

豫让说："我要替智伯报仇。"

这位朋友批评他说："可是，你这样做简直是白受罪，不会有什么结果的。你的精神固然可嘉，却极不明智！以你的才能去投奔赵襄子，赵襄子必定会重用你。到那时，你再想办法杀死他，不是方便得多吗?"

豫让却反驳说："此言差矣！照你说的这么去做，简直是出卖新朋友报答旧朋友。为旧君而害新主，违背君臣之义，还有比这种事更严重的吗？这和我报仇的初衷是背道而驰的。我所以要为智伯报仇，正是为了维护和发扬君臣之义，而不是要走什么捷径。"

《吕氏春秋》用来说明“君臣之义”的另一个故事是：春秋时莒国的柱厉叔是莒敖公的大臣。柱厉叔发现莒敖公并不怎么信任自己，就知趣地辞官而去。然而有一天，有消息说莒敖公被敌人围困，十分危急。柱厉叔立即向友人告别，准备去莒敖公处与其同死。有人劝他说：“当初，因为莒敖公不信任你，你才离开。现在你却要去与他同死，这岂不是对你信任和不信任都没有区别了吗?”

柱厉叔却严厉地驳斥说：“不对！以前，因为他不信任我，我才离开他。现在他有难，我若不去，那就恰恰证明他当初不信任我是对的。我就要在这个时刻去与他共患难，用这种行为警示那些不能识别忠臣的君主，让他们内疚、自责。这样，后世的忠臣就不会像我一样被误解。忠臣不为君主所误解，那么，君王的地位就会永远稳固了。”

从这两个故事中，我们不难发现《吕氏春秋》维护君臣之义的目的。

《吕氏春秋》对道家和“无为而治”思想也作了发展和运用。它认为，君主只要在用人上下功夫，别的事就似“无为”，“贤主劳于人，而佚于治事”（《季冬纪·士节》）。

《吕氏春秋》还有许多墨家的观点，宣扬“尚贤”、“非攻”、“节葬”等思想。

3. 杂家的意义

身为秦国丞相的吕不韦，以杂家的形象出现，说明他认识到单纯地用某一家一派的观点来治理国家是有缺陷的，而秦国只用法家的主张进行统治也是不行的。所以，他提出兼采各家，尤其倡导融会儒、法两家的政治策略，以有利于统治和管理。《吕氏春秋》其实是吕不韦的一个施政纲领。

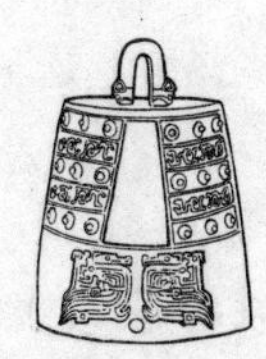

孟子画像

然而可惜的是，《吕氏春秋》问世没多久，就被秦始皇打入冷宫。秦国依然沿着峻法治国的道路走，使秦国的统一犹如昙花一现。郭沫若曾在其《十批判书》中指出：“假如沿着吕不韦的路线走下去，秦国依然是要统一中国的，而且统一了之后断不会仅仅十五年便迅速地彻底崩溃。”

这虽属推测，但从汉代统治思想的变化及效果看，此话是有道理的。

点评

吕不韦是中国历史上唯一一位走到宰相的政治地位，并在思想上占有一席之地的商人。因为是商人出身，又以政治投机起家，所以后人对吕不韦多有诟病。然而，从吕不韦为相和他的

《吕氏春秋》看，或许他的商人出身正是他在政治思想上有所建树的原因。

商人奔波于天下，见多识广，能够和社会上的各种人、事打交道，并了解人们的生活习性，从而能够包容百家，极少具有狭隘的门户之见。以这样的人格素质来治理国家，才能使天下走向和谐繁荣。今人所需清除的，反而是那些传统社会对商人的偏见。

古希腊哲学家柏拉图曾经提出一种“哲学王”的主张，认为哲学家来当王是理想社会的模式之一。其实，从人类的终极价值层面说，“商人王”似乎才是最理想的。当然，能够为王的商人，绝不是那些“小商人”，而只能是“大商人”，以天下为己任的大商人。这一篇“商人王”的哲学，不知道将由谁来完成。

第七章　嬴政独治天下

秦王嬴政亲政之初，便露出了他的“狰狞”面目。他毫不犹豫地扫除了嫪毐和吕不韦两大势力集团，实现其独治天下的愿望。他残暴个性的形成与他早年的身世有关……

一、雍城加冠亲政

秦王嬴政九年（公元前238年），嬴政21岁。按照秦制，他该亲政了。在这之前，他还要经历一个加冠和佩剑的仪式。

加冠，是古代中国从西周以后就确立的一项重要礼制。当时的人认为，男子20岁才算成年，才能取“字”，才可以任职当官，生养子女。因此，在20岁时需要举行隆重的仪式，由长辈为他们戴上特制的成人帽，称为“加冠礼”。而国王的加冠礼，则意味着从此以后，年轻的国王就要走到前台，执掌大权，亲临朝政。

佩剑是秦国特有的礼制。在当时，剑是表示身份地位的一个重要标志。日常生活中，并不是任何人都可以随意佩剑的。对于成年人佩剑，秦国历史上一直有十分严格的规定，直到秦简公六年（公元前409年），才允许“吏初戴剑”，至于国君，也只有在

陕西临潼秦兵马俑

举行了加冠礼之后，才能郑重地将剑佩在身上。

4月，已到法定亲政年龄的嬴政从咸阳抵达雍城（今陕西凤翔县城南）。雍城地处关中平原的西端，是秦国的旧都。从秦德公元年（公元前677年）到秦献公二年（公元前383年）的294年间，秦国的国都一直在此。后来，秦都东迁到栎阳，继而又迁至咸阳，但雍城并未废弃。秦国的一些重大典礼，如祭祀祖先，都到雍城举行。历代国王及后妃死后，也大都葬于此地。

已酉日，嬴政在雍城举行了隆重的加冠和佩剑典礼。

然而，加冠仪式刚刚完毕，悠扬的乐声似乎还回响在耳边，咸阳方面就传来了嫪毐发动武装叛乱的消息。

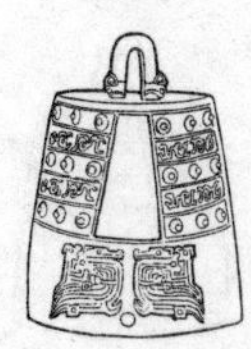

二、平定嫪毐之乱

嫪毐是邯郸人，与嬴政的母亲——太后同乡。嬴政母亲原为吕不韦在邯郸时的旧情人赵姬。庄襄王子楚死后，身为太后的她，独处后宫，寒食孤枕，于是与吕不韦鸳梦重温。然而，随着嬴政一天天长大，太后仍然淫乱不止。吕不韦恐怕事情被发觉，灾祸降到自己身上，就私下将嫪毐作为门客，时常放纵其淫乐，让嫪毐来引诱太后。

吕不韦与太后商议，以罪判嫪毐受宫刑。又买通行刑的人，仅拔去嫪毐胡子眉毛，随后将其送入宫中，侍候太后。这样，假宦官嫪毐就常随太后左右。太后非常喜爱嫪毐，两人便恣意淫乐。吕不韦则从太后的卧榻旁抽身而退。

不久，太后有了身孕，为担心别人知道，于是就搬到了雍城去住。雍城，这座经过近三百年经营的秦国旧都，其气派远比后来兴建的咸阳大。据现在考古学家在雍城遗址发掘出的遗物判断，雍城宫殿建筑优于统一前的咸阳，不少装饰均是咸阳没有的。雍城在生活设施上相当齐备，不仅有繁荣热闹的“直市”(即商场)，还有储蓄冰块的“凌阳”，即冰窖。据对这个“凌阳”遗址的测量，其容积达 190 立方米。这是个具有相当规模的地下冰窖，可供特权阶层消暑之用。

在雍城，太后与嫪毐更加放纵于声色，尽情地享乐，并生下两个儿子。在太后的推举下，嫪毐被封为长信侯，赐予山阳之地(今太行山东南)，作为衣食租税的领地。以后又将河西的太原郡(今太原市附近一带）封给嫪毐，更名商国。

然而，嫪毐并不满足于从太后那里得到赏赐，而是抓住一切

宫殿基堂

机会攫取权力与财富，处处扩张自己的势力。他在商国修建了宫室、苑囿，置备了马车、华服，还蓄养了数千名家僮，铸造了一千多个金人。在宫中，“事关大小皆决于嫪毐”。

嫪毐在秦国政治舞台上迅速崛起，以他为中心，形成了一个可与丞相吕不韦相抗衡的势力集团。当时魏王欲改善与秦国的关系，孔子的后裔子顺为其出谋划策说：“如今秦国全境大小都在说：‘某某是嫪氏一边的人，某某是吕氏一边的人。’可见，秦国上层形成了吕不韦和嫪毐两派，这连一般百姓都清清楚楚，大王何不利用这个矛盾，拉拢嫪毐，从而联合秦国呢?”

从这可以反映出嫪毐权势之盛，名声之大。随着嬴政逐渐成年，嫪毐与嬴政之间的潜在矛盾趋于明朗。嫪毐知道，自己身为宦官，干政问事实属违制。至于与太后私通，更不会为嬴政，为秦国宗室、大臣所容忍。于是，他就着手准备篡夺秦国的最高权力。嫪毐曾跟太后密谋说：“大王如果死了，就用我

们的儿子继位。”

嫪毐渐渐网罗了一些死党：卫尉竭，负责宫廷守卫的官员，即皇家禁军的指挥官，如此要害的部门被嫪毐控制，可见其危害性有多大；内史肆，为掌管京城地区行政和军事的长官，这也是一个对国王的人身安全起着重大影响的官员；佐弋竭，一位武官；中大夫令齐，是国王的咨询顾问。

在嬴政去雍城加冠前不久，有人告发说：“嫪毐根本不是阉人，常常与太后私通，并生下两个儿子，都把他们藏匿了起来。嫪毐正在策划废掉秦王政，另立他与太后所生之子为王。”

得到这个消息，嬴政当即下令追查嫪毐及其阴谋。嫪毐狗急跳墙，趁嬴政赴雍城行加冠礼之际，盗用秦王玉玺，征调县卒、卫卒发动武装叛乱，企图杀害嬴政。

接到消息后，嬴政迅速命左丞相昌平君和昌文君率兵从雍城赶赴咸阳。嫪毐叛军尚未离开咸阳，就被从雍城开来的秦军包围。经过一场激战，叛军被斩数百人，其余四处溃散。嫪毐等在混乱中逃逸。

嬴政回到咸阳，对平定叛军有功者按功劳大小称爵，宫内宦者参加平叛战斗的，也都拜爵一级。嬴政又下达命令：“凡能生擒嫪毐的，赐钱一百万；击毙嫪毐的，赐钱五十万。”

同年九月，嫪毐及其死党全部被捕。嫪毐与卫尉竭、内史肆、佐弋竭、中大夫令齐等二十多人，或被枭首，或被车裂，并遭灭族。对于上述主犯的门客以及参与叛乱的，罪轻者处以劳役之刑，其余则被夺爵流放。

初掌朝政的秦王嬴政，以其临危不惧的气概与刚毅果断的作风，彻底平定了嫪毐之乱。

秦铜铍

三、清除吕不韦集团

秦王政在处置嫪毐势力集团的同时，也向吕不韦开了刀。具体时间，据《史记·秦始皇本纪》是在秦王政十年（公元前237年），也就是平定嫪毐之乱的次年。而据《史记·吕不韦列传》，秦王政在其九年四月赴雍城加冠以前，已开始调查嫪毐的罪行，并牵连到了吕不韦。由《吕不韦列传》可以理解，为什么在镇压嫪毐的叛乱活动中，秦王政起用了左相昌平君和昌文君，而没有让声名赫赫的右相吕不韦出马。

于是当嫪毐之乱被平定下去后，吕不韦也因连坐被免去相国一职。吕不韦为何受牵连，《史记》中没有明言，但从《史记》上下文以及当时秦国的具体情况看，似乎不难寻找到答案，由于假宦官嫪毐是吕不韦一手炮制出来的，按秦法规定，任人不当者要受处罚，作为嫪毐的荐举人，吕不韦当然难辞其咎，另外，或许吕不韦与太后私通一事也已败露。

总之，《史记》告诉人们，吕不韦是受连坐而被罢相的。也许，当初秦王政正是如此宣布的，而司马迁不过是做了一个实

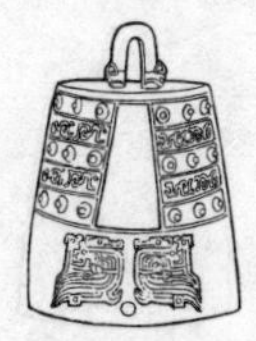

录。然而，事情却远非如此简单。在秦王政罢吕相的背后，实际上存在着更为深刻的原因。这有必要追溯到嬴政亲政前一年秦国发生的一件事。

秦王政八年的一天，在咸阳的市面上公布了一部书，这就是吕不韦组织其门人编写的《吕氏春秋》。在将此书公之于众的同时，吕不韦还贴出了一张告示，内容为：

欢迎对拙著给予指正，谁若能增、损一字给予千金的赏赐。

城门边上果真放着一堆黄灿灿的金子。吕不韦的这一举动，好比在平静的湖面扔进了一块巨石，整个咸阳城的人心都给拨动了。千金，这可不是一个小数目。按以后秦王朝统一度量衡之后的标准，1镒（20两）金子为1金，千金就是两万两金子。秦始皇统一度量衡，是以商鞅变法时秦国统一的度量衡为基础而加以推行的，故前后的差别不会很大，甚至可能是一致的。吕不韦以如此巨大的金额来奖赏能增、损《吕氏春秋》一个字的人，不能不说是一个惊天动地的消息。

可以想象，在当时的咸阳城里，人们是如何奔走相告，议论纷纷；在公布《吕氏春秋》的市面上又是怎样的人头攒动，争相阅读。然而，时间一天天过去了，激动的人心渐渐归于平静，始终没有一个人站出来，提出可以增、删这部书的一个字。难道《吕氏春秋》真的是毫无瑕疵，连一个字都无法更改吗？或者是咸阳城里人们都不行，没有足够的知识水平来挑这部书的毛病？

都不是。事隔三百年后，汉代的王充一针见血地指出：当时吕不韦权势炙人，以他的名义公布的这部书，即使有人能挑出它的毛病，但有谁敢公开指出呢？王充之后一百多年，有一个叫商诱的学者，就挑出了《吕氏春秋》中的11处错误，它们有的

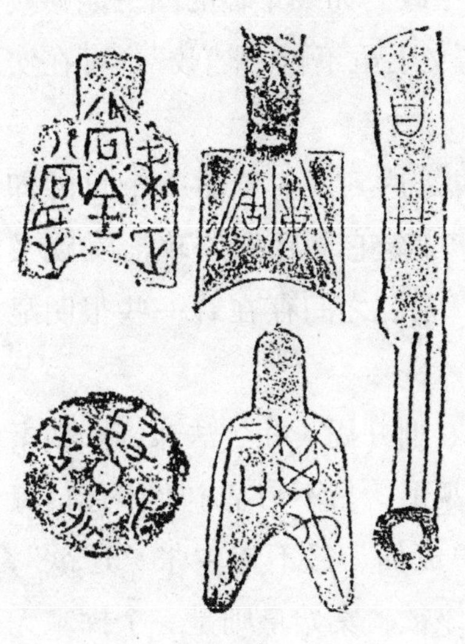
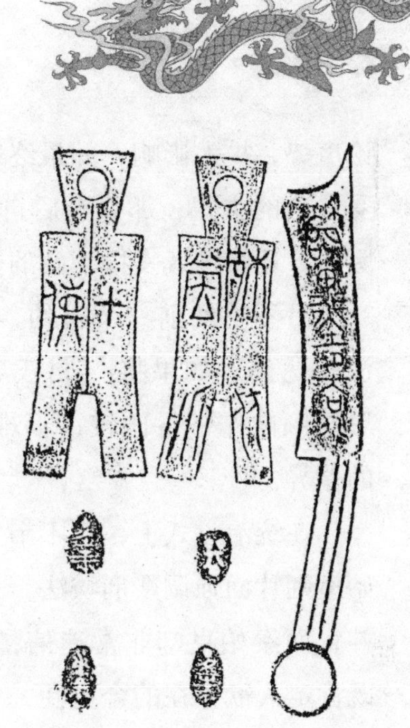

古币

是字、句和称谓的错，有的是事实上的出入。用现在的行话说，这些都属于“硬伤”。

那么，吕不韦为什么要“千金悬赏”呢？

显然，对于政治家吕不韦来说，“千金悬赏”绝不是一个学术行为，想寻求什么一字之师，而是一个带有明确政治图谋的举动。又由于此举恰好赶在秦王政亲政的前一年推出，就更具有不同寻常的意味。吕不韦的真实意图，推测出来，不外乎两点：

一是测试一下自己在民众心中的“威望”，看究竟有没有人敢于向自己提出“异议”。这大概可以帮助即将结束“辅政”历史的吕不韦调整和确立今后的政治策略。如果人们都是缄口不言，这在无形之中又起到了强化自己威势的作用。

二是为包含着自己各种见解和主张的《吕氏春秋》制造舆

论声势，扩大影响，并最终影响秦王政。如果年轻的国王能够接受自己的主张，那么今后自己在名义上虽不再“辅政”，可在实际上，还将继续发挥辅政的作用。

吕不韦的前一个目的，应该说是达到了。但后一个目的却没有达到。如果将《吕氏春秋》与秦王政后来的政治实践及思想倾向作一番比较，不难发现，它们之间存在着一些很明显的差异。

在统治方式上，吕不韦主张德、刑并用，礼、法兼施，而秦始皇则片面强调严刑峻法。在世界观上，吕不韦基本上不迷信鬼神，而秦始皇却非常迷信，还幻想成仙。吕不韦主张“迁欲”，既肯定人欲存在的合理性，又反对纵欲，秦始皇则是一个挥霍无度的纵欲主义者。在君主用权与个人作风方面，吕不韦既主张君权，又反对君主独断，希望君主能在大权独揽的前提下，拱手无为，由臣下进行具体操作。而秦始皇则是独断专行，对臣下持不信任态度，处处提防，事必躬亲。在君与民的关系上，《吕氏春秋》主张“顺民”、“爱民”、“宗族之本在于民”，君主要能上下通达，让人们说话，而秦始皇则视民众为草芥，任意驱使，又听不得不同的声音，钳语、焚书、坑儒。

上述差异虽然是在以后才逐渐呈现，但根子应该在嬴政亲政前即已埋下。为嬴政不能接受的，除了这些与自己意见相左的观点外，还有吕不韦在该书中时常摆出的那种比帝王更英明，不时要对帝王进行谆谆教诲的模样。《恃君监·骄恣》中说：“亡国之主，必自骄，必自智，必轻物。自骄则简士，自智则专断，轻物则无备。无备招祸，专断位危，简士壅塞。欲无壅塞，必礼士；欲位无危，必得众；欲无招祸，必完备。三者，人君之大经也。”

或许年轻的嬴政已经萌生出“骄恣”之态，也可能吕不韦对嬴政日后的暴虐行为已有某种预感，但无论如何，对吕不韦来说都是事与愿违。

秦王与吕相的矛盾，既有个人感情上的纠葛，又有王权与相权之间的冲突，还有思想意识上的分歧。以嬴政后来专断、骄横的个性，他是绝不会接受以“仲父”和导师自居的吕不韦的摆布的，也不会与吕不韦分享权力。

因此，在解决嫪毐的问题时，嬴政仍不失时机地乘势扳倒了这位注定不为自己所容的人物。这是一场残酷的权力之争。吕不韦开始被免除相权，但仍然是文信侯，并拥有洛阳10万户领地。战国后期，秦国给功臣和贵族所赐的封地，都是供给衣食税收的领地。领主不必亲自到达那里，而只需居住在京城，坐食领地上的收入。然而，过了一段时间，吕不韦接到秦王政的命令：“就国河南。”秦王要吕不韦离开京城搬到河南洛阳的领地。

秦“杜”虎符

一年多以后，在通往洛阳吕不韦领地的道路上，不断地来往着各国的宾客。这让秦王非常不满，又给吕不韦下了道诏令：

“君何功于秦？秦封君河南，食十万户。君何亲于秦？号称仲父，令你与全家徙居蜀地。”

迁至蜀地的吕不韦，于秦王政十二年（公元前235年），饮鸩而死。然而，风波并未就此平息。吕不韦在蜀地下葬后不久，他的尸体被人窃走，并不远千里地运到洛阳北邙山下，重新埋在吕不韦从前的领地内。这“窃墓”一事，是由吕不韦生前的门下舍人、宾客和忠于他的故旧所为，其人数有数千人之多。秦王得到这一消息，十分震怒，发了一道极其严厉的处罚令：

“凡参与窃葬的非秦国人，全部逐出秦国；是秦国人的，并且爵位在六百石以上的，处以削爵、流放之刑。未参与窃葬、爵位在五百石以下的原吕不韦舍人，不夺爵，但要流放。”

这道命令便彻底清除了吕不韦势力集团。

四、独治天下的人性症结

秦王政在解决嫪毐问题时，不失时机地扳倒了吕不韦，以后又步步紧逼，直至将吕不韦逼到绝境，并最后彻底地将吕不韦集团清扫干净。在这场残酷的权力之争中，并没有出现常见的那种两强相争、互相拼杀的状况（如前面嬴政与嫪毐的争斗），而是以一方逼杀，一方退让完成整个过程。

争斗中的一方——吕不韦，从被免去相国，到“就国河南”，继而迁徙蜀地，最后饮鸩而死，一直“逆”来“顺”受，未加抗争。从当时吕不韦所拥有的威望和势力看，他未必不能和秦王做一番较量，然而他没有。这或许是为了顾全秦国国家利益和统一

事业这个“大局”，也可能是因为忌于骨肉之亲。总之，他没有选择抗衡和相残的对策。

从吕不韦试图影响嬴政，奠定秦国未来的政治策略，到甘愿退出政坛，最后以自尽了断，这一转变和结局，既出于无奈和失望，又多少包含了长者（同时也是智者）对后辈的一种忍让，并多少表露出作为一位政治家所具有的气度。

而斗争的另一方——秦王政，则表现出残忍无情、自负独尊的品性。从那张给吕不韦的诏书，可以看出秦王政欲加之罪何患无辞的居心。“君何功于秦?”如此质问，如果是发于吕不韦初为相时，还有些道理。但在吕不韦已任三朝相国，并将秦的统一大业进一步推向前进之后，谈吕不韦无功于秦，显然是无视事实。“君何亲于秦?”这样发问也不近情理。如果吕不韦真是嬴政的生父，那嬴政如此说话，表明他是毫不顾惜骨肉亲情的。如果吕不韦不是嬴政生父，但看在吕不韦立子楚为嫡嗣的分上，也不该把话说得如此绝情。

吕不韦和嫪毐无疑属于两类人，然而嬴政对他们都欲置之死地而后快。对嫪、吕两人的处置，体现出嬴政复杂个性的两个方面：勇毅、果敢与残忍、暴虐。这种个性，无疑建立在其独擅权势的强烈欲望之上。

现代社会心理学认为，人的价值的自我实现往往离不开家庭、社会的影响和制约。嬴政亲政后的表现和所采取的统治方式，有必要联系他早年的身世加以分析。

在《史记·秦始皇本纪》中，军事家尉缭对秦始皇有一段评价说：“秦王为人，蜂准，长目，鸷鸟膺，豺声，少恩而虎狼心，居约易出人下，得志亦轻食人。”（准，鼻子；膺，胸。后两句的意思是：居俭约时易以谦卑，而一旦得志，也容易啖食

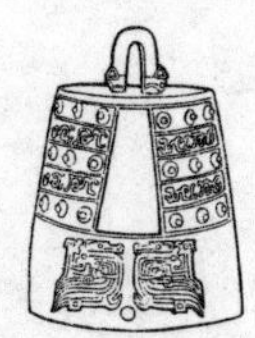

齐国临淄故城的殉马坑(缩影)

人。)

据此，现代史学家郭沫若曾作如下分析：

“这里所说的前四项都是生理上的残缺，特别是‘鹫鸟膺’，即现今医学上所说的鸡胸，是软骨症的一种特征。‘蜂准’，应该就是马鞍鼻，‘豺声’是表明有气管炎。软骨症患者，骨的发育反常，故而胸形鼻形都呈变异，而气管炎或支气管炎是经常发生的。有这三种症状，可以得出软骨症的诊断。因为有这种生理上的缺陷，秦始皇在幼时一定是一位可怜的孩子，相当受人歧视。”（《十批吕不韦与秦王政的批判》）

秦始皇幼时受人轻视，是有根据的：当年秦、赵两国交恶

后，子楚即随吕不韦逃回秦国，而嬴政母子则寄居在赵国。既然是寄人篱下，嬴政母子就难免受人轻视，甚至还要看别人的脸色行事，忍气吞声地生活。后来回国后，嬴政继承王位，但身为太后的母亲（即赵姬）却长期与吕不韦、嫪毐私通，欲火炽盛的她，自然很少给予嬴政以母爱。

因此，郭沫若又进一步分析说：“这样身体既不健康，又受人轻视，精神发育自难正常。为了图谋报复，要建立自己的威严，很容易地发展向残忍的一路……‘少恩而虎狼心’，便是这种精神发展的表征。”

郭沫若从生理学、心理学角度对秦始皇所做的分析，或许有助于我们认识秦始皇个性的形成。概而言之，幼年时的嬴政身处异国他乡，遭人冷视，备尝生活的艰辛，以致在生理上留下缺陷；回国即位后，孤寂的心灵仍得不到家庭的温暖、亲情的滋润，而母亲的所作所为，又滋长了他仇视和嫉恨的心理。这一切，对他日后形成孤僻、多疑、独断、残忍的个人品性和征服一切、占有一切的强烈欲望有很大的关联。

点　评

秦王政在亲政之初，便勇毅果敢地平定了嫪毒之乱，清除了吕不韦集团的势力，同时暴露出了其独断专行、残忍、暴虐的个人品性，这种人性素质与他独特的人生经历有很大的关联。而吕不韦大集群儒而作的《吕氏春秋》，企图把它作为新时代的政治

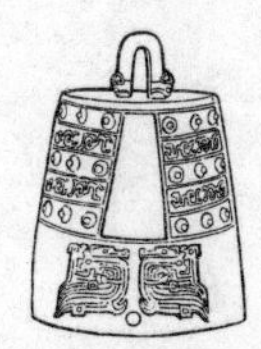

纲领，但终因秦王政的拒绝而失败。吕不韦本想培养出一位完美的君王，结果却事与愿违，最后在无奈与失望中自尽。

又是什么使他的良苦用心失败的呢？言传不如身教。吕不韦与太后的暧昧关系，又因招进嫪毒而更趋复杂，使“仲父”的权威在少年嬴政心中消失得无影无踪。这无疑是一种历史的悲哀。

第八章　养士之风与客卿制度

战国时代，七国虎争，莫不以招天下四方游士为战略，秦国虽然缺乏养士的传统，但它的客卿制度，为吸纳和选用人才发挥了积极作用。

一、吕不韦大开秦国养士之风

在战国时期的群雄逐鹿中，统治者越来越意识到了人才的重要性。有了人才，穷国可以变富，弱国可以变强，人才成了真正的“宝贝”。有一次，齐威王和魏惠王在郊野约会狩猎。魏惠王问：“齐国有什么宝贝吗?”

齐威王答：“没有。”

魏惠王又问：“我的国家虽小，尚有十颗直径一寸以上，可以照亮十二乘车子的大珍珠。齐国那么大，怎么可能没有宝贝呢?”

齐威王答：“我对宝贝的看法和你不一样。在我的大臣中有位叫檀子的，让他驻守南城，敌人就不敢来犯，泗水流域的十二个诸侯国都来朝贺。还有位叫月分子的，让他守卫商唐，赵国人就不敢向东到黄河捕鱼。在我的官吏中有位叫黔夫的，让他镇守

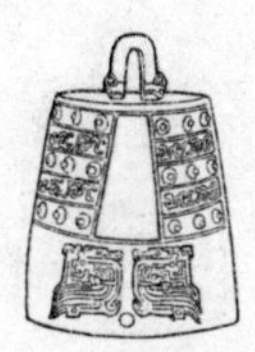

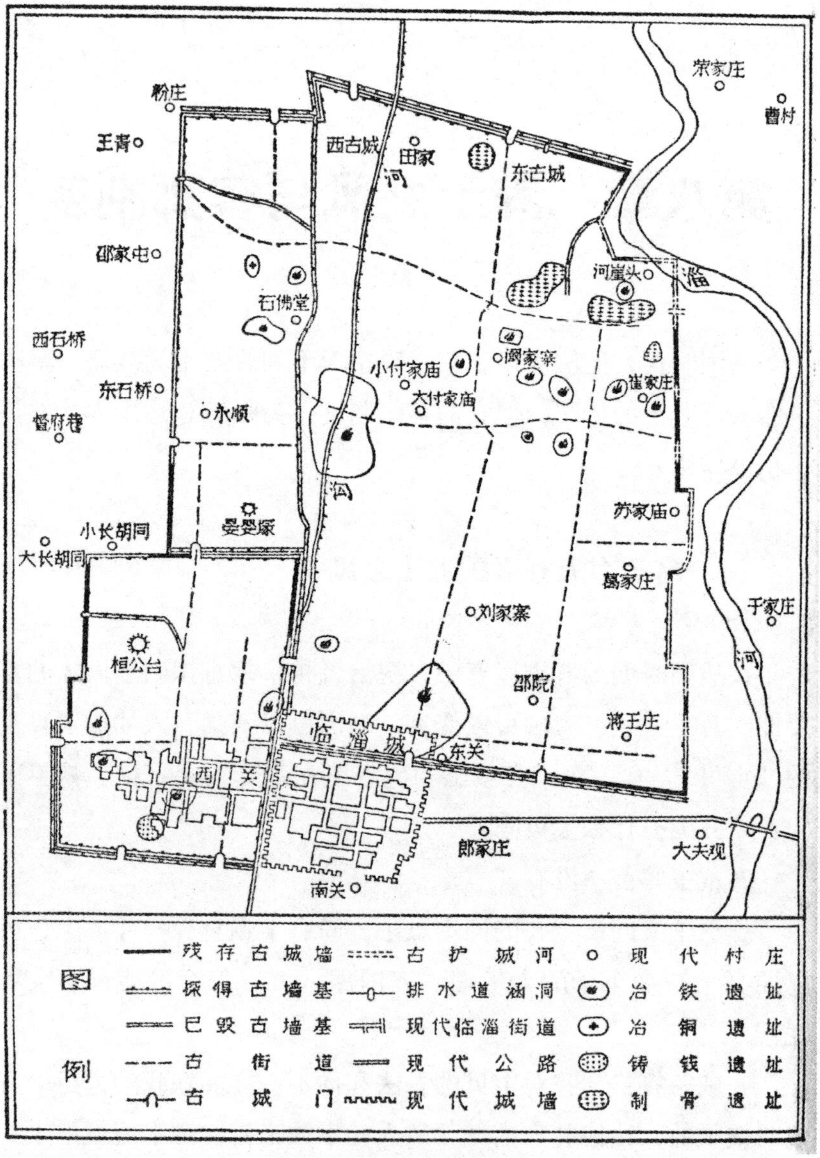

齐国临淄古城探测平面图

徐州，燕国人就在北门、赵国人就在西门行祭礼，举家投奔的有七千多户。我的大臣中还有位叫种首的，让他对付盗贼，社会上就出现路不拾遗的好风气。这四位大臣，光照千里，岂止是照亮了十二乘的车子呀！"

魏惠王听了齐威王的话，惭愧地低下了头。

这个故事颇为典型地反映了战国时期一些统治者对人才的重视。那时，不少有权有势或有一定地位的人，为了进一步扩大自己的实力，都在广揽人才，以至为人才展开争夺战。这里先讲一个有关孟尝君养士的故事。

孟尝君，姓田，名文，父亲田婴是齐威王的小儿子，是齐宣王的异母弟弟。田婴死后，田文继承封地，号孟尝君。孟尝君是齐国著名人物，因养食客众多，据说有三千人，而出名。

当初，冯谖听说孟尝君爱好宾客，穿着草鞋来见他。孟尝君说："先生远道而来，有什么指教吗？"

冯谖说："我听说您爱好士人，而我因为贫困，所以来投奔您。"

孟尝君就把冯谖留下，安排在三等食客里，以粗茶淡饭相待。过了十天，冯谖觉得自己没有受到礼遇，就弹着自己带来的宝剑唱道："长剑啊，我们回去吧！这里没有鱼吃。"

孟尝君从管家那里听说了这件事，就说："那就给他鱼吃吧，再安排他到二等食客那里住。"

过了几天，冯谖又弹起宝剑，唱道："长剑啊，我们回去吧！这里没有车子坐。"

孟尝君听说了，又吩咐管家："给他车子坐吧，再安排他到一等门客的屋子里住。"

又过了几天，冯谖再次弹起宝剑，唱道："长剑啊，我们回

去吧！我在这里不能养我的家啊。”

孟尝君知道了他有老母在家，就派人去供养他的母亲。

这下冯谖试探明晰了，孟尝君确实是个礼贤下士的君子。他决心以自己的才能好好报答孟尝君。有一次，齐谖王认为相国孟尝君的名声超过了自己并且独揽齐国的政权，于是罢免了孟尝君。众食客见孟尝君被罢免，都离开了他。冯谖说：“借给我一辆可以进入秦国的车子，我一定使您在齐国受到重视，而且食邑更加扩大，行吗？”

孟尝君就准备了车子和礼物，派他出使秦国。冯谖来到秦国游说秦昭王说：“天下的说客驾着车马西行来到秦国的，没有谁不想加强秦国而削弱齐国的；驾着车马东行往齐国的，没有谁不想加强齐国而削弱秦国的。这是两个难分雌雄的国家，不可能并立为雄，称雄的就能得到天下。”

秦昭王长跪着问冯谖：“用什么办法使秦国不败而可以称雄呢？”

冯谖说：“大王也许知道齐国罢免了孟尝君的事了吧？”

秦昭王说：“听说了。”

冯谖说：“使齐国受到天下重视的是孟尝君。如今齐湣王由于听信谗言而罢免了他，他内心怨恨，必然背叛齐国。如果他背叛齐国，来到秦国，那么您就可以得到齐国的领土，您不就可以称雄了吗？您赶快派人带着礼物偷偷地去迎接孟尝君，不可以错过时机呀！如果齐湣王觉悟了，重新任用孟尝君，那么雌雄属于谁就不能预料了。”

秦昭王非常高兴，便派遣十辆车子载着百镒黄金去迎接孟尝君。冯谖辞别秦昭王先走了。到了齐国，他劝齐湣王说：“天下的说客驾着车马东行来到齐国的，没有谁是不希望加强齐国而削

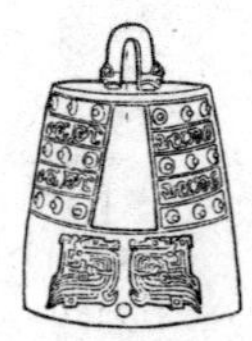

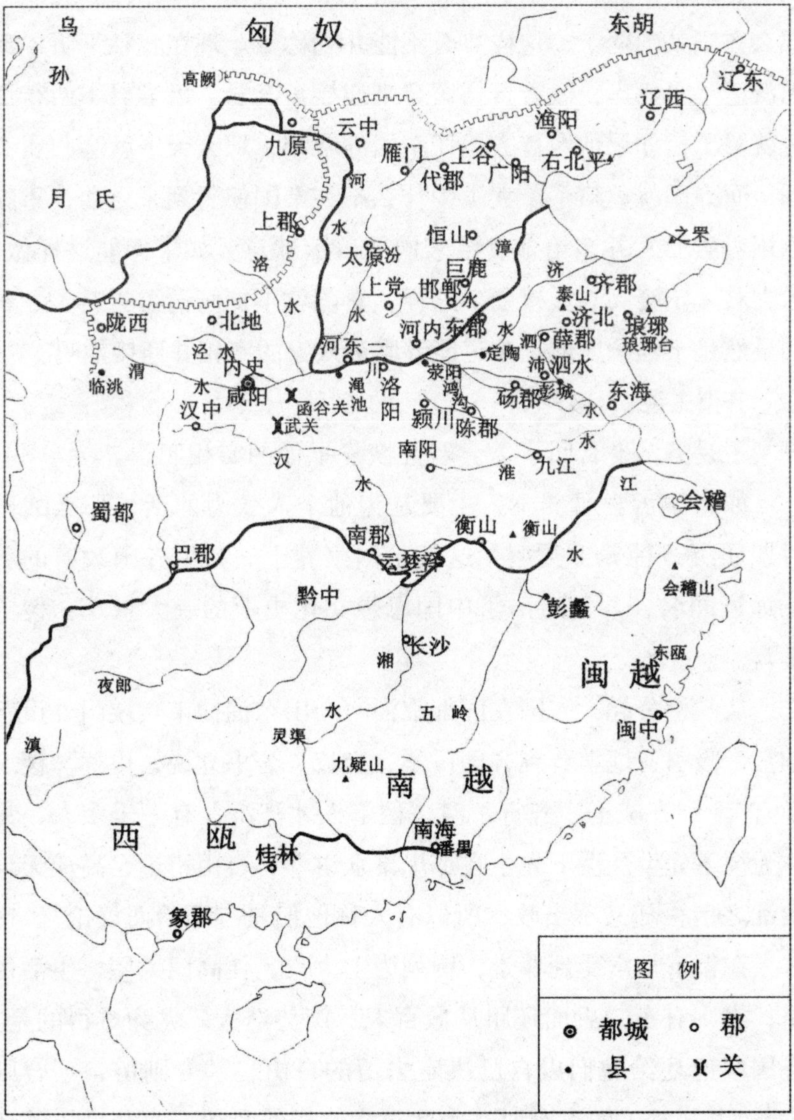

秦朝郡县图

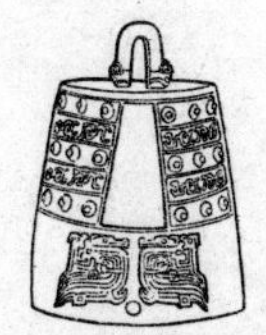

弱秦国的；而驾着车子西行往秦国的，没有谁是不想加强秦国而削弱齐国的。秦国和齐国是雌雄难分的国家，如果秦国加强了，那么齐国就削弱了，这样势必不能并列称雄。现在我私下听说秦国派遣了十辆车，载着百镒黄金来迎接孟尝君。孟尝君不西行那也就罢了，如果他西行去担任秦国的宰相，那么天下就会归属秦国，而齐国就危险了。大王为什么不在秦国使者到来之前，重新重用孟尝君，并多给他食邑来向他表示歉意？如果您能这样做，孟尝君一定会高兴地接受。这样，秦国就不能聘请孟尝君了。秦国虽然是个强国，但是难道能够聘请人家的宰相并迎接他吗？”

齐湣王说：“好吧。”

于是齐湣王召回了孟尝君并恢复了他的宰相职位。

如果说孟尝君养士，主要是为他个人效力的话，那么战国时期还有一种养士类型，这就是国家养士。其中齐国政府的养士远近闻名，并创造出了中国思想文化史上的一大景观：稷下学宫。

从齐桓公起，齐国在国都临淄（今山东淄博市）稷门外设置学宫，吸引各地学者到齐国讲学、交流、著书立说，史称“稷下学宫”。到齐威王、齐宣王时，稷下人才济济，有一千多人，都称为稷下先生。稷下先生在那里聚众讲学，自由辩论，高谈天下治乱之事，却又不当政，所以有人称他们是“不治而议论”。这些人在稷下学宫受到尊崇，皆列为上大夫，住高门大屋，生活优裕；出则有车，后面还跟从数百人，声势浩大。尤为难得的是，齐国政府还给他们以自己决定去留的自由，“合则留，不合则去”。离开时，齐王有时还表示歉意，送给盘缠。离开后，若还想回来，同样受到欢迎。

当时的两位大思想家孟子和荀子，就到稷下。据考证，孟子

游历诸侯，从事政治和文化学术活动约24年，其中两次到齐国，在稷下时间约16年。荀子15岁就游学稷下，三次来而又三次离去，在稷下时间约46年。

齐国政府创办稷下学宫，主要出于招徕天下贤士以增加和炫耀国力的政治目的。从创办开始，持续活动了一百多年，其意义远远超越了创办目的的本身。它使华夏曾经活跃在历史上的原始民主精神和阔达好议之风得到了弘扬，促进了战国时期百家争鸣的发展。

而秦国统治集团向来重视任用外来人才。早在春秋时期就有大批秦地以外的有识之士投奔秦国，并得到任用。如穆公时代的晋人百里奚、由余。进入战国时期，仍有各诸侯国家的人士不断入秦，像商鞅即从卫国而来。可以说，春秋战国数百年间，正是外地人士的不断融入，才使秦国人口素质及生产力水平不断提高。

商鞅变法以后，由于废除了“世卿世禄”制度，大大地削弱了信任、重用宗室贵族成员的传统，特别是奖励耕战政策行之有效，国势蒸蒸日上，秦国因此吸引了大批东方国家的有识之士。

但是，在长期吸收外来人才的过程中，秦国一直是有所选择的。选择的标准越到后来越明确，就是欢迎持法家观点的人物，排斥持其他观点的人物。法家当然也是士的一种，但士是一个品类繁杂的群体；也唯有包括各种流派的人物在内，才会构成一个活跃的士的阶层。在吕不韦入秦以前，秦国一直没有形成这样的士阶层，当然，也更无人大张旗鼓地“养士”。难怪荀卿游秦国时对秦人说：“秦国无儒。”

吕不韦当政期间，一改过去的人才政策和文化政策，而采取一种兼容并蓄的做法。在他出任相国之初，就在相府内建造了数

以千计的高堂广舍，厨房内延聘了众多的名厨，首都和边城城墙上挂起告示：欢迎各国和国内士人到相府做客。

于是天下士人蜂拥而至。这其中包括了儒、道、墨、阴阳、法、纵横、兵、农的各名家门徒，另外还有一些思想博杂的人物。他们的到来，使秦国思想文化界的面貌有所改观。

吕不韦在秦养士，具有十分优越的条件。首先，他自己并非秦人，却官至丞相。这对秦以外希求功名之士具有极大的诱惑力。其次，吕不韦大权在握，既可为供养食客提供便利，又不至于引起别人的嫉恨和反对。最后，在兼并战争中，秦国正表现出明显的优势，一些有识之士已经看出，秦国削平群雄只是时间早晚的问题。所以，没过多久，投到吕不韦门下的食客就达三千人之多。

在这三千人当中，绝大多数人都随着岁月的流逝而不被人所知。但有一个人，却在秦国的历史上留下了浓重的一笔，直至今天，他还时常被人提及，这个人就是李斯。

二、老鼠给李斯的启示

李斯是楚国上蔡人。年轻的时候，担任过乡郡的小官吏。生活在社会下层的他，看够了人间的苦难，也看透了世态的炎凉。有一次，李斯上厕所，看见那里的老鼠，吃的是粪便，还要不时受到人、狗的惊吓。这使他联想到了在仓库中见到过的老鼠，一个个肥肥硕硕，吃的是好粮食，住的是宽敞的大房子，也没有人、狗来惊扰。两相比较，不由得发出深深的感叹：“人的命运，不就是和这些老鼠的命运一样吗？所谓‘幸’或者‘不幸’，就看各人所处的位置了！”

秦"阳陵"虎符

于是怀着爬上社会上层的强烈愿望，李斯去拜荀子为师，学习帝王之道。和他一起学习的，还有韩非。与韩非相比，李斯的理论修养就显得太差劲了。但是他对帝王之道却有着特别的感受，所以在以后的实践中，他可以将其融会贯通，运用得出神入化。

在荀子那里学习结束后，李斯环顾当时的天下形势，觉得自己的家乡楚国不会重用自己，楚王也不足以成大事，其余的国家又都太贫弱，只有仕秦，才能施展抱负，才会有前途。于是，他打算去投奔秦国。临行前，李斯去向老师告别。荀子劝李斯不要走得过于匆忙。李斯回答说："常言道，'得时无怠！'遇到时机绝不可错过，否则时不再来。如今各国争雄，充当智囊，实际起决定作用的都是士人。学生绝不可错过这大显身手的好时机。"

荀子又问："那你为什么一定要去秦国呢？"

李斯说："现在形势已经很明朗，秦王有吞并天下的决心，称帝的条件也已具备，所以学生要入秦以求建功立业。"

说到这里，李斯多年压抑在心中的酸楚和愤懑喷涌而出，激动地说："处于卑贱地位而不设法改变自身状况的人，连野兽都不如。最大的耻辱莫过于卑贱，最大的悲哀莫过于贫穷。如果久居卑贱的地位，长期生活在穷苦之中，而不图改变，还标榜什么

'无为'，不谋'利'，这绝不是士人的真情，这是虚伪骗人的。因此，我李斯就要往西去游说秦王了。"

李斯到达秦国的时候，恰巧秦庄襄王去世，吕不韦控制着朝野上下。善于观察风向的李斯毫不犹豫地投到了吕不韦门下。起先，他只是一名普通的宾客。没多久，吕不韦觉察到李斯是个人才，就任他为侍卫官。李斯因此得到了游说的机会。一次，李斯随吕不韦晋见秦王，不失时机地向秦王游说道：

"平庸的人常常会失去良机。一个能成就大功业的人，就在于能趁有机可乘的时候去消灭对手。从前秦穆公称霸的时候，始终没有向东兼并六国，为什么呢？因为当时诸侯还很多，周朝的德望还没有完全衰落，所以齐桓公、晋文公、秦穆公、宋襄公、楚庄王这五霸一个接一个地兴起，相继尊东周王室。自从秦孝公以来，东周王室卑贱微弱，诸侯各国互相兼并，函谷关以东的地区形成了六国，秦国趁着胜利的形势逐渐征服六国，至今已有六世了。现在诸侯归服秦国，就好像郡县服从朝廷一样。凭秦国的强大，大王的贤明，就像扫除灶上的尘垢一样，完全可以消灭诸侯，成就帝王的大业，实现天下的统一，这是万世难逢的唯一时机呀！现在如果懈怠而不赶快着手，等到诸侯实力再度强盛起来，彼此互相联合订立合纵盟约，那时即使有黄帝一样的贤能，也不能吞并它们了！"

秦王政对李斯的谋略卓识非常欣赏，就任命他为长吏。不久，秦王政又拜李斯为客卿。

三、尊崇礼遇士客的制度

客卿是头上戴有光环的宾客，其"光环"就是被授予"卿"

这个称号。所以被称为客卿。

春秋战国时期，招徕和延聘宾客的现象在许多国家都十分盛行。而来自异国的宾客，在一些国家得到重用的事例也不胜枚举。正是在这种引进、选用人才方法的基础上出现了客卿和客卿制度。

“客卿”一词，始见于《战国策·秦策一》“秦惠王谓寒泉子”条。该条言及“客卿张仪”。南宋鲍彪注：“（张仪）魏人，仕秦。惠五年为客卿。”这是说张仪在秦惠文五年（公元前333年）在秦国被称为客卿。目前，虽尚不能确考客卿究竟起于何时，又最先起于何国，但从现存资料大致可以看出，客卿制度产生于战国中期，盛行于秦国。

在吕不韦之前秦国虽没有形成养士之风，但秦国的客卿制度却是战国时期各诸侯国中发展得最为完善，实施得也最有力的。秦国的客卿制度有如下特点：

小篆体

第一，客卿是一些具有荣誉头衔的高级宾客。有事时请出来，给予带兵、办外交、谋国政、决疑难的种种权力。但客卿不是一个正式的官职，也未作一个等级列入秦国的爵位序列。

第二，客卿随需要而设，没有数量定额限

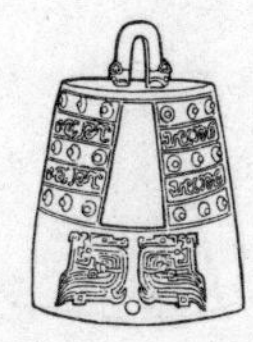

制。如秦昭王时，在秦国做客卿的人就有通、寿、烛、错、胡伤、灶、司马梗、范雎、蔡泽九人。

第三，客卿授予不论门第，只考虑才能大小。这就给平民求仕提供了一个阶梯。像张仪、范雎、李斯之辈，大都布衣出身。他们以自己的才华或一技之长，被任命为客卿而加以擢用。秦王根据他们各人所建的功绩，再决定究竟何时授予何种官职。如张仪，惠文王五年拜为客卿，惠文王十年正式任相。范雎也是在做客卿数年之后，转拜为相。也有快的，如蔡泽由客卿登相位不到一年。当然，不能排除有些客卿会因种种原因不能迁转为官。所以，国君任命客卿带有试用的性质。

这样，虽然吕不韦以前秦国不流行养士，但秦国一直有任用异国人才为官的传统，并在此基础上到战国中期又形成了客卿制度。这不仅吸引了六国人才源源不断地入秦，也使秦国走出了一条与东方各国存在一定差别的选拔任用人才的道路，为广泛接纳四方卓越超群之士发挥了积极的作用。

四、“逐客令”与《谏逐客书》

正当李斯被拜了客卿，积极向上攀登的时候，突然平地掀起了一场风波，几乎葬送了李斯的远大前程，同时差一点儿毁弃了秦国几百年来招揽士客的传统制度。

原来，秦国挖出了一个奸细，奸细名叫郑国，从韩国而来。他针对秦王喜欢大兴土木、修建工程的心理，劝说秦国建一条宽大的水渠引泾水入洛河。韩王让郑国实施这一阴谋，是想用浩大的水利工程来消耗秦国的国力，滞缓秦军东进的步伐，从而可以给自己多一点苟延残喘的时间。

韩国的“疲秦”计划一经识破，立即引起秦国统治集团的不安。尤其是那些王室贵族，他们眼见东方各国的才俊之士纷至沓来，抢夺自己的饭碗，谋取本来属于自己的利益，早就嫉恨在心，这时更压抑不住心中忿忿不平的情绪，纷纷叫嚷：“将外国的宾客一律驱逐出去，他们都是奸细，是派来从事间谍活动的。”

年轻的秦王政也按捺不住了，生性多疑的他生怕那些外来的宾客坏了他的统一大业。于是，下发了一道“逐客令”，命令在秦国的所有外来宾客全部限期离境。这一道逐客令，迫使不少人才离秦而去。李斯也打点好了行装，准备出发。然而，他思量再三，总觉得不甘心。终于下了决心，为秦王，也为他自己奔秦而来的宏愿，他要站出来说上几句话，遂写了那篇著名的奏章《谏逐客书》。在这篇《谏逐客书》中，李斯辩论雄劲，辞章华美，实为千古文章。兹录如下，以飨读者。

我听说官吏们建议驱逐客卿，我私下认为这是个错误。从前穆公寻求人才，西面以戎地求得由余，东部从宛地得到百里奚，从宋国迎来蹇叔，从晋国招来邳豹、公技。这五位先生，都不生在秦国，可是穆公任用他们，并吞了二十多个国家，于是称霸西戎。孝公采用商鞅的新法，移风易俗，人民因此殷实兴盛，国家由此富足强大，老百姓乐于为国效力，诸侯也亲近归服。先后击败了楚国、魏国的军队，征服了千里的土地，直到今天，国家仍然太平强盛。惠王采取了张仪的计谋，攻下三川地区，西部并吞巴、蜀两地，北部收服上郡，南部攻取汉中，包围东夷各部，控制鄢、郢一带，向东占据成皋险关，取得了肥沃的土地，结果瓦解了六国的合纵联盟，使它们争着向西事奉秦国，功德一直影响到今天。昭王得到范雎为丞相，罢免了穰侯魏冉，驱逐了华阳君，加强了王室的权力，杜绝了权贵的私斗，像蚕吃桑叶一样逐

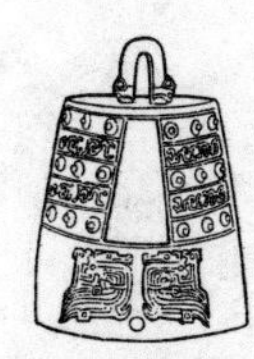

秦铜车马

渐并吞诸侯，终于使秦国成就了帝业。这四位君王，都是依靠客卿的功劳。由此看来，客卿有什么对不起秦国呢？假使这四位君王拒绝客卿而不加接纳，疏远贤士而不加任用，那么国家就没有富裕的现状，而秦国也没有强大的名声了。

现在陛下得到了昆山的美玉，拥有了随侯的明珠，卞和的宝玉，垂挂着明月珠，佩带着太阿剑，骑着伊犁马，竖着翠凤旗，立着灵摩鼓。这几件宝物，秦国一件也不出产，而陛下却喜欢它们，为什么呢？如果一定要秦国生产的才可以，那么夜光珠璧就不能用来装饰朝廷，犀角和象牙制成的器具不能拿来欣赏玩乐，郑国、卫国的美女就不能住在后宫，外来的骏马也不该养在马棚里，江南出产的黄金白银就不应该使用，西蜀出产的丹青颜料也不能用了。如果用来装饰后宫，使人赏心悦目的都一定要出产在秦国才行，那么，宛珠装饰的簪子，嵌着珍珠的耳坠，绸绢制成的衣服，锦绣制成的饰物，就不会进献到面前，时髦、娇艳、窕窈的赵国女子也就不会侍立在两侧了。再说敲击着瓦瓮坛，叩打着土酒樽，弹着竹筝，拍着大腿，呜呜地歌唱来娱乐耳目的，都是地道的秦国音乐；而以《郑声》、《卫声》、《桑间》、《韶

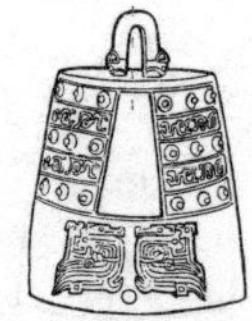

乐》、《虞乐》、《武舞》、《象舞》等古乐曲，却是外国的音乐。现在舍弃了敲击瓦翁坛叩打土酒樽而亲近《郑声》、《卫声》。撤消弹竹筝而采用《韶乐》、《虞乐》，像这样做是为什么呢？使眼前称心，适合观赏罢了。现在用人却不是这样，不问是非，不论曲直，不是秦国人就让他离开，是客卿的就驱逐他。这样做就是看重女色、音乐、珍珠、宝玉，而轻视人民。这不是统一天下、控制诸侯的策略啊！

我听说土地广阔粮食就充足，国家广大人口就众多，军队强盛士兵就勇敢。因此泰山不排斥土壤，所以能成就它的高大；河流不拒绝细流，所以能成就它的深广；帝王不抛弃民众，所以能显扬他的盛德。因此，土地不论四方，人民不分内外，一年四季充实美满，神灵就会降临幸福，这就是五帝三王无敌于天下的原因啊！现在大王却要抛弃人民，帮助敌国，排斥宾客而让他们去服事诸侯，使得天下人才退缩而不敢面向西方，止步不再踏入秦国，这就是叫做“借兵器给敌人，送粮食给盗贼啊”！

物品不是秦国出产的，但值得珍贵的很多；士人不是在秦国生长的，但愿意效忠秦国的也众多。如今却要驱逐宾客去资助敌国，损害人民去加强仇敌，使得国内空虚而外部又与诸侯结怨，这样国家就危险了。

不久，《谏逐客书》被送到了秦王政的案头。

五、秦王政重新与士人携手

早年的嬴政，还能听取不同的意见，有时还勇于纳谏。当他一口气读完《谏逐客书》后，不由得被深深地震动了。他既欣赏佩服作者生动形象而充满韵致的语言，以及入情入理而精辟透

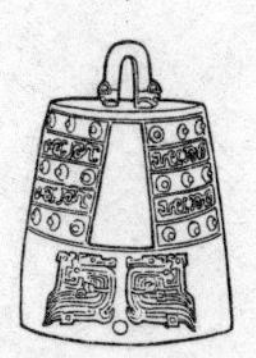

彻的分析，又为文中所表达的思想观点所折服。他立即撤消了“逐客令”，并下令召见李斯。

这个时候，李斯已经启程，准备到别的诸侯国另谋出路，因为，秦王下令逐客的期限就要到了。秦王于是又命令专使骑着快马去追寻李斯，在咸阳以东数十里的骊邑（今陕西临潼境内），将李斯追上。李斯听到秦王取消逐客令的消息，一种惊喜从心底迸发出来，高兴地随专使返回咸阳。随后，李斯官复原职。自此以后，秦王政更加倚重李斯。

峄山刻石

李斯纠正了秦王“逐客令”的错误决定，使得秦国重新广开国门，延揽人才的政策继续执行下去，进而为统一天下创造了一个重要条件。逐客令废止以后，东方国家的宾客又源源不断地向西涌入秦国，其中不乏有才干、有见识的精英人物。后来为秦国统一大业做出重要贡献的尉缭，就是其中的一个。

尉缭，魏国大梁人。公元前236年来到秦国。他向秦王建议说：“凭借着秦国的强盛，其他诸侯就像郡县的长官一样，臣怕的是诸侯们联合起来，出其不意地一起来进攻，这也就是智伯、夫差、滑王所以败亡的原因。希望大王不要吝惜财物，拿去贿赂各国有权势的大臣，以此打乱他们的合谋计划，这不过损失三十万金，就可以把各诸侯国全部吞并。”

秦王采纳了尉缭的建议，对他十分敬重，和他行平等的礼节，穿同样的衣服，吃同样的饭菜，亲密得如同兄弟朋友。然而，尉缭对秦王政的性格有所认识后，认为他“少恩而虎狼心”。事业未成，肯屈居人下，而一旦得志，就极易吃人。假如哪天他统一了天下，天下的人都要成为他的俘虏。尉缭意识到不可能与秦王政长期相处，就设法逃跑。

秦王发觉后，力加劝阻，并任命尉缭为国尉，加以重用。国尉是秦国最高的军事长官，辅助国君策划和指挥军事。在这个位置上，尉缭为秦国最后扫平群雄立下了巨大的功劳。

尉缭还著有《尉缭子》一书，这部中国历史上非常重要的军事理论著作，系统地总结了尉缭对战争、战略和战术等方面的经验、认识。

在嬴政统一天下和统治天下的过程中，被他委以重任的非秦人士除了李斯、尉缭，还有一大批，其中著名的有王龁、茅焦、桓龁、王翦、昌平君、昌文君、王贲、李信、王绾、冯劫、王离、赵亥、隗林、赵婴、蒙恬等。正是在这些客卿人士的奔走效劳下，嬴政才能统一天下，统治天下。

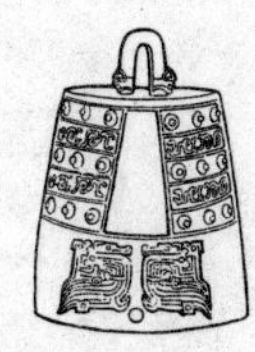

点 评

人才是国家富强的根本。秦国虽然缺乏养士的传统，但它完善的客卿制度，为吸纳和选用人才发挥了积极的作用。但秦王政因一个“疲秦”间谍案而下发的“逐客令”，却差一点儿毁弃了秦国八百年来招徕宾客的传统，多亏了李斯一篇《谏逐客书》，终于纠正了秦王政的错误决定，使秦国重新广纳人才，完成了统一大业。这历史的必然性和偶然性都叫人心惊，如果李斯没有写那篇《谏逐客书》，历史又会怎样去发展呢？

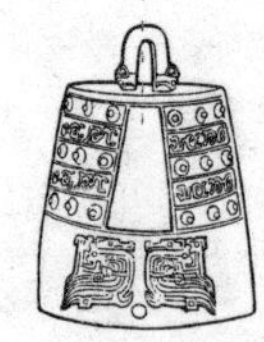

第九章　帝王师——韩非

在中国历史上，出现过许多以“帝王之师”自居或扮演“帝王之师”角色的人物。如果以其对帝王产生影响的程度排一个座次的话，韩非将位列前茅。

一、韩非生平

韩非，大约生于公元前280年，为战国时期韩国贵族的后代。青年时期曾与李斯在一起，在儒学大师荀子门下求学。两位学生向荀子学了帝王之道后，却都背离了老师所持的儒家基本立场，而成为法家的代表人物。后来李斯先入了秦，而韩非回到了韩国。

韩非由于有严重的口吃，不善于说话，于是没有选择游说之路，而专心于著书立说。他希望用自己的文字去打动当政者。当时韩国已十分衰弱，韩非多次向韩王建议，采用富国强兵的法家方法振兴韩国，但韩王不予理睬。有个贵族，名叫堂豀公，对韩非说：“讲法、术等学说是很危险的，你应该放弃这些非人道的主张。”

韩非则认为法、术等学说对国家有利，表示不怕国君昏聩而

秦陵一号俑坑军阵前锋

加罪于他，要继续宣传法家的学说。然而，韩非的学说始终没有被韩王采用。韩非就一直在家发愤著书。他的书传到秦国，被秦王政看到了。当时，秦王政已在准备完成统一的大业，迫切需要一套适合统治需要的理论。嬴政读了韩非的《孤愤》、《五蠹》，深表赞同，大为赏识。特别是读到下面一段：

夫古今异俗，新故异备，如欲以宽缓之政，治急世之民，犹无辔策而御駻马，此不知之患也。今儒、墨皆称先王兼爱天下，则视民如父母。何以明其然也？曰："司寇行刑，君为之不举；闻死刑之报，君为流涕。"此所举先王也。夫以君臣如父子则必治，推是言之，是无乱父子也。人之情性，莫先于父母，皆见爱而未必治也，虽厚爱

矣，奚遽不乱？今先王之爱民，不过父母之爱子，子未必不乱也，则民奚遽治哉？且夫以法行刑，而君为之流涕，此以效仁，非以为治也。夫垂泣不欲刑者，仁也；然而不可不刑者，法也。先王胜其法，不听其泣，则仁之不可以为治亦明矣。且民者固服于势，寡能怀于义。今有不才之子，父母怒之弗为改，乡人谯之弗为动，师长教之弗为变。州部之吏操官兵、推公法，而求索奸人，然后恐惧，变其节，易其行矣。故父母之爱不足以教子，必待州部之严刑者，民固骄于爱、听于威矣。

秦王政感叹说：“如果能见到文章的作者，和他相处在一起，死而无憾矣！”

韩非的这段论说，把先秦除法家以外的诸子百家的先进性都打压下去了，因此，深为嬴政赏识。李斯见此，告诉秦王说：“这篇文章的作者叫韩非，现在住在韩国。”

秦王政于是下令攻打韩国，要求韩非归顺秦国。韩王向来不重视韩非，见秦国兴师动众而来竟是为了一介书生，便立即将韩非遣往了秦国。

公元前234年，韩非来到秦国，秦王政十分高兴。但秦王政生性多疑，且喜怒哀乐变化多端，所以韩非入秦后并没有得到信任和重用。

李斯对韩非的到来十分不安。老同学互知底细，更何况，早在荀子门下一起做学生的时候，韩非已表现出高于李斯的天资和才气。李斯生怕秦王政将对自己的赏识与恩宠转移到韩非身上。如果韩非一旦被重用，自己的地位就会受到威胁。

不久，韩非上书秦王政，劝秦王先伐赵而缓击韩。李斯和另一些大臣就乘机加以谗害。他们对秦王说：“韩非是韩国的宗室，他的心终究是向着韩而不向着秦的，这也是人之常情。今天

国地削而私家富[4]，主上卑而大臣重。故主失势而臣得国，主更称蕃[5]臣，而相室剖符[6]，此人臣之所以谲[7]主便私也。故当世之重臣，主变势而得固宠者，十无二三[8]。是其故何也？人臣之罪大也。臣有大罪者，其行欺主也，其罪当死亡也。智士者远见而畏于死亡，必不从重人矣；贤士者修廉而羞与奸臣欺其主，必不从重臣矣。是当涂者之徒属，非愚而不知患者，必污而不避奸者也[9]。大臣挟愚污之人，上与之欺主，下与之收利侵渔[10]，朋党比周，相与一口[11]，惑主败法，以乱士民，使国家危削，主上劳辱，此大罪也。臣有大罪而主弗禁，此大失也。使[12]其主有大失于上，臣有大罪于下，索[13]国之不亡者，不可得也。

①公患，通患。　②"且人臣"二句，谓人臣犯了大罪就是人主有了大失。　③豪杰使能，豪杰之士能用其材能。　④国地削而私家富，谓人臣当国家割地之时还可居间取利。　⑤蕃，与"藩"通。　⑥相室，即相国，执政大臣；剖符，犹言分封。古代用符作君臣间凭信之具，分为二半，一留朝廷，一付官吏；人主失国之后更向臣下称藩臣，而执政大臣变为人主，反可剖符封其臣下。　⑦谲，欺。　⑧十无二三，极言其少。此连上二句意谓：人主悔悟前失，变更旧的形势，或新君初立，锐意改革政治，这时候重臣还能保持宠幸者，是很少的。　⑨"是当涂者之徒属"三句，重臣的徒属，不是愚蠢不知祸患的人，就是卑污不避奸邪的人。　⑩侵渔，夺取。　⑪相与一口，互相附和。　⑫使，如果。　⑬索，求。

· 42 ·

说　难[1]

今本《韩非子》

大王不用韩非，等以后时间长了，再让他回去，那就给秦国留下一个后患，所以不如趁早找一个罪名将他杀了。"

秦王于是同意了，将韩非交刑吏治罪。李斯派人给已经下狱的韩非送去毒药，让他自杀。韩非想向秦王表白，但遭拒绝，只好饮鸩而死。这时是韩非入秦的第二年，即公元前 233 年。

过了一段时间，秦王政又想到了韩非，后悔将韩非下狱问罪，就派人赦免韩非，但此时韩非早已不在人间。韩非深知游说天下的难处，曾写了一篇《说难》的文章，其中说：

大凡游说的困难，不是难在我是否了解情况有理由说服对方，不是难在我的口才难以阐明我的思想，也不是难在我是否敢

纵横驰骋、畅所欲言。大凡游说的困难，在于了解游说对象的心理，能否用话打动他。

游说的对象如果追求高尚名望的，而游说者用重利去说服他，那么就会表现出气节低下而且遭到鄙视，必定被抛弃和疏远。游说的对象如果追求重利的，而游说者用名望高尚去说服他，那么就会显得没有诚意而且脱离实际，必定不被接受。游说的对象实际上是追求重利，但表面上装作追求高尚名望的，而游说者用名望高尚去说服他，那么他就会表面上接受了你，实际上却疏远你；如果游说者用重利去说服他，那么他就会私下采纳你的意见，而公开地抛弃你。这些都是不能不知道的。

事情因为保密而成功，因讲话泄密而失败。不一定是你亲自泄露它，但讲话中无意涉及那保密的事情，这样你就危险了。权贵者有过失，如果游说者直言高论来追究他的错误，那么自身就会有危险。当权贵者对游说者的恩泽尚不广泛和深厚，而游说者的言论过分真诚时，如果说法可行并且有功效，那权贵者会忘记游说者的功劳；如果说法不可行并且有过失，那么游说者就会被怀疑，就危险了。权贵者得到计谋并且想把它作为自己的功劳，如果游说者预先知道了这计谋，那么自身就会有危险。权贵者要做一件不便说出的事，却诡称要做另一件事，如果游说者知道他所作所为的真相，那么自身就会有危险。勉强权贵者去做他坚决不做的事，阻止权贵者做他不肯罢休的事，游说者自身有危险。因此说，和权贵者议论大人物，他就会以为你在挑拨离间；和权贵者议论小人物，他就会以为你是在卖弄权势。和权贵者议论他所喜爱的人，那么他就会以为你是在借用他的权势；和权贵者议论他所憎恨的人，那么他就会以为你是在试探他的态度。如果游说者说话直截了当，简明扼要，那么权贵者就会认为你不明智而

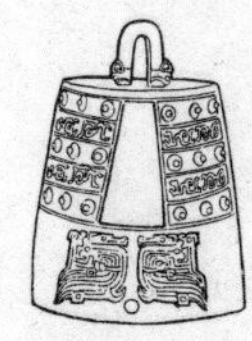

韩 非

侮蔑你；如果夸夸其谈，引经据典，那么他就会认为你说话太多，时间太长。如果就事论事，那么他就会认为你胆怯懦弱而不敢进言；如果考虑事情面面俱到，那么他就会认为你琐碎而且傲慢。这些都是游说的难处，不可不知道。

因此，韩非洞彻人性的复杂、人世的诡诈，其结局似乎是他预料中的事。他本不想游说，不想到秦国，只想写自己的书就行了。他的处世哲学是一种与世无争的黄老之道。

而秦王政只是见了韩非的治国学说、法家思想而喜爱其人的，当真实地见了这个人后，才发觉不是那么一回事，再加上多疑而多变的性格和李斯的挑拨，韩非的结局也似乎被注定了。

不过，韩非虽然并未在秦得到重用，甚至遭到了杀身之祸，但他的治政学说、法家思想还是对秦王政和秦国的政治产生了极大的影响，嬴政统一中国前后许多重大的政治措施，都是按照韩

非的理论来制定的。秦王政喜欢的是韩非的学说而非其人。这正是韩非的悲剧。

二、法家集大成之作——《韩非子》

与其说韩非是帝王之师，还不如说是他的著作《韩非子》是帝王之学。韩非的思想和理论，集中反映在其自著文集《韩非子》中。这本书大约由汉代的刘向最后编定。今本《韩非子》共55篇，其中虽有一部分系后人误混掺入，但其中主要的如《显学》、《五蠹》、《宪法》、《难势》、《诡使》、《六反》、《问辩》、《心政》、《难一》等篇，皆可确信为韩非所作。从这些著述可以看出，韩非的学说是集法家之大成，融合了法、术、势三个方面。

韩非以前的法家理论主要分成三派：商鞅强调“法”，主张国君要明法令，用法律来加强统治；申不害强调“术”，主张国君千万要注意掌握驾驭臣下和民众的手段；慎到强调“势”，认为国君必须加强威势来统治天下。韩非对商鞅之法、申不害之术、慎到之势进行了扬弃，从而形成了一个新的法家学说体系。

韩非曾多次称颂商鞅，但又认为商鞅的法治存在极大的片面性。首先，商鞅谈法治而不谈术，存在缺陷。比如，如果按商鞅之法打了胜仗，大臣就更加尊贵；扩大了国土，大臣受封的土地就更多，这样只利于大臣而不利于君主，不能防止臣下发展他们个人的势力而削弱君主的权力。他指出，秦用商鞅之法从而国富民强，但因为“无术以知奸”，结果，国家富强的成果被大臣利用为扩张其私人势力的资本。如秦昭王时，穰侯魏冉攻齐胜利就

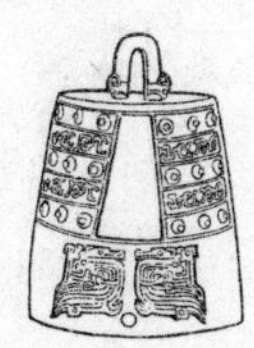

取得陶邑作为私人封地，应侯范雎攻韩胜利就取得汝南作为私封，这些就导致了秦强盛数十年而不能成就帝国之业。其次，韩非认为商鞅的法律也制定得不完善。他在《宪法》中说，商君之法规定，斩敌人一个首级即得爵一级。当官的人是要有智能的，斩敌人首级只要有勇力就可以了，怎么能让单有勇力的人去当需要智谋的官呢？但韩非没有提出具体的法律来，只是要求把商鞅之法制定得更完善。

对曾任韩国丞相的申不害，韩非也予以称赞，但他又不满申不害只谈术而不定法。他认为，申不害虽然多次使韩昭王用术，却由于不推行法论，法令经常变更，使奸臣有机可乘，犯法的人也越来越多。因此，申不害虽然执政十七年，却不能成就霸王之业。同时，韩非又认为申不害对术也未说透，并对术又作了进一步的阐述：

术，就是按照才能授予官职，根据名位责求实绩，操握生杀大权，考察群臣能力的权术是君主必须掌握的东西。法，就是让法令颁布于官府，让百姓把刑罚牢记心头，奖赏那些守法的人，而惩罚那些违法的人，这是群臣必须遵循和学习的东西。君主没有术，就会在上受蒙蔽；群臣没有法，就会在下面闹乱子。这两者缺一不可，都是帝王治国的工具。法是公开的，必须公之于众，术则必须隐而不显。

除了法、术，韩非还特别强调势。他认为，君主有了威势才能统治天下。没有威势，即使是古代的圣王尧、舜，也不能定天下。他要求国君们运用法和术，建立一套统治全国的情报网，以便居于深宫而能驾驭天下，他认为这就是势。韩非又指出，善于用势来统治则国家安全，不知道用势则国家危险。这种威势就好比国君的“筋络”，有了它就能“治天下而征诸侯”，就能使百姓

服帖、顺从。而且，也只有在国君具有至高无上的权力和威势的前提下，才能推行法与术。

三、君主专制帝国的政治学说

通观韩非的理论，实际上是一种君主专制帝国的政治学说。这主要表现在两个方面：一是他强调君主本位的独断主义；二是主张“事在四方，要在中央”的中央集权的国家管理体制。

1. 君主本位的独断主义

韩非杂糅法、术、势而形成的政治学说，有一个基本的出发点，就是极度扩张君权，将君权放在一切之上，建立君主的独裁统治。

韩非在吸取申不害“术”思想的时候，同时吸收了其君主独裁的主张，并把它大大加强了。《韩非子·外储说右上》引用申不害的话说：“独视者谓明，独听者谓聪。能独断者，故可以为天下主。”韩非对这几句话非常钦佩，把它作为自己学说的一项基本原则。他说：“明主之道，在申子之劝独断也。”英明君主的治国原则，就在于申不害所说的“君主要独断”。

秦铜箭簇

由此，韩非发挥出一整套的尊君理论，以建

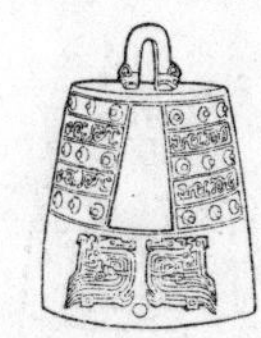

立超越一切的君主绝对统治权。他认为，君主无论贤、愚、智、不肖，哪怕就是个昏主暴君，都是神圣不可侵犯的。他甚至认为，尧禅位于舜，商汤、周武王伐桀、纣，都是大逆不道的行为。因为“臣事君，子事父，妻事夫”是天经地义的常道，尧、舜、汤、武违反了“君臣之义”。然而，对于尧、舜、汤、武悖逆“君臣之义”的行为，人们却都加以赞誉，这是天下至今仍不能治理好的根源所在。韩非这些话本来是批评儒家，称颂尧、舜、汤、武的，但他所表露出的思想意识，却比儒家更卖力地、更彻底地维护君君臣臣之义。

《韩非子》中虽然也有类似反对君主“释法而任智”（舍弃法律而任凭君主个人的才智）或“释法用私”（舍弃法律而以个人的私欲行事）的言论，但韩非已非“以法为本”，而是以君主为本。在韩非眼里，法律不过是帝王的工具而已。

因为这个缘故，一部《韩非子》，谈得最多的是术，而不是法。《外储说右下》中说：“故国者，君之车也；势者，君之马也。无术以御之，身虽劳，犹不免乱；有术以御之，身处佚乐之地，又致帝王之功也。”韩非将国家看作是君主的乘辇，将势视为拉车的马，而术则是驾驭马车的方法。如果没有术，不仅身体劳累，而且要出乱子；有了术，不仅身体逸乐，而且还能获取帝国的功业。

韩非还为帝王提供了一整套的驭臣之术。如，不要相信人。韩非认为：“人主之患在于信人，信人则制于人。”他反复向君主进言：“依赖势而不要依赖信，依赖术而不要依赖信。”他还要求君主抱着怀疑的态度，用种种方法，通过种种事情，窥测臣下的言行举止。

再如“告奸”。韩非认为，既然人人可疑，满世界都充斥着

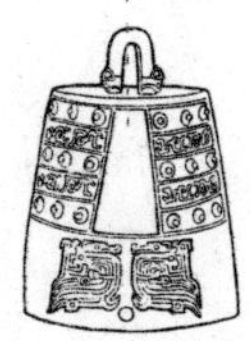

奸邪，那就要广置心腹，多设耳目。然而，这还不是最好的办法。最有效的措施是让天下的人彼此监督，互相检举揭发。如此互相怀疑，互相"告奸"，就能使君主调查一切。

韩非的这套君主独裁专制理论后来被嬴政身体力行，并在现实的政治生活中发挥得淋漓尽致。

2. 中央集权的国家管理体制

从君主本位的立场出发，韩非对未来国家的体制做了构想。韩非主张建立中央集权的君主专制的统一国家，做到"事在四方，要在中央。圣人执要，四方来效"。即是说，政事分散在四方，大权独揽在中央。君主掌握纲要，四方的臣民都来效劳。

为此，韩非要求君主独揽大权，掌握包括立法权、赏罚权和组织人事权在内的一切重要权力。他反复提醒君主：君臣之间无非是"君重爵禄，臣卖智力"的权力与利害关系，而不是什么仁与忠的关系。所以，"君臣上下一日百战"，只要条件具备，人臣都可能成为阳虎（春秋时鲁国人，曾篡夺鲁国政权）。

在韩非看来，君主专制的主要危险来自大臣、重臣，甚至主母、后妻、子女、兄弟。这些人都觊觎着王位和王权。比如后妃、太子，可谓至亲至爱了，但有时他们却希望君主早死，因为他们担心妻妾成群的君王会因爱的转移而变换储君，影响自己的利益。因此，君主对一切人都不能太信，只有全面地加以戒备才能免除祸患。

韩非主张，君主要独操裁制人臣生、杀、富、贵、贫、贱的六大权力，加强和突出自身的"至尊"、"至贵"，并抑制大臣、重臣，将一切功德美名都戴在自己头上。

以上这些韩非关于强化君主专制的理论主张，基本上都体现在了秦始皇所建立的国家政权的组织形式之中。如：帝王独擅权

势，集大权于一身。宰相权被分割、侵削，兵权则牢牢地控制在皇帝手中；绝对掌握宦官、大臣的生杀予夺大权等。

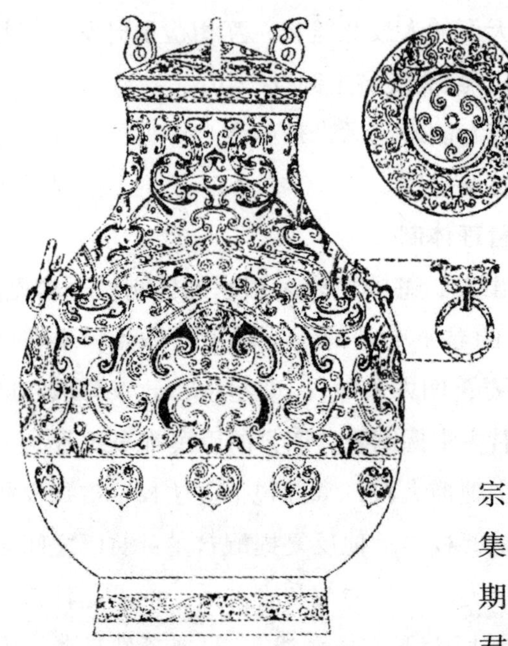

涪陵秦代墓出土的错银铜圆壶

春秋战国时期，当时的国家形态是从建构在分封制和宗法制的国家形式向中央集权的专制帝国转化的时期。在这个转型时期里，君主专制政治的形成具有极为深远的意义，它成为调动这一段历史发展的一个重要杠杆。法家对于中国古代这一专制主义政治的形成贡献最显著。而生活在战国末期的韩非，更是直接促成了秦始皇君主专制主义的政治策略，并进而对一个崭新时代的到来起了催生的作用。

不仅如此，在以后的两千年中，韩非的理论还一直不断地被人运用，成为指导中国古代政治活动的一种很重要的思想。如三国时诸葛亮就曾为后主刘禅亲手抄写申不害和韩非的著作，劝刘禅参酌取用，诸葛亮是想用权谋来救助刘禅过于仁忠宽厚的不足。刘备临死前也告诫儿子说："丞相替你抄誊申不害与韩非子的书，希望你好好揣摩，这对治国会很有帮助的。"

宋代的王安石，明代的张居正，锐意改革，力图国家富强，

也都参酌运用了韩非的学说。近代的严复，也因感于当时外国列强硬将不平等的“二十一条”强加在中国人头上，表示：“在今天要谈救亡图存的学说，我想只有申不害、韩非子的大致可用。”

3. 不可低估的负面影响

作为一个特定时代的产物，韩非的学说有着严重的缺陷。比如以下几点：

（1）尊君抑民。韩非习惯于将人民放到君主和法律的对立面，主张对人民采取严刑，认为哀怜百姓会造成国家危亡。在韩非的眼中，人民似乎是不存在的。耕农时君主需要的是牛马，战争时君主需要的是豺狼，防奸时君主需要的是鹰犬。对君主而言，人民不过是工具而已。

（2）无限制地扩张君权。尤其是韩非以君主的意志当作法令，而且是最高的法令。这就为君主随心所欲、肆意妄为打开了方便之门。

（3）提倡阴险残酷的政治斗争。在韩非的笔下，完全没有美、善的人生，人与人之间充满着尔虞我诈，人人都变成了政治斗争的工具，个个处在勾心斗角之中。从韩非的书袋里，掏出的是数不尽的诡计、权术，用以帮助、开导与群臣“一日百战”的君主。

（4）片面强调严刑峻法，忽视道德的感化作用。这也是先秦法家的一个通病。

（5）狭隘的功利主义。韩非只看见“当今争于气力”，他自己的一切努力也都是为了帮助“明主”在“争于气力”的角逐中赢取胜利。因而对法家以外的其他学说，只要于富国强兵一时没有实效的，他都主张取消。他明确提出“以法为教”，以法作为教育的内容，成为赤裸裸的文化专制主义的代言人。

韩非学说的这些缺陷，使得它既非维护地主阶级政权长治久安的灵丹妙药，又在具体的运用和操作中产生了许多消极的影响。以秦而论，虽然韩非的理论对秦国的经济、政治、军事力量的发展和最终消灭六国起了积极的推动作用，但秦统一中国后，秦始皇和李斯等人继续推行韩非的理论，加强对人民的严酷统治和残酷剥削，却又激化了阶级矛盾，并助长了统治阶级内部的互相残杀，从而加速了秦王朝的灭亡。

秦的暴政和秦的迅速灭亡，显然与韩非学说内在的理论缺陷有关。比如，秦朝统治者滥用民力与轻视民众的生命意义和存在价值有关；秦始皇父子肆意极欲，为所欲为，并置法律于不顾，与将君权置于一切之上有关；统治集团中的内乱，与过于强调权术斗争有关；"焚书坑儒"，与文化专制主义政策有关……

因而，鉴于亡秦的教训，从汉初开始，地主阶级的政治家和理论家不得不重建君主专制帝国的理论基础。舍弃了先秦法家一味强调严刑峻法等消极因素，将儒家思想推向前台，形成一种"阳儒阴法"的模式体系。

点　评

韩非一生热衷于谋国，一心研究治国的方略，以人性的阴暗面为基础创建了他的政治学说。他为别人总结制造出了大量的权术、诡计，可他自己却并不以权术和诡计混迹于世；他竭力为君主专制独裁制度鼓吹、呐喊，却最终被专制的君主随意

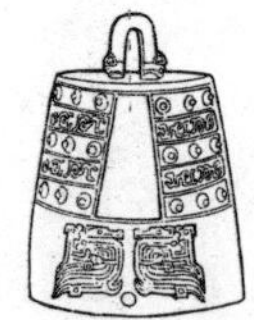

抛弃；他明知宣扬法、术具有生命危险，却知难而上，不畏惧为国家的利益而招致祸害。他是一个远见而明察的人，却又是一个命运不佳的人。他的悲剧人生，令太史公司马迁感慨万千，因为韩非对“进说”的困难分析得那么周详完备，甚至写出了《说难》这样周密透彻的文章，但却最终连自己也没有逃脱“进说”的祸害。人们常说法家“无情”，而历史更加无情，但无情的人类历史又说明了什么呢？这万物之灵的世界究竟怎么了？太史公陷入了困惑。两千多年后的人类依然没有找到完美的、走出困境的答案。

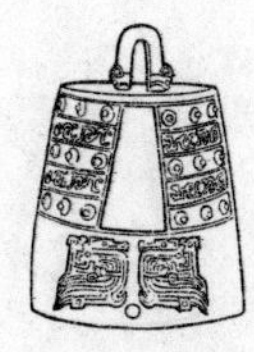

第十章　从九鼎迁秦到天下归一

秦国发展到秦王政时期，国力已经发展到天下唯一一个超级大国，韩非建立君主专制帝国的理论又适时地出台，诸侯之间的兼并战争于是转向了秦国统一诸国的战争。

一、秦夺九鼎

九鼎是中华古代天子权威的象征。相传九鼎为夏禹所铸，象征九州。夏、商、周时奉为国宝，拥有九鼎者即为天子。成汤灭夏桀，将九鼎迁到商邑。武王灭纣，又将九鼎迁于洛阳。这象征着天子权力的九只宝鼎长期收藏在周王室的宗庙里。

周王室衰微以后，一些诸侯国开始觊觎九鼎。他们认为，如果得到此物，就能挟天子而令诸侯，称霸、称王。公元前606年，楚庄王挥师北上，饮马黄河。周定王派使者去慰劳，楚庄王竟问起九鼎的大小、轻重，流露出取而代之的意图。“问鼎”一词由此而来。

秦国也早就对这九只宝鼎梦寐以求了。一次，秦国兴师临周，想获得九鼎。周王室连忙向齐求救。齐兵出，秦兵退。可周王室没有想到，前面赶走了虎豹，后面又来了豺狼。齐国也提出

相同的要求：将九鼎给齐。这可急坏了周天子。周王室遂派颜率到齐国劝说齐王。颜率说："齐国要九鼎，必然得经过魏国或楚国。魏国、楚国知道这事后，怎么会善罢甘休呢？他们肯定要将此宝鼎劫去。并且，这鼎可重啦！每鼎需要九万人牵引才能拉动，那九鼎就要八十一万人。这么多人可从哪里来呢？"

听颜率连哄带骗如此一说，齐王只得作罢。周王室的衰落史，恰与秦国的兴盛史相伴随，呈现一反一正之势。当年，犬戎进攻，幽王被杀，是秦襄公挺身而出，率领英勇的秦族儿女，顶住了犬戎的进扰攻掠，并护送平王一行顺利东迁洛阳，重建国都。为此，周平王特地封秦襄公为诸侯，并将昔日周族的聚居地沣、岐一带赐予秦族。秦由此立国，跻身于诸侯国的行列，并因平乱救周、力挽危局的壮举，令东方那些老牌诸侯国刮目相看。

周王室东迁后地盘一天天缩小，内部又多次发生争夺王位的斗争，因而更趋衰落。到战国时期，周王室只占有都城洛阳及其附近相当于现在十多个县的一片土地，并不时受到大国的攻击。七个大国根本瞧不起周王室，有时连一点面子也不给，周王室实际降到了一个小国的地位。然而，就是这么一个只据有弹丸之地的周王室又发生分裂，分成东周与西周两个小国。周考王（公元前 440 ~ 公元前 426 年在位）时，考王封他的弟弟揭于洛阳，此为西周桓公。桓公的孙子惠公即位后，又封他的小儿子班于洛阳东面叫巩的地方（今河南巩县），号为东周惠公。这样，在周王室的领土内就冒出了西周、东周两个小国。这两个小国又互相攻战，兵戎相见，并逐步占据了周王室的土地。以致到周赧王（公元前 314 ~ 公元前 256 年在位）时，周王子已无容身之地，或是寄住西周，或是寄住东周。不过，那象征天子权威的九鼎却为西周拥有。

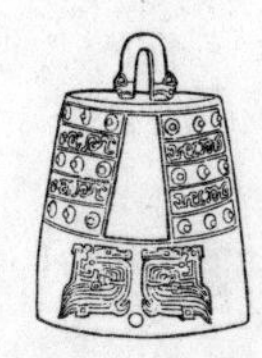

秦始皇

公元前256年（秦昭王五十一年，周赧王五十九年），攻伐赵国邯郸的秦军，继续向韩、赵发动攻势。秦将摎进攻韩国，取得阳城（今河南登封东南）、负黍（今登封西南），斩首4万。又伐赵，取得三十多个县，斩首9万。为此，东方各国又发动联合抗秦。在韩、赵等国的影响与胁迫下，不识时务的西周公也卷入了这次战斗。联军打着周王的旗号，共同抗秦。

秦昭王见此，大怒。他早就想在地图上抹去西周，以尽快扫除统一天下的这个障碍。西周参与反秦，正好给秦国出兵以口实。昭王命令秦将摎向西周进攻。大兵压境，西周公吓得魂不附体，忙向秦军投降，叩头认罪，并将所辖的36个城邑、3万人口全部献给秦国。同一年，西周公和周赧王相继死去。赧王一死，挂名的天子从此就没有了。

在西周灭亡的次年，秦将代表天下的九鼎从西周搬到了秦都

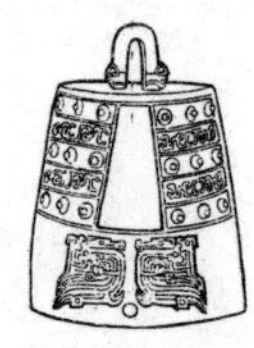

咸阳。据说，九鼎在迁秦过泗水时，其中一只落入泗水。所以秦国只得到八只，但习惯上仍称九鼎。

九鼎入秦，意味着秦王将为天下共主，可以名正言顺地讨伐诸侯国了。公元前254年，由于九鼎入秦，各诸侯国相继派出专使到秦国祝贺。

秦国统一天下的时机已经成熟。

二、兼并战争变为统一战争

秦夺九鼎，东方诸侯国竞相到秦祝贺。这不管是发自内心，还是为形势所迫无可奈何，都反映出以秦代周已成为日趋明朗的天下大势。但大势归大势，东方诸侯国仍要为自己的生存而抗争。同时秦国又不修仁政，只一味地以武力野蛮强攻，这样有谁会真心归服呢?

在九鼎迁秦以后的13年时间里，东方国家为了抵抗秦国咄咄逼人的东进之势，曾两度组织大规模的联军，合纵抗秦。秦庄襄王三年（公元前247年），由魏国的信陵君发起，赵、韩、魏、燕、楚五国联合攻秦。五国联军打败秦将蒙骜，并追至函谷关而还。公元前241年，赵、魏、燕、楚、韩再次联手，由楚国的春申君任指挥，声势浩大的五国联军一直打到函谷关前。然后，由赵将庞煖为先锋，率领精锐部队，深入到秦国腹地。然而，当庞煖率领的先锋部队打到蕞邑（今陕西临潼北）时，遇到了秦军大举反攻，奋勇冲杀，联军支撑不住，仓皇而逃，全线崩溃。自此以后，东方诸国再也无力联合攻秦了。由此，秦国在战国后期的整个战局中，确立了优势与主动的地位。

秦王嬴政亲政后，听取李斯进献的灭六国建议，开始规划统

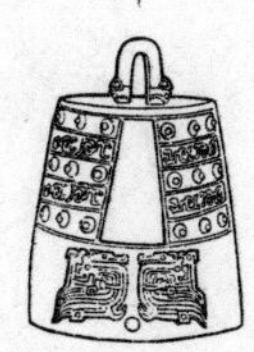

修筑长城图

一中国的大业。其总的战略方针是：由近及远，集中力量，各个击破。先北取赵，中取魏，南攻韩，然后再取燕、楚，最后取齐国。

秦王政首先选择的攻击目标为赵国。因为赵国的实力在六国中最强，是秦国走上统一道路的最大障碍。当时，北方的匈奴不断向中原入侵，为了御守，赵国需花费很大的力量去修筑长城。燕国又乘机向赵国进攻，两国之间矛盾很大。秦国瞅准了时机，向赵国发起攻势。

秦王政十一年（公元前236年），秦将王翦率军顺利地攻取了赵国的阏与（今山西和顺）、橑阳（今山西左权）。秦将桓

龁、杨端和又攻占了赵的河间六城（在今河北、山东间）以及邺（今河北磁县东）、安阳（今河南安阳）。此时，赵国的军队正在庞煖的率领下向燕进军，他们虽然掠取了一部分土地，但赵国的上党郡和河间地区却完全被秦占领。第二年，桓龁又攻取了赵国的平阳、武城（今山东夏津西北），斩赵军首级十万。

不过，赵国还没有到不堪一击的地步。当公元前233年秦将桓龁率兵深入赵国后方试图包围邯郸时，赵国从北方边防调回防御匈奴的大将李牧进行抵抗。秦赵双方在肥（今河北藁城西南）展开激战，结果赵军大胜，秦军惨败，桓龁畏罪逃奔到燕国。次年，秦军又是分两路大举攻赵，再次被李牧击退。

秦国在用主力进攻赵国的同时，对韩国采取了扶植亲秦势力以逐步瓦解的策略。公元前231年，韩国南阳郡代理郡守腾，向秦国献出了他管辖的属地。腾随后被秦王政任命为内史，后又派他率军攻韩。腾对韩国了如指掌，因此进展很顺利，在公元前230年就俘获了韩王安。韩国于是灭亡。

公元前231年，魏国迫于秦国的强大势力，主动向秦献出丽邑，以求缓兵。这时，秦王政正调集兵力准备向赵国发起总攻，不想分散兵力攻魏，于是接受了献地。这使得魏国又维持了数年残局。

公元前229年，秦王政利用赵国发生大地震和大灾荒的机会，又派王翦领兵攻赵。赵国派李牧、司马尚率兵抵御，双方相持了一年。在紧要关头，秦国使出离间计，王翦用重金收买赵王的宠臣郭开，要他散布李牧、司马尚企图谋反的谣言。赵王轻信谣言，派人替代李牧。李牧在大敌当前的形势下拒不交出兵权，赵王竟暗地派人逮捕李牧并处死了他，同时又杀掉了司马尚。此后，秦军便如入无人之境，攻城略地，痛击赵军。公元前228

年，秦军攻破赵国都城邯郸，这座名城终于落入秦国之手。不久，出逃的赵王迁被迫献出赵国的地图降秦，赵国从此灭亡。

在灭赵的过程中，秦国大军已兵临燕国边境。燕国君臣将士惶惶不安，无计可施。最后，燕太子丹想出了孤注一掷的暗杀计划。

三、荆轲刺秦王

燕太子丹试图用刺杀秦王政的办法来挽救燕国的灭亡。于是在历史的潮流和涌浪中闪现了一出悲壮的侠义之举：荆轲刺秦王。虽然这一侠义之举被汹涌的浪头击了个粉碎，但这个故事却被千古流传。

荆轲，卫国人。他的祖先本是齐国人，后来迁居到卫国，卫国人称他为庆卿。后来他到了燕国，燕国人称他为荆卿。

荆轲喜欢读书和击剑，曾经用剑术游说卫元君，卫元君没有任用他。荆轲曾游历过榆次，跟盖聂谈论剑术，盖聂恼怒地瞪着他，荆轲便出去了。有人劝说盖聂再把荆轲叫回来。盖聂说："刚才我跟他讨论剑术，他的见解有不足称道的地方，我瞪了他一眼。试着去看看吧，不过在这种情况下，他应该离开了，不敢再逗留此地了。"

于是盖聂派人到荆轲的房东那里寻找，荆轲已经驾车离开榆次了。使者回来报告，盖聂说："他应该离开的，我刚才用目光威吓了他。"

荆轲游历到邯郸时，鲁句践跟荆轲下棋，由于争执棋路，鲁句践发怒了，呵斥他，荆轲默默地溜走了，于是不再跟鲁句践见面。

秦始皇墓

荆轲到达燕国后，喜欢跟一个杀狗的屠夫和一个擅长击筑的高渐离在一起。荆轲嗜好喝酒，每天同屠夫和高渐离在燕国的街市上喝酒，喝到酣处，高渐离击着筑，荆轲就在街市上和着节拍唱歌，彼此都很快乐。可是隔了一会就又相对哭泣起来，好像旁边没有别人似的。荆轲虽然同酒徒们交往，但他的为人却稳重深沉，爱好读书，他游历各国，都是跟当地一些德高望重的名士相交往。他到达燕国后，燕国的一位隐居的勇士田光先生也很友好地对待他，知道他并不是一个平庸的人。

燕国太子丹为刺杀秦王，打听到勇士田光的事情，便找来田光请求说："燕国和秦国，势不两立，希望先生能够帮忙。"

田光说："我听说骏马在强壮的时候，一天能驰骋千里；等到它衰老的时候，劣马也能够跑到它的前面。现在你知道的是我强壮时的情况，但不知道我的精力已经耗尽了。幸好我的朋友荆轲可以差遣。"

太子丹说："希望通过先生的介绍，能跟荆轲结交，可以吗？"

田光说："敬遵命。"

于是田光立即起身，小步跑出去。太子送到门口，告诫田光

说："我们所说的都是国家大事，希望先生不要泄露啊！"

田光俯身笑着说："是。"

然后田光来到荆轲的住地，见了荆轲说："我田光和您相好，燕国人没有不知道的。现在太子听说我壮年时的情况，来请我帮忙。可是我已经老了，没有用了。我已经向太子推荐了您，希望您到宫中去拜见太子。"

荆轲说："遵命。"

田光又说："我听说，长者办事，不能让别人怀疑他。今天太子告诫我不要泄密，这是太子怀疑我啊！办事引起别人的怀疑，就不是有节的侠客。希望您立即去拜见太子，就说田光已经死了，秘密不会泄露了！"

说着，田光割断脖子自杀了。荆轲去拜见太子，报告了田光的死讯，并转达了田光的话。太子听了，拜了两拜，跪下来，用双膝走路，流着泪说："我之所以告诫田先生不要泄密，是想完成大事的策略。现在田先生用死来表明不泄露，这难道是我的本意吗？"

随后，太子丹对荆轲叩头说："田先生使我能够见到您，大胆地向您陈说，这是上天怜惜燕国，不忍心抛弃他的后人吧！如今秦王不完全吞并天下的土地，不使各国的君王都成为他的臣子，他的野心是不会满足的。现在秦军已俘虏了韩王，占领了韩国的全部土地。又发兵向南攻打楚国，向北进逼赵国。秦将王翦率领八十万大军，已经到达漳河、邺城，李信的部队又从太原、云中两郡出兵。赵国如果抵挡不住秦军，必定向秦军称臣，称臣以后，那么祸患就会降临到燕国。燕国弱小，多次被战祸困扰，现在就是动员全国的兵力，也不足以抵挡秦军。各国都畏服秦国，不敢联合抗秦。我个人愚昧地认为，如果能够得到天下的勇

士出使到秦国去，用重利诱惑秦王，秦王贪利，这样就能够达到我们的目的了。如果能够劫持秦王，使他全部归还各诸侯国被侵占的土地，像曹沫当年胁迫齐桓公归还占领的鲁国土地那样，那就太好了。如果不行，就乘机刺杀他。他们秦国的大将都领兵在外，而国内又有动乱，那么君臣就会互相猜疑。乘这个机会，诸侯各国就能够联合起来。这样，要打败秦国就能够成功了。这是我最大的希望，但是不知道这个重任交给谁才好，希望您能帮这个忙。”

荆轲想了好一会儿，说：“这是国家大事，我才能低下，恐怕不值得任用。”

太子丹又上前叩头，坚决请荆轲不要推辞，然后荆轲才答应了。于是太子丹尊荆轲为上卿，让他住上等的公馆。太子丹每天来到公馆门前，供给牛、羊、猪三牲，准备珍贵物品不时进献给荆轲，还有车马、美女，让荆轲随心所欲。

荆轲为人沉稳，为了这次冒险能够成功，他向太子丹建议说：“我们首先要获取秦王的信任，否则就不可能接近他。听说秦王以悬金千斤、赏邑万户的重赏捉拿逃到燕国的秦将樊于期，如果我能带着樊将军的头和燕国督亢地方的地图作礼物献给秦王，想必秦王一定会亲自接见我，这样我就可以见机行事了。”

太子丹说：“樊将军在遭遇穷困时来投靠我，我不忍心因自己的私事而伤害这位长者的心，希望您重新考虑吧！”

荆轲知道太子不忍心，就自己去见樊于期说：“秦国对待将军，可以说是太狠毒了！您的父母和族人，都被杀死或被收作奴婢。现在又听说悬千斤黄金和万户封邑来征求将军的头，您打算怎么办呢？”

樊于期抬头向天叹息，流着泪说：“我樊于期每当想到这

秦十二字瓦当

些，常常痛入骨髓，只是想不出报仇的办法罢了！”

荆轲说：“今天我有一句话可以解除燕国的祸患，为将军报仇雪恨，怎么样？”

樊于期上前说：“对此我该怎么办？”

荆轲说：“我希望得到将军的头去献给秦王，秦王必定高兴而接见我。我用左手抓住秦王的衣袖，右手拿匕首刺他的胸膛，这样，将军的仇恨雪了，燕国的耻辱也洗了！将军还有什么想法吗？”

樊于期袒露出一边肩膀，用一只手紧紧地握住另一只手腕，走近荆轲说：“这是我日夜咬牙切齿盼望的事情，只是今天才听到您的指教！”

樊于期便自杀了。太子丹听到这个消息，驰车前往，伏在樊将军的尸体上痛哭，极为悲哀。但已经没有别的办法了，就把樊于期的头装入匣子中密封起来。又出高价买到一把锋利的匕首，再淬以毒药，使它一伤到人就会使人马上死去。他把这把匕首裹在献给秦王的督亢地图里。又找到了燕国一个勇士秦舞阳，作为荆轲的助手。

出发这一天，太子丹以及知道这件事的人们，都穿着白色的衣帽去为荆轲送行。送到易水边，祭了路神以后，就要上路了。

高渐离击着筑，荆轲和着筑声唱歌，唱出凄凉的音调，送行的人们都流泪哭泣。荆轲又一边前进一边唱道：

“风萧萧兮易水寒，壮士一去兮不复还！”

声音悲壮慷慨，在易水的上空飘荡，令在场的人都睁大眼睛，发冲帽冠。随后，荆轲登上车离去，头也没有回。

来到秦国都城咸阳，荆轲拿出价值千金的礼物，敬送秦王的宠臣中庶子蒙嘉。蒙嘉于是为他向秦王报告说：“燕王确实畏惧大王的声威，不敢出兵抵抗大王派遣的军队，希望全国上下成为秦国的臣子，就像郡县一样向大王交纳贡物和赋税，只是要求保住先王的宗庙。由于内心恐惧，不敢亲自来陈述，特地砍下了樊于期的头，并献上燕地督亢的地图，用匣子封存好，燕王在朝廷上举行仪式，派使者把情况禀告大王，唯大王之命是听。”

秦王听了，非常高兴，便穿了上朝的礼服，安排了有九位礼宾司仪的隆重仪式，在咸阳宫接见燕国使者。荆轲手捧盛着樊于期头的匣子，秦舞阳手捧装着地图的匣子，按次序前进。走到宫殿前的台阶下时，秦舞阳脸色变了，恐惧起来，大臣们觉得奇怪。荆轲回过头来对秦舞阳笑了笑，然后上前谢罪说：“他是北方蛮夷最边远地区来的人，没有见过天子，所以震惊害怕。希望大王稍微宽容他，让他能在大王面前完成他的使命。”

秦王对荆轲说：“把地图拿过来。”

荆轲从秦舞阳手上接过地图，献给秦王。秦王拿着地图一边看，一边将地图展开。当地图完全打开时，一把寒光闪闪的匕首出现在图卷里。说时迟，那时快，荆轲左手趁势抓住秦王的衣袖，右手拿起匕首直刺秦王，没有刺到身上。秦王大惊，抽身跳了起来，衣袖被扯断了。秦王想拔出佩剑，无奈剑太长，慌乱之间一时拔不出来。荆轲紧追秦王，秦王只得绕着屋子里的柱子躲

避、逃跑。

朝廷上的官员们，都被这突如其来的变故吓得目瞪口呆。按照秦国的法律，群臣上殿不得携带任何武器，手持兵器的卫士站立在殿下，没有秦王的命令不得随便上殿。而这时心急忙乱的秦王又忘了下令让卫士上殿，所以大家只得干着急。一些大臣只好赤手空拳与荆轲搏斗，秦王的随从医官夏无且拿起药袋向荆轲击去。

秦王正绕着柱子跑，仓惶惊急，不知道怎么办。忽然旁边一个大臣叫道："大王，把剑推到背上，从背后拔！"

秦王政一边跑一边把剑推到背上，终于拔出剑来击杀荆轲，挥剑砍断了荆轲的左腿。荆轲倒在地上，将匕首向秦王投去，没有投中秦王，打在了铜柱子上。秦王又乱剑刺荆轲，荆轲身上有八处伤。荆轲知道事情不能成功了，便靠着铜柱子笑了起来，然后伸开两腿坐在地上，骂道："事情之所以不能成功，是想活捉你……"

这时，秦王左右的人一拥而上，把荆轲杀死了。

四、六合一统

秦王政差一点死在荆轲的匕首之下，大为震怒，立即派兵攻打燕国。十个月就攻破了燕都蓟城（今北京市）。燕王喜与太子丹一起率领他们的精锐部队，向东退守辽东郡。秦将李信紧紧追击燕王，代王赵嘉便写信给燕王喜说："秦军之所以紧追燕王，是因为太子丹的缘故。现在大王如果能杀死太子丹，把他献给秦王，秦王必定撤兵，燕国的社稷之神才能继续享受祭祀。"

后来，李信追赶太子丹，太子丹隐藏在衍水中，燕王便派

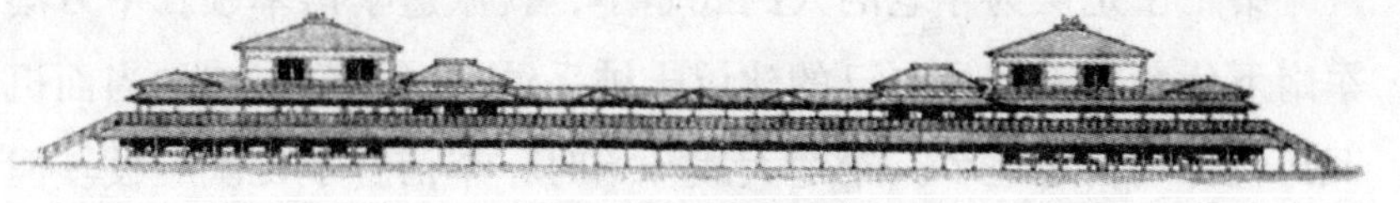

阿房宫（复原图）

人杀死了太子丹，准备把他献给秦王，以此求得休战，保住燕国不亡。

当燕王喜逃到辽东以后，秦军主力便调往南线进攻楚国。楚国是南方大国，疆域辽阔，山林茂密，物产丰富，号称拥有百万大军。在秦加紧对三晋用兵的时候，它也不时伺机北上，攻城略地。公元前 261 年，正当秦、赵两军相持于长平的时候，楚国攻取了鲁国的徐州，公元前 256 年，将鲁灭亡。

然而，楚国的内政一直不振，宗室贵族争权夺利，这种状况到战国末期尤为严重。公元前 228 年，楚幽王死，楚国统治集团发生内讧。幽王的同母弟犹，即位为哀王。但这个楚哀王在位仅两个多月，就被异母兄负刍的门客杀掉了。负刍成为楚王，楚王室更加分崩离析。

就在楚国发生内乱的时候，公元前 226 年，秦王政不失时机地从北方伐燕前线抽调秦军南下攻楚。秦军勇猛善战，一路挺进，连续夺得楚国十余个城邑。

公元前 224 年，秦国与楚国展开了决战。秦王在选择攻楚大军的统帅时，先向青年将领李信询问："若你伐楚，需要多少人马？"

李信十分自负地说："只要二十万足矣！"

秦王点点头，又问老将王翦。王翦却回答："非六十万不

可！”

秦王于是认为年老的人到底胆小，就派遣李信率领二十万秦军南下伐楚。王翦见自己的建议未被采纳，又受到秦王的当面讥讽，就称病告老还乡。秦楚大战开始时，李信打了几次胜仗。但楚军并不气馁，大将项燕为奇袭因胜而骄的秦军竟尾追了三天三夜，然后突然发动进攻。秦军大败，将领死了七个，士兵伤亡无数。秦王大怒，将李信革职。

秦王政亲自赶到王翦的故乡频阳，登门向老将王翦认错，说：“我因为没有采纳将军你的计谋，李信果然使秦军受辱。现在听说楚军天天向西挺进，将军你虽然有病，但难道忍心不管我吗？”

王翦推脱说：“老臣体弱多病，脑子糊涂，希望大王另选良将。”

秦王又劝说道：“好了，将军不要再推辞了！”

王翦说：“大王如果一定要任用我，那就非六十万人不可。”

秦王说：“我满足你的要求。”

王翦率领六十万大军出发的时候，秦王政亲自送到霸上。临行前，王翦请求秦王政预先赏赐很多良田、住宅、园林、池塘。秦王很诧异，说：“将军走吧，为什么担心贫穷呢？”

王翦说：“作为大王的将军，即使有功劳，终究也难得封侯，所以趁着大王信任我的时候，我也就及时请求为子女置点产业罢了。”

秦王大笑。王翦率军行至边关，五次派出信使回朝廷要求秦王赏赐良田。有人嘲笑他说：“将军请求赏赐，也太过分了吧。”

王翦说：“不对。秦王粗暴而不信任人，现在倾尽秦国的军队委托给我，我不这样做，秦王就怀疑我。我只有用这种办法才

能表白自己没有叛心。”

王翦率领六十万大军进入楚境以后，并未马上发动攻势。他总结了李信轻敌冒进的教训，采取屯兵练武、坚壁不战、麻痹敌人、以逸待劳的战略。楚军多次挑战，他都不予理睬，而是花费很大精力去改善士兵生活，让来自北方的秦兵适应南方楚地的气候、环境。他还教士兵跳高、跳远、扔石头，加强体力与战斗技巧的训练。秦王政也动员一切人力物力支援前方。

这样，度过了一年多的时间，秦军已对楚地的情况基本适应了，士气高昂，体力充沛。同时，被调来抗击秦军的楚国部队，却斗志渐渐松懈，加上粮草不足，准备东归。楚军一撤，王翦就抓住时机下令全军出击。秦军一举打垮了楚军的主力，并长驱直入，挺进内地，杀死楚军统帅项燕。接着，秦军又攻占楚都寿春（今安徽寿县），俘虏了楚王负刍，楚国灭亡，时为公元前 223 年。

就在秦军主力南下攻楚的时候，公元前 225 年，秦王政又派出年轻将领王贲，率军围攻魏国都城大梁（今河南开封）。魏军紧闭城门，坚守不出。由于大梁城防经过多年修建，异常坚固，秦军强攻不下。王贲想出了水攻的办法。秦军大批士兵被安排去挖掘渠道，将黄河、鸿沟的水引来，灌注到大梁。三个月后，大梁的城墙壁垒全部被大水冲浸而坍塌。魏王假只得投降，魏国灭亡了。

公元前 222 年，王贲奉命攻伐燕国在辽东的残余势力，俘获燕王喜，燕国彻底灭亡。

接着，王贲又回兵攻打代郡（今河北尉县）。当年秦军攻陷邯郸时，赵王迁投降，但公子嘉却带着一伙人逃到那里，自立为王。秦军轻易地就将代王嘉俘虏了。至此，秦统一了北方。

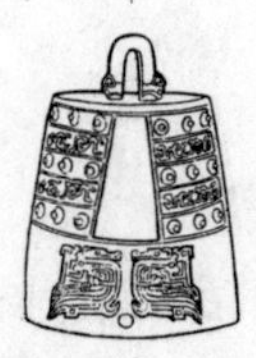

阿房宫遗址

同一年，刚在南方灭完楚国的大军，又乘胜降服了越君，设置会稽郡。于是长江流域全部并入秦的版图。

公元前221年，秦王政命令王贲挥师南下，攻打东方六大诸侯国中的最后一个：齐。

从春秋到战国中期，齐国都是东方诸侯国中比较强大的一个，方圆两千里，部队数十万，粮食堆积如山，不仅经济发达，军事强盛，还创造了灿烂的古代文化。但是，公元前284年，燕、赵、韩、魏、秦五国攻齐后，齐国一直没有复兴。

公元前265年，齐襄王去世，其妻君王后辅助儿子齐王建执政。齐君王后是一个相当干练的女人。她一方面小心地与秦国周旋，另一方面又不畏惧强秦的威胁。据说，秦昭王曾派专使给齐国送来一只玉连环，考一考齐王能否解开。齐君王后声色不动，将玉连环交予大臣们处理。可那些慑于秦国淫威的大臣们，想来想去不得其解。这时，齐君王后拿出一把铁锤，“砰”地一声将这只玉连环击得粉碎，然后向秦国的使臣说：“非常抱歉，我们只好用这种方法解开玉连环了。”

齐君王后刚毅不屈的举动，让秦昭王意识到齐国尚不可辱，也就不敢为所欲为。后来，秦国将攻击的矛头对准了三晋和燕、楚，各国各自忙于自救，无暇他顾，这样，齐国也就保持了40年未遭兵灾。

但齐王建是个无能之辈。母亲健在时，他依赖母亲；母亲临终前，他还要求母亲写下可以辅佐他的大臣人名。齐王建十六年（公元前249年），君王后逝世，后胜任宰相。秦国迅即展开收买内应的活动，向后胜馈赠大量的黄金、玉器。后胜得到秦国的好处，就派出大批宾客去秦。秦国又对他们大肆行贿，送给金钱珍宝，让他们回齐充当内应。这批人从秦国归来后，就积极地制造亲秦的舆论。他们说齐王建应去朝秦，以表归顺，又说秦齐是姻亲，根本不用备战抗秦，也不要帮助三晋和燕楚攻秦。

由于这样，王贲南下伐齐，几乎没有遇到什么抵抗。王贲率军长驱直入，攻破临淄，齐王建与后胜马上向秦军投降。齐国灭亡。

至此，秦国走完了削平群雄、统一六国的最后一程。

《荀子·王霸》中讲：“天下归心之谓王。”意思是说，谁能做到天下归心，谁就能完成统一天下，成为王。然而从秦国的统一看，却不存在这样一个事实。从东方国家看来，秦军不

"仁"、不"义"，跨过自己的国界，大肆攻伐杀戮，这是不可能得人心的。此外，秦国还大量使用挑拨离间、行贿收买等办法。按常理，这些"卑鄙"、"龌龊"的勾当，也是很不得人心的。因此，可以说，秦国的统一天下，不是天下归心，而是秦国夺天下、抢天下、骗取天下。这样的统一，也必将是短命的。而儒家所讲的天下归心的统一，那是一种永远的统一，是一种人类的大同理想。

第十一章　中华大一统帝国的诞生

秦国统一天下之后，随即对交通、贸易、语言、习俗、制度等各个方面进行改造，使华夏民族开始了新的融合，形成了大一统的秦帝国。

一、“三代”国家形式的演变

对于秦帝国开创形成的国家形态，以及这一国家形态是如何演变发展而来，我们有必要给予应有的重视。这对我们更好地把握人类社会的演化规律将有极重要的启示。以往从生产力和生产关系的角度来观察人类社会的演变规律，已经使我们不能很好地把握人类社会演化的全貌。当然，这里所谓的重视，并不是本书将要花多少笔墨来专门研究和讨论这些问题，而是准备以国家形态的演变为线索，勾画出一个较大的历史背景，从而在这个大背景中来描述、分析和评估秦国——秦王朝这一段具体的历史进程。这样做，或许能帮助我们高屋建瓴地认识和把握秦国——秦王朝的兴盛和发展。

因此，在这里我们将对“三代”（夏、商、周）国家形态的演变，以及春秋战国时期旧的国家形态的崩解和向新的国家形

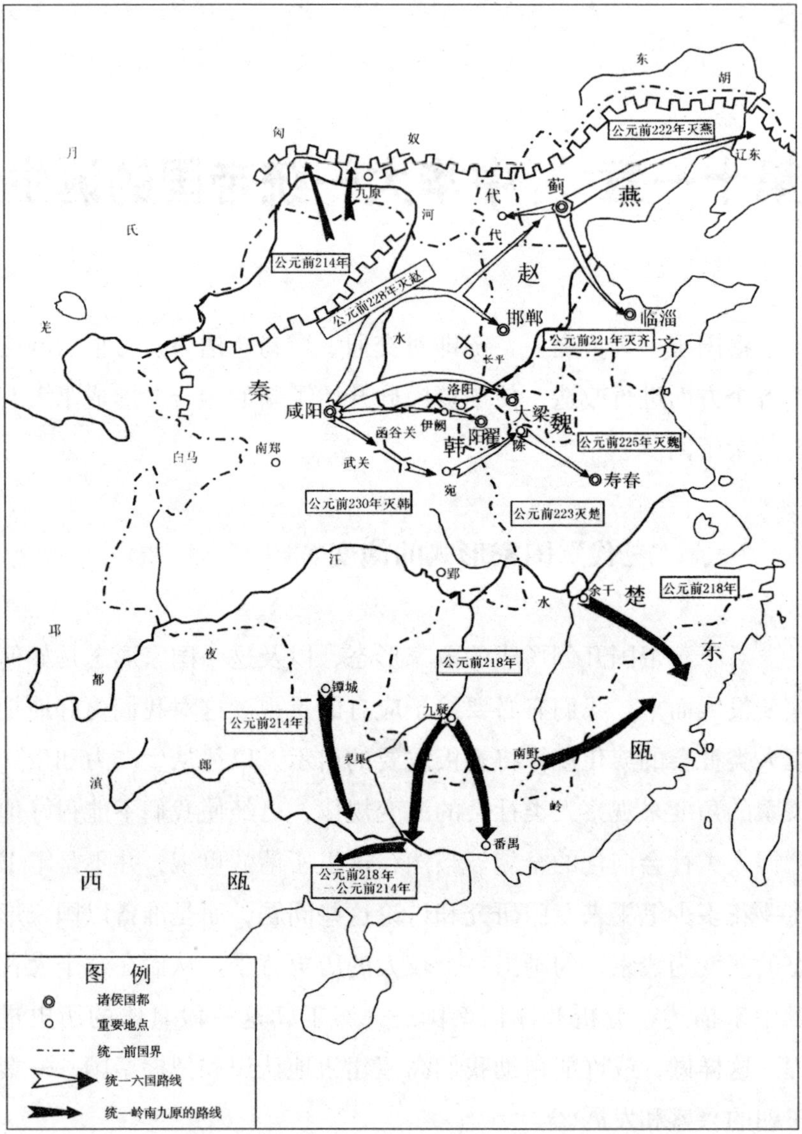

东
胡
匈
奴
月
氏
羌
九原
河
代
蓟
燕
辽东
公元前222年灭燕
公元前214年
公元前228年灭赵
赵
邯郸
临淄
齐
公元前221年灭齐
水
长平
秦
咸阳
洛阳
伊阙
阳翟
大梁
魏
陈
韩
函谷关
武关
宛
南郑
白马
公元前225年灭魏
寿春
公元前230年灭韩
公元前223灭楚
江
郢
水
余干
楚
公元前218年
邛
都
夜
郎
滇
公元前218年
镡城
公元前214年
九疑
灵渠
南野
东
瓯
岭
番禺
公元前218年
—公元前214年
西
瓯
图例
诸侯国都
重要地点
统一前国界
统一六国路线
统一岭南九原的路线

秦统一六国形势图

态的转化，做一番粗线条的勾勒。在这之前，有必要对什么是国家形态作一番说明。国家形态又叫国家形式，是现代政治学中的一个名词。一般认为，它包括国家结构形式和国家管理形式。前者是指国家政体构成的形式。诸如国家整体与各个构成部分之间的相互关系等。后者是指统治阶级组织国家形式的方式，也就是通常所说的政体。

中国古代史书中有所谓“三代”的说法，那是指中国历史上最早的三个朝代：夏、商、周。夏代是否存在，以前一度是个有争议的问题。《史记》有《夏本纪》和《殷本记》，记述了夏、商二代的若干事实，由于《商本纪》中的商王世系已经被晚期出土的甲骨文所证实，因此《夏本纪》中的夏王世系估计也不会出自司马迁的杜撰。夏代的存在目前已很少有人怀疑了。然而，对这个最早国家的详情，目前知道的仍然十分有限。

根据甲骨文和大量考古发现的商代遗物、遗迹，再佐之以传世文献，有关商代的文明程度以及国家形态，目前已获得初步的认识。

商代已进入青铜器时代的繁盛期，出现了规模庞大的都邑(国都)，如晚期的河南安阳小屯，对这个都邑，一本名叫《竹书记年》的先秦书称之为“殷虞”。商王居住在都邑，并且是最高主宰者。甲骨文有“大邑商”，“大邑”指的就是这种都邑。大邑之外，在黄河、长江流域的广大地区还存在着许多方国，如有方、士方、邛方、鬼方等。商王与方国的首领之间不存在后世那种君臣关系。商王以武力称霸，但各方国并不归商王管辖，而是独立的。因此，商代实际上是军事联盟性质的方国联合体。在《诗经》、《尚书》、《周易》等先秦典籍中，灭商以前的周人，往往称商为“大邦”、“大周”，自称“小邦”、“小周”，这

些概念应该是建立在这种国家形态基础之上的。

基于这样的认识，根据现存史料，并辅以推测，夏代的国家形态也属于这种方国联合体。

经过数代人的苦心经营，“小邦周”的势力逐渐扩大，并大约在公元前1089年，由周武王领导，许多方国共同参加，一举推翻了“大邑商”。

灭商以后的周初统治者面临着一个难题：如何控制幅员辽阔的疆土？于是，武王和后来的周公，推出了分封诸侯的制度。分封诸侯，就是将周王室的兄弟叔侄和其他同姓贵族、异姓亲戚，以及元老重臣，封往各地，建立一些诸侯国，去统治新占领的地区，充当周朝统治中心的屏障，即所谓“封建亲戚，以藩屏周”。后人计算，周初共分封71国，如卫、齐、鲁、晋、燕、宋等，其中姬姓40国，武王兄弟辈15国，成王（武王之子）兄弟辈10国。周公死后，周王室继续分封，有一种说法为：共分封了800个诸侯。由此，形成了大小邦国位置鳞次栉比、星罗棋布的格局。

周朝统治者所推行的分封制是同以血缘为基础的宗法制度紧密联系在一起的。宗法制，简单地说，就是：嫡长子（正妻生养的长子）继承父位，为“大宗”，奉祀始祖；其余的嫡子和庶子分封，为“小宗”。

以分封制和宗法制这两项制度为基石，周朝构建起了一种新的国家形态。它的建构原理可概括为：周王是“天子”，并以嫡长子继承法世世相传，称为“大宗”，奉祀始祖；周王的同母弟和庶兄弟（即父王旁妻所生之子），封为诸侯。诸侯也实行嫡长子继承法，其对周天子而言是“小宗”，但在各自封国内，又是“大宗”，奉祀始祖。以其他亲戚关系或功臣身份

秦始皇阅兵图

受封的诸侯，也一律按此方法。诸侯的同母弟与庶兄弟等，被封为卿大夫；卿大夫的同母弟或庶兄弟则为士。卿大夫对诸侯而言，为“小宗”；对士而言，又是“大宗”。士的嫡长子仍为士，其余诸子则为平民。

通过这样的逐层分封，并辅以血缘关系和垄断祭祀权而建立的“大宗”对“小宗”的统摄关系，一个统一而松散的王国便取代了原先的方国联合体。这种新的国家形态具有如下特点：第一，周王是天下共主。正如《诗经·小雅·北山》所说的：“普天之下莫不是周王的土地；普天之下的人莫不是周王的臣民。”周王通过册封、朝聘、巡狩等方式，来强调和突出自己与诸侯间的君臣关系。第二，归周王直接管辖的地方，其实只限于京畿地区，诸侯国是各自为政的，具有很大的独立性。同样，诸侯在其封疆之内也没有支配一切的权力，因为大部分土地已分封给卿大

夫，由他们分别治理。第三，西周王朝的主权是逐层分化的。

统一、松散、主权逐层分化的西周王朝延续了约三百年，其间，这一国家形态促进和维护了社会的进步、文明的发展。但随着时间的推移，这种国家形态又逐渐老化，不合时宜。最后，崩解和转化就势在必然。

二、春秋战国时国家形态的转型

从周平王东迁以后，中国历史就进入了“东周”时期。东周又分为两段：前期为“春秋”，得名于孔子所著史书《春秋》；后期称为“战国”，得名于汉代刘向编著的《战国策》。

随着当年分封出来的诸侯国与周王室血缘关系越来越远，加之各封国内发生的沧桑巨变，春秋时期一些诸侯国已停止或减少对周王室的纳贡。周王室财政拮据。公元前 720 年周平王死时，即位的桓王无力置办丧葬用品，派人向鲁国要钱。周襄王时，王室没有像样的车子，又派人到鲁国去讨。

西周时，周王室控制着从镐京到洛邑一千多里的土地。平王东迁，王畿面积缩小了约一半。而到周襄王时，天子的直辖区域更缩小到不足二百里，形同一个小诸侯国。与此同时，一些诸侯国则在吞并小国、弱国的过程中壮大起来。齐、晋、秦、楚等国在分封之初，都仅有百里或五十里，可到后来，这些国家的面积数倍或数十倍于此。比如楚国就号称“地方五千里”。诸侯与王室的地位就颠倒过来了。地盘缩小，经济困窘，政治失势，王室衰微，天下“共主”名存实亡。

而另一方面，一些国力强盛的诸侯争相称霸。齐桓公、晋文公、秦穆公、楚庄王、吴王阖闾、越王勾践，先后取得霸主地

位。这些霸主往往打着“尊王”的旗号，借助周天子的权威，以压服其他诸侯国。他们成为实际上的“共主”。为了争当霸主，各国着手进行政治改革，以增强自己的势力。春秋时期，各国之间的争霸战争与各国内部改革与反改革交织在一起，呈现出十分复杂的局面。不过，有一些迹象是明显的：军功贵族的势力在上升，军政大权逐渐落入卿大夫手中。正如孔子所说的，原来的“礼乐征伐都决定于天子”变为“决定于诸侯”，又进一步变为“决定于大夫”，甚至“大夫的家臣把持国家政权”。

战国时期的开端，便是以卿大夫的权力进一步升级为诸侯为标志，新兴的军功贵族推翻已经腐朽的国君，开始执掌诸侯国的朝政，或者升级为诸侯。公元前 481 年，齐国大夫经常以武力夺取齐国政权。公元前 453 年，晋国的三家世卿又瓜分了晋君的大部分土地，晋国又宣布分为韩、赵、魏三国（习称三晋）。公元前 403 年，周威烈王竟然承认了“三家分晋”的合法性，将韩、赵、魏三家由大夫升格为诸侯。在三晋建侯后的十七年（公元前 386 年），周天子又同意齐国田齐升为诸侯。周天子承认这些大夫为诸侯，事实上是承认了当时所发生的天崩地裂的变化。

三晋和田齐正式升为诸侯，造就了四个新的国家。这些新兴的国家，经过进一步的改革，先后走上了中央集权的道路。新统治者吸取历史教训，不再搞层层分封，旧有的小封君逐渐被既非世袭又无食邑的地方官吏所替代。虽然偶尔也把土地封给功臣或子弟，但受封人数少，而且一般封于荒远的边地，不足以与中央抗衡。这样，统一的、君主集权的国家首先在这些诸侯国逐渐形成。

周王室分封的诸侯国，大大小小难以计数。它们中的绝大多数都在春秋争霸战争中被兼并了。至战国早期，各地诸侯国只剩

下十几个，大的有楚、越、赵、齐、秦、燕、魏、韩八国，小的有宋、鲁、郑、卫、莒、邹、杞、蔡、任、腾、薛、曾等国。越国于公元前306年被楚国灭亡，其余七个大国史称战国“七雄”。七个大国，由于秦在函谷关（今河南灵宝）以西，其他六国在函谷关以东，所以有“关东六国”、“山东六国”或“东方六国”等叫法。

秦代武士

战国中期，中原的一些诸侯国相继称王。“王”原是周天子的称号。春秋争霸，名号仍称“邦”，只有不遵从周朝体制的楚、吴、越才自称为王，这三国都不是周王分封国，而是楚族、吴族、越族人自建的国家。因此，他们常被当作南方蛮夷受到排斥。公元前334年，齐国和魏国互

尊对方为王。齐魏相互表明春秋以来“挟天子以令诸侯”的霸政已经结束，周天子名义上的独尊共主，地方诸侯已不复承认。事隔十年，秦为与齐、魏对抗，也称王。过了两年，即公元前323年，魏、韩、赵、燕等国又互尊为王。列国称王，均成为名副其实的独立国家。至此，西周王朝所确立的国家形态被破坏殆尽，而新的国家形态已处于痛苦的分娩之中。

在战国中晚期的兼并战争中，各国都大力强化了君权，初步形成了君主专制的中央集权制度，建立了以国王为首的官僚政府。在此基础上，各国都成为一个独立的统一体。秦王政统一六国，建立秦王朝，在一个前所未有的庞大规模上，放大、复制和完善了这样的统一体。

三、大一统理念的由来

在统一的王朝出现之前，一些人类的先知——学者和思想家，已经在呼唤大一统局面的到来。“大一统”一词，首见于《公羊传》：“何言乎王正月，大一统也。”《公羊传》的作者，传说是孔子门人子夏的再传弟子，战国时齐国人公羊高。《公羊传》是公羊高为《春秋》一书所作的传，即对《春秋》经义的解说。《春秋》素以“微言大义”著称，它开篇第一句为“元年，春，王正月”。公羊高所说“大一统”，就是对这一句中的“王正月”所作的解释和发挥。

为什么公羊高把“王正月”阐发为“大一统”呢？我们有必要作一些说明。

“王正月”的“正”，指的是一年的第一个月。夏、商、周三代的正朔（即每年的第一周第一天）不同，夏朝以寅月（接近于

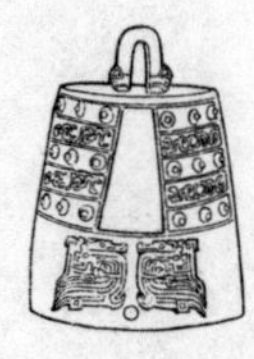

目前的阴历正月）为正月，商朝以丑月（阴历十二月）为正月，周朝以子月（阴历十一月）为正月。这就是所谓的“三正”，亦称“三统”。春秋时，政令已不统一，各国所行的正朔也不一样，如晋国用夏历，宗国用殷历。《春秋》说“王正月”，是指周朝的正月。《春秋》采用的时间仍遵用周王颁定的正朔，并想以此表示各国历法应当划一。由此，公羊高以“大一统”作解说，也就是说孔子书“王正月”，包含着尊崇一统的“大义”。这就是战国时期“大一统”口号的最初由来。

“大一统”的原意是尊崇一统，到后来，它的含义衍变为指一种大而一统的局面。战国时候的一些学者，对大一统的局面作了不少规划和构想，从而形成了中国人有关“大一统”的一些基本观念。这里选择两种对后世影响比较大的学说，加以介绍。

1. 《禹贡》的九州说

《禹贡》是儒家六经之一《尚书》中的一篇，托名为大禹所作。目前学术界倾向于认为是战国后期人的作品。《禹贡》说：大禹治水，将天下分为九州，即九个区域，它们是：冀州，大致相当于现在的山西、河北、辽宁；兖州，今河南、河北、山东交界部分；青州，今山东和辽宁东部；徐州，今山东南部、江苏和安徽北部；扬州，今江苏、安徽南部和江西东部；荆州，今西湖以及江西西部；豫州，今河南和湖北北部；梁州，今陕西南部和四川；雍州，今陕西北部、中部和甘肃及其以西的地方。

我们知道，战国时期虽有“九州”之名，却无九州之实。战国以前，现实生活中也从来不存在九州制。秦始皇统一中国，全国实行郡县制，也没有州制。所以，《禹贡》中的九州，是一个理想中的区域划分，是对“大一统”的一种向往和规划。

然而，包括《禹贡》在内的先秦著作中的九州说，却深深地

影响了中国人的心魂。“九州”成了“中国”、“天下”的代名词。而且，人们从此形成了一个根深蒂固的观念：“九州”不可分。南宋著名诗人陆游就曾在《示儿》诗中深情地写道：“死去原知万事空，但悲不见九州同。”可见，中国人九州一统的观念之深。

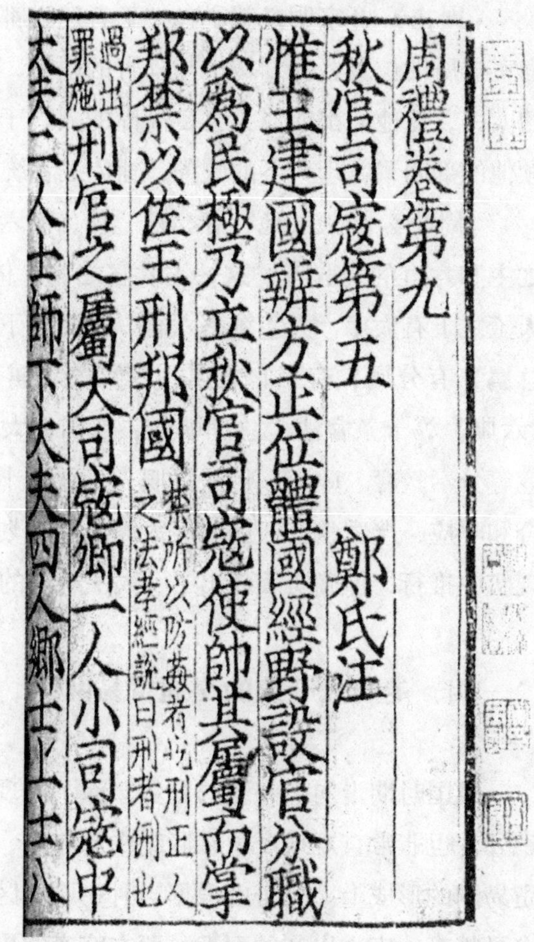
周禮卷第九
秋官司寇第五　鄭氏注
惟王建國辨方正位體國經野設官分職
以爲民極乃立秋官司寇使帥其屬而掌
邦禁以佐王刑邦國禁所以防姦者也刑正人之法孝經說曰刑者侀也
過出罪施刑官之屬大司寇卿一人小司寇中
大夫二人士師下大夫四人鄉士上士八

宋刻本《周礼》

2.《周礼》的建国之制

《周礼》，也称《周官》，也是儒家重要经典之一。其作者和时代也历来争说不已，现基本认为是战国时人所作。《周礼》并不是周朝的典制实录，而是战国时学者们勾画的一种希望能用之万世的“大一统”国家政权模式。比如，它涉及有关国家政体形式的问题，包括：王在国家政权中的地位和权力；国家权力的划分和各级权力主体的组织形式；中央与地方的关系等。

《周礼》开宗明义就说："王者建立都城，辨别方向，制定宫室居所的位置，分划域中与郊野的疆域，分设官职，治理天下的人民，使他们都能成为善良高尚的人。于是设立天官冢宰，率领他的部属，掌理天下的政务，辅佐王者统治天下。"

《周礼》设天、地、春、夏、秋、冬六官，而将王定为一周之主和六官的统驭者。这一主六官之制，体大思精，结构缜密。天子之下有大宰，大宰统率六官，六官之下有三百六十属官。有总属，有分属，有当官之属，有冗散之属，条理清晰。大宰掌"六典"等十条官法，总理朝廷、邦国；大司徒、大司马、大司寇等分奉教育、政府、刑法之职，三百六十官各有所司，互相配合和呼应，严密整齐。如此庞大而又整齐划一的官制，未必能在现实中推行，但确实表现出了"大一统"的浑然气象。

四、走向大一统的交通贸易网

战国时期走向大一统的趋势，除了出现"大一统"的思想意识外，也非常直观地反映在联结中原与东、西、南、北四方交通贸易网的形成上。荀子曾根据当时中原地区可以买到北方生长的犬马牲畜、南方出产的羽毛、西方特产的皮革、东方生产的布帛鱼盐，而以为已经形成"四海之内若一家"（《荀子·王制》）的新局面。

在齐国，东部有以今天的平度、海阳、即墨、诸城、日照等为中心的一些商业集散点构成的贸易网。尤其在临海的今海阳一带，可能已形成了当时一个重要的海上商业中心。1972 年，在海阳县小红乡江各庄曾发现用木箱存放的齐刀币一千八百多枚。1979 年，在日照城关西城乡又发现各种上齐刀币。这些线索说

明，这一带是齐国东部的海上交通贸易重地，通过这些地方，齐国与东南的吴、越地区进行商业交往。西部有以今天的济南、历城、章丘等地为集散地构成的与中原各国贸易的商业网络。北部有以朱平为中心的海上贸易集散地，主要与燕国进行商业往来。齐国的都城临淄（今山东淄博市）更是当时齐国最大的商业集散地。据考古成果，临淄城总面积达 16 平方公里，大小城市发现有十多座。人口据说有七万户居民，若以每户五口计，达三十五万人之多。街上车水马龙，四方土特产和工业产品齐集市上，行商坐贾，买卖兴隆，一派繁荣景象。从临淄城的规模可以感受到它有多大的辐射力。齐国可以说就是以临淄为中心，与东部、北部、西部三个贸易网点构成的一个相当发达的商业交通网络。

在楚国，楚国的城市也是繁华的商业交通的枢纽。楚国的城市，首推郢都（今湖北江陵），位于长江之畔，人口众多，商贸繁忙，和齐国的临淄差不多。

此外，鄢（今湖北宜城）、宛（今河南南阳市）、城阳（今河南信阳地区）、陈（今河南淮阳）、上蔡（今河南上蔡）、下蔡（今安徽寿县）、吴（今江苏苏州市）等，都是一个个商贸中心。鄢是楚国的故都，汉水中游的枢纽。宛是汉水与方城（我国古代九塞之一）之间的要冲，有发达的冶铁业。城阳是淮水上游的咽喉。陈、上蔡和下蔡、吴是陈国、蔡国、吴国的旧都。

从考古发现的当时用的天平、砝码、钱币以及舟节、车节（免税经商的凭证，同时规定商船、商车行经的路线和到达的地点），可以看出当时楚国贸易和交通的繁忙景象。湖南战国楚墓中出土的琉璃珠，多有蓝白色圈圈纹，即所谓“蜻蜓眼式”，与西亚和南亚的琉璃珠非常相似，全无一点楚风，这表明楚国与南亚有商业往来。

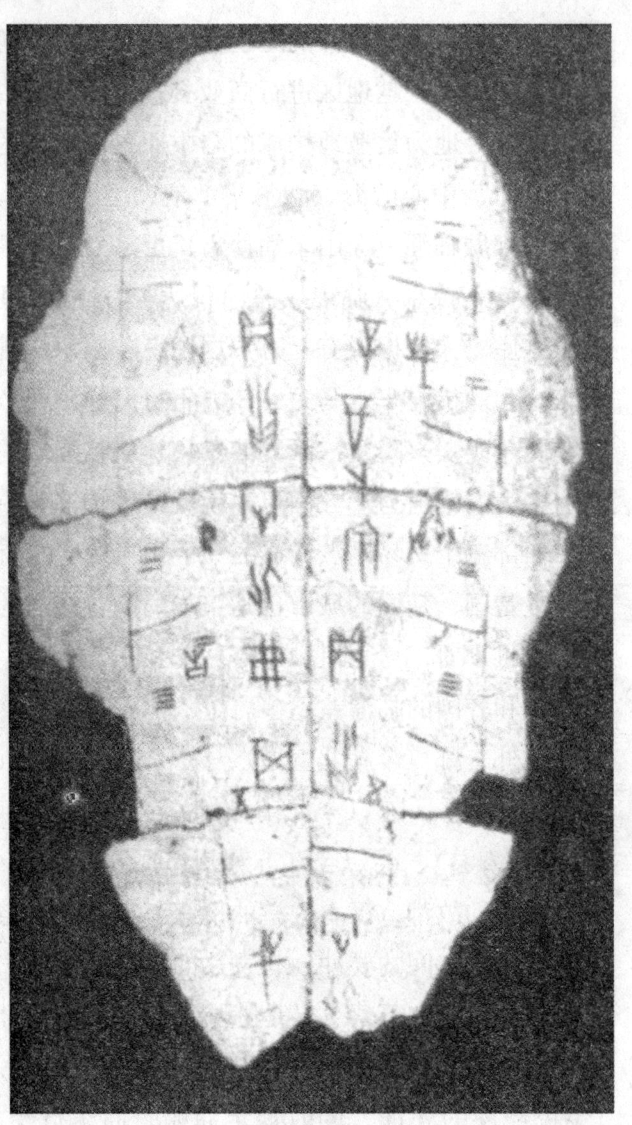
殷墟甲骨文

在燕国，辽西郡是中原各国与东北及今天的朝鲜半岛、日本列岛交往的必经之路。1949年以来，曾经在旅顺、大连、营口、锦州、抚顺、沈阳等地先后发现过不少刀币与布币。这是当时商业交往活动留下的明证。今天的朝阳地区，更是燕国从内地通往今东北的交通要道。1961年，在朝阳七道岭发现了用陶瓮存放的货币，计有十多斤重，其中除燕国的“明刀”外，还有安阳布币、平阳布币。这就清楚地反映出，在中国北部，当时存在着一条由燕通过今朝阳到东北各地的商业交通网。在这条商路

上，有从三晋地区来的商人。

在西方，从成书于战国时期的《穆天子传》可知，当时中原地区的人们对今天的新疆以至中亚地区已有相当认识，这无疑与同这两个地区的交通往来密不可分。那时，内地的丝绸、布帛和其他手工业产品，通过秦国和赵国，溯黄河而上；或经过河西走廊，辗转运往新疆、中亚地区。1965年在新疆阿勒泰地区发现了一面战国时期的青铜镜，就是内地传去的。大西北的土特产也源源不断地传到内地，最著名的要算是屡见于文献记载的“昆山之玉”了。在《史记·赵世家》中，苏厉曾在给赵惠文王的一封信中说：如果秦国出兵，切断恒山一线，则“昆山之玉”就不能转运到赵国了。这说明，当时中原与西域的贸易交往已十分普遍。

在韩国，由于韩国地处中原腹地，是南北东西商旅和贸易往来的中转站，韩国有许多重要的贸易集散地，如屯留（今山西屯留西南）、长子（今山西长子西南）、宜阳（今河南宜阳）等。其中宜阳，方圆八里，是当时北与赵国上党郡、南经南阳郡与楚国联系、往来的交通要道。

总之，可以说，战国时期东西南北中，四面八方的联系和交往已经相当频繁，各地物资彼此交流，商人们在交通线上往来不绝，从前那种各地区间比较闭塞的局面已被打破。

五、走向大一统的民族融合

战国时期的民族融合，也为秦、汉统一的多民族国家的形成创造了条件。经过春秋、战国、秦、汉，华夏族与兄弟民族不断融合，逐渐形成了今天中华民族的主体——汉族。

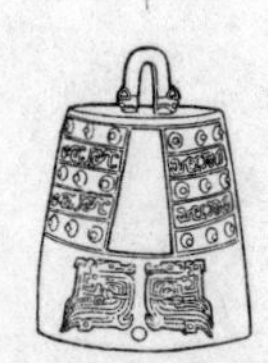

战国是华夏族经由与兄弟民族的交融而向汉族演化的一个重要时期。

“华夏”亦称“诸夏”，传说出自黄帝，意思是居住在中原地区的中国之人，与“蛮夷”对称。在夏商二代，夏族、商族的发展、融合，形成了华夏族的雏形。西周实行分封制，巩固了对中原地区的统治，又经过周公、成王的东征和昭王南征、穆王西征，加速了周族与其他一些民族的融合，遂正式形成了华夏族。

周平王东迁以后，华夏族的中心地区转移到黄河中游。当时戎、狄族对华夏族各国不断进攻骚扰，华夏各国同戎、狄族进行了长期的斗争。这些战争既有破坏社会安定和经济发展的负面作用，也产生了客观上促进各民族融合的积极效应。春秋战国时期诸侯国间的兼并战争，也同样起到了民族融合的催化剂作用。经过春秋战国时期各民族和列国间的战争与交往，我们看到：

燕国势力扩展到辽河流域，促进了东胡族与华夏的交融；齐国强盛，扫灭了境内的少数民族；秦国则不仅由原先“杂戎、狄之俗”而逐渐实现了“华夏化”，还收复了渭水流域的许多地区，又兼并巴、蜀，扩大了华夏民族的范围；在蛮夷之地的吴国，贵族们开始承认自己是“周之胄裔（后代）”，曾被中原列国视为“蛮夷”的楚国，也完成了自身的“华夏化”，并且融合了南方的苗、彝，又统一了越国（越国先灭吴国），甚至将势力深入到了两广和云贵地区；韩、赵、魏兼并了包括中山国（白狄族）在内的许多部族、小国……

在上述广阔的区域内，各族之间的差异逐渐缩小，乃至消失。

从春秋到战国，华夏族对周边少数民族的政策，经历了一个由“尊王攘夷”到“用夏变夷”的变化。春秋时，以齐、晋

为首的华夏族各国在“尊王攘夷”的口号下，与周边的戎、狄、蛮、夷作斗争，这使华夏族的旗帜更加鲜明。但“尊王攘夷”是在华夏族受到了“四夷”的侵扰，一度面临亡族的危急情况下提出的口号。当时有人曾惊呼：“夷狄严重地侵害中国，南边的夷人与北边的狄人相呼应，中国受到夹攻，命运险若一根线一样维持着。”（见《春秋·公羊传》）在这种情况下，齐桓公救助邢、卫、郑、蔡的行动被誉为“救中国”的“王者之事”。对辅佐齐桓公的管仲，孔子曾给予高度赞扬，说：“如果没有管仲，我就要披着头发，礼襟向左，着夷狄的服饰了。”（见《论语·实问》）

秦二十八年琅琊石刻

“尊王攘夷”的口号，排斥夷族，明确华夏族与夷族之间的界限，这显然不利于民族融合。进入战国后，华夏族不仅扭转了“危绝若线”的境况，而且势力范围大大拓展，力量远胜于夷狄。在这种情况下，

华夏族文化以其相对的先进性，吸引和改变着周边的文化，这就是所谓“用夏变夷”。“用夏变夷”使夷、夏之间的民族意识趋于模糊，民族情感趋向和谐，民族壁垒趋向瓦解。

而在“用夏变夷”的同时，华夏文化也在不断吸收、融会周边文化精华于自己的体系之中。其中最典型的例子就是赵武灵王的“胡服骑射”。赵武灵王（公元前 325 年），是赵国的第六个国王。在他执政期间，赵国采取了两项重大措施，一是奖励耕战，二是改革军制。“胡服骑射”就是其军事制度上所做的改革，但它产生的影响却远远超出了原来的范围。

赵国的北面，生活着游牧的胡人部落。他们虽没有与赵国发生大的冲突，但小的骚扰时常不断。胡人作战时，身穿短衣，骑在马上，动作灵便，往来如飞，一边急驰一边还能射箭，战斗力很强。而赵国的军队，虽然武器比胡人优越，但大多数是步兵和车兵混合编制的队伍；而且战士穿的是长袍大褂，袖子长，腰肥，领口宽，下摆大，再披上盔甲，十分笨重，不利于灵活作战。

因此，赵武灵王决定向胡人学习，学习他们骑马射箭，建立骑兵。但要学骑射，首先必须改革赵国的服装，采用胡人的短衣、长裤。公元前 307 年春季的一天，赵武灵王为这件事召见大臣肥义，商量说：“这事恐怕会引来许多人的议论和反对，你看怎么办呢?”

肥义回答说：“做事如果顾虑多，就不可能成功，实行一项措施，如果有疑虑，也就办不成。自古以来，风俗习惯不是不能改变的。从前舜的时候，有个落后的部族叫苗，舞跳得很好，舜就向他们学跳舞；禹也向这个部族学习过跳舞。所以大王不要有什么顾虑，就下决心改革赵国的服装吧！”

这坚定了赵武灵王的决心。但赵武灵王的“胡服骑射”计划遭到了以他叔叔公子成为首的王族中一些人的竭力反对。他们说：“中原是文明人所住的地方，万物齐备，又有圣贤的遗教，施行的是仁义，用的是诗书礼乐，技术也发达。本是蛮夷学习的榜样，现在却要丢掉这些去学习胡人的习俗，这是改变古代圣贤的教导，更换古代的章法，是万万行不得的。”

赵武灵王说：“衣服应该方便于穿着，礼制应该方便于做事。如果环境不同了，就应该采取相应的办法，而不能死守中原地区已经不适用的习俗和制度。”

经过一天的辩论，赵武灵王终于使公子成同意穿胡服，并表示愿意带头实行。可是王族公子赵文、赵造、赵俊等人和一些大臣仍然反对说：“衣服习俗，古之礼法。变更古法，是一种罪过。”

赵武灵王说：“古今不同俗，有什么古法？帝王都不是承袭的，又有什么礼非遵循不可？夏、商、周三代都是根据时代的不同而制定法规，根据不同的事情而制定礼仪。礼制、法令都是因地制宜的；衣服、器械，只要方便使用，就不必死守古代的那一套。”

赵文等人感到无理由再反对，也同意改穿胡服。于是，赵武灵王下令全国改穿胡服。由于穿着胡服给日常生活带来了许多方便，因此很快得到广大人民的拥护。

从“胡服骑射”的第二年起，赵国的国力就逐渐强大起来。公元前 306 年，赵国攻取北方上千里的土地。公元前 305 年，又大举进攻中山国，中山国在遭到惨败后，献出四邑求和。公元前 300 年，赵军又攻占了中山国大片土地。到公元前 299 年，赵武灵王让位给儿子赵惠文王时，赵国已是战国“七雄”之一了。

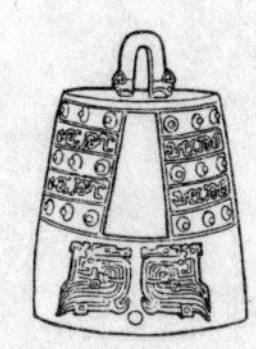

赵武灵王向胡人学习、借鉴来的短衣、长裤，以后就变成了民族服装形式的一部分，并沿用了两千多年。他组建的骑兵，推动了中原地区国家骑兵兵种的发展。

“胡服骑射”的事例昭示我们：一个民族，一种文化，必须不断地从外部世界汲取营养，才能持续地发展，永葆旺盛的生机。正是借助于这种开放的、兼容并蓄的机制，华夏族和华夏文化才得以发展壮大为汉民族、汉文化。

六、统一王朝的大一统举措

虽然在秦国用武力统一六国之前，中华大地已经出现了大一统的发展趋势。但是，中国历史上大一统的现实局面却是在公元前 221 年秦统一六国后才开始形成的。秦始皇统一六国以后，建立起统一的政权，并在此基础上推出了一系列措施。在社会生活的各个方面，强化统一。从此，“大一统”就由一种观念变为现实；而“大一统”的观念，又在新现实的基础上进一步升华。秦始皇的大一统举措主要有以下几个方面：

1. 确立“皇帝”的至尊称号

秦王政统一中国后，第一件急着想做的事情，就是要重新给自己确定一个称号。春秋战国时期，各国诸侯都被称为“君”或“王”。战国后期，秦国与齐国曾一度自称“帝”，企图与“五帝”并举，不过这一称号在当时没有行通。已经一统天下的秦王政，以为过去的这些称号都过时了，都不足以显示出自己的尊崇，于是说：“今名号不更，无以称成功、传后世。”

于是他下令大臣们拟定新的君王称号。经过一番商议，丞相王绾、御史大夫冯劫、廷尉李斯等人认为，秦王政“兴义兵，

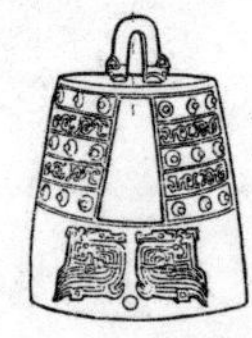

胡服骑射

诛残贼，平定天下”，功绩“自上古以来未尝有，五帝所不及”。他们援引传统的尊称，说：“古有天皇、有地皇，有泰皇，泰皇最贵。”建议秦王政采用“泰皇”头衔。然而，秦王对此并不满意。他只采用了一个“皇”字，而在其下加一个“帝”字，将“三皇五帝”的人神尊崇集于一身，创造出“皇帝”这个新头衔授予自己。

从此以后，“皇帝”就成为中国国家最高统治者的称谓。

“皇帝”称谓的出现，不仅仅是简单的名号变更，而且反映出一种新的统治观念的产生。在古代，“皇”有“大”的意思，人们对祖先神和其他一些神明，有时就称“皇”。“帝”是上古人们想象中的主宰万物的最高天神。秦王政将“皇”和“帝”两个字结合起来，一是说明了他想表示自己至高无上的地位和权威，是上天给予的，即“君权神授”；二是反映了他觉得仅仅做人间的统治者还不满足，他还要当神。

因此，“皇帝”的称号，乃是秦王政神化君权的一个产物。

于是秦王政做了中国历史上第一个皇帝，自称“始皇帝”。他又规定：自己死后皇位传给子孙时，后继者沿称二世皇帝、三世皇帝，以至万世。秦始皇梦想皇位永远由他一家继承下去，“传之无穷”。（《史记·秦始皇本纪》）

为了使皇帝的地位神圣化，秦始皇又采取了一系列“尊君”的措施：

⑴ 废除谥法。谥法起于周初，是在君王死后，依其生平事迹，给予带有评价性质的称号。但秦始皇认为，像这样“子议父，臣议君”都是违反君臣父子关系的事情，太不像话，更没意义。于是他宣布废除谥法，不准后代臣子评价自己。

⑵ 天子自称为“朕”。“朕”字的意义与“我”相同，以

前一般人均可使用，但秦始皇限制只有皇帝才能自称“朕”。

(3) 皇帝的命令叫做“制”或“诏”。

(4) 文书中不准提及皇帝的名字，要避讳。文件上逢“皇帝”、“始皇帝”等字句时，都要另起一行顶格书写。

(5) 只有皇帝使用的，以玉质雕刻的大印才能称为“玺”。

以上这些规定，目的是突出天子的特殊地位，强调皇帝与众不同，强化皇权在人们心目中的神秘感。秦始皇幻想借助这些措施，使他的皇位千秋万代地在其子孙后代中传续下去。

2. 统一文字

殷商以后，文字逐渐普及。作为官方文字的金文，形制比较一致。但是春秋战国时期的兵器刻款、陶文、帛书、简书等民间用字，则存在着区域间的差异。这种状况妨碍了各地经济、文化的交流，也影响了中央政府政策法令的有效推行。秦统一后，诏书发到桂林，当地人均不认识。于是，秦始皇下令李斯等人进行文字的整理、统一工作。

李斯等人以战国时秦人通用的大篆为基础，吸取齐鲁等地通行的蝌蚪文笔画简省的优点，创制出一种形体匀圆齐整、笔画简略的新文字，称为“秦篆”，又称“小篆”，作为官方规范文字，同时废除其他异体字。李斯、赵高、胡毋敬又分别用新颁布的文字，编写了《仓颉篇》、《爰历篇》、《博学篇》等，作为儿童识字课本，向全国推行。

另外，一位名叫程邈的衙吏因犯罪被关进云阳的监狱。在坐牢的十年时间里，他对当时字法演变中已出现的一种变化（后世称为“隶变”）进行总结。他的这一行为令秦始皇非常赏识，于是将他释放，还提升为御史，命其制定一种新字体。程邈经过努力探索，制定了出来。这种新字体的特点是：将篆体圆转的笔

画变成方形，字形扁平。这种文字书写起来更为流畅、快捷，很受欢迎，尤其是深得方文传抄者“徒隶”的青睐，所以很快流行开来，后人叫它为“隶书”。隶书打破了古体汉字的传统，奠定了楷书的基础，提高了书写效率。

秦始皇下令进行的统一和简化文字工作，是对我国古代文字发展、演变做的一次总结，也是一次大的文字改革，对我国文化的发展起了重大作用。

3. 统一度量衡和货币

战国时期，各国的度量衡制度和货币制度很不一致。秦统一后，规定货币分为金和铜两种：黄金称上币，以镒为单位，一镒为二十两；铜钱为下币，统一为圆形方孔，以半两为单位。金币主要是皇帝赏赐用，铜币是主要的流通媒介。铜币圆形方孔，对应了古代的“天圆地方”之说，同时在使用上也很方便。所以在我国货币史上，圆形方孔的钱币占据主要地位，通行时间也最久。

秦国早在商鞅变法时，就已在国内对度、量、衡的标准做过统一的规定。秦始皇以原秦国的度、量、衡单位为标准，淘汰与此不合的制度。秦朝在原商鞅颁布的标准器上再加刻书铭文，或另行制作相同的标准器刻上铭文，发到全国。与标准器不同的度、量、衡一律禁止使用。在田制上，秦王朝规定6尺为步，240步为一亩。这一亩制以后沿用千年而大致不变。

4. 统一车轨

战国时期，各国车辆形制不一。秦始皇统一全国后，定车宽以六尺为制，这样的车，可以通行全国。

5. 统一风俗

秦统一全国后，秦始皇对建立统一的伦理道德和行为规范也

秦朝武士复原图

很重视。公元前219年，他来到泰山下，这里原是齐国故地，号称“礼仪之邦”。秦始皇就令人在泰山所刻的石上记下“男女礼顺，慎遵职事，昭隔内外，靡不清净，施于后嗣”，予以表彰。这几句话的意思是说，男女之间界限分明，以礼相待，女治内，男治外，各尽其职，从而给后代树立好的榜样。而秦始皇三十七年（公元前210年），秦始皇叫在会稽刻而留下的铭文，则对当地盛行的淫泆之风大加鞭笞，严令“禁止淫泆”，以杀奸夫无罪的条文来矫正吴越地区男女之大防不严的习俗。

秦王朝还在各地设置专掌教化的乡官，名叫“三老”。这一制

度为秦以后历代承袭，成为中国古代社会的一大特色。这些“三老”掌管教化，凡是有孝子贤孙、贞女义妇、让财救患，以及学识可为民效法的人，都要在他们的门上制匾加以表彰，以兴善行。

6. 构筑四通八达的全国交通图

由于长期战争，战国时期各诸侯国在各地都修筑了不少关塞堡垒，大大限制了交通运输的发展，也阻碍了各地之间进一步的沟通和交流。秦始皇在统一六国后的第二年（公元前221年）即下令“治驰道”。再过一年，开始出巡各地。公元前215年，下令拆毁各地阻碍交通的关塞堡垒。公元前212年，又令大将蒙恬修了一条由咸阳向北延伸的“直道”。在秦始皇统一南方百越的战争中，南方地区也开辟出一系列交通线。这样，秦始皇统一天下后，在先秦已有的各地交通线的基础上，通过修筑驰道、直道等，构筑起了全国性的交通网。这是秦王朝缔造“大一统”的又一重要内容。

下面，以秦始皇在公元前220年之后几次巡行全国所经过的线路和秦王朝其他几条交通要道为重点，对当时沟通全国的干线和以咸阳为中心辐射出去的交通网作一简略的介绍：

(1) 咸阳至芝罘。秦始皇二十八年（公元前219年），东出函谷关，经洛阳、定陶，进入山东半岛，登泰山，然后过黄、胜、成山，登芝罘山。又转而南临琅琊，过彭城，渡淮水，转去长江中游的衡山和南郡，最后向北经武关回咸阳。秦始皇此次东巡前半段所经路线，尤其咸阳到芝罘一线，是横贯王朝腹地的一条大动脉。

(2) 咸阳至云梦，会稽至琅琊。这两段线路，是秦始皇三十七年最后一次出巡所经过的。当时秦始皇先达武关，然后沿丹水、汉水到云梦（今洞庭湖及武汉附近）。再沿江东下，经丹阳，至钱

塘，随后上会稽山。再经过吴地，在江乘（今江苏镇江市）渡过长江，辗转到达琅琊。这次出巡经过的线路中，从咸阳至云梦，是先秦就已存在的秦楚大道，秦始皇南下经过这一线，说明此线仍作为秦王朝的重要干道之一。然而云梦至会稽，再至琅琊一线的特点，则是水陆联网，水道和陆路相互补充、延伸，构成一个网络。

(3) 咸阳至碣石，碣石至九原。秦始皇三十二年出巡北方就是沿着此线经太行山东麓，过上党、邯郸、东垣、蓟县（今北京市）到达碣石（今河北昌黎北）。又从碣石向西北，经渔阳（今北京密云西南）、上谷、代郡、雁乃、云中至九原（今内蒙古包头市西北）。

(4) 咸阳至陇西。秦始皇二十七年首次出巡即沿此线。先沿通向洮河河谷的大路，到达渭水发源地陕西，又翻过六盘山口到北地（今甘肃宁县西北），再至鸡头山（今甘肃平凉市西），然后过回中，沿泾水返回咸阳。

(5) 从咸阳至巴蜀。在这条交通线上，遍布着高山深谷，行路异常艰难。先秦已沿岸搭设栈道，到秦始皇时已有数条栈道可通巴蜀。一是陈仓道，二是褒斜道，三是石首道。其中起自陈仓（今陕西宝鸡），经褒水而达汉中的陈仓道，虽然绕行较远，但易于通行，成为联结秦岭南北的主要通道。

(6) 从云阳至九原。这条道路笔直，极为壮观，又称“直道”。它是为了便于调动兵力，防御匈奴南下掠夺，由蒙恬率军修建的。其起点是云阳（今山西淳化西北），一直向北，到终点九原。

(7) 岭南新道。在统一南方百越的战争中，秦王朝又开辟了一系列交通线。主要有赣南—兰浦关—溱水—番禺（今广州）；

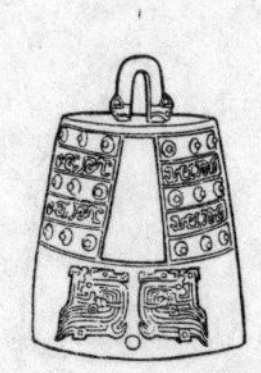

湘南—阳山关—溱水；九疑山—湟溪关—连江—番禺；湖南潇水—广西凡步—贺江—苍梧；灵渠（即今广西兴安运河）。其中以灵渠最为著名，它沟通了湘江上游与漓江上游，使长江水系与珠江水系联结起来，成为进入岭南的水陆交通线。

从上可以看出，秦王朝四通八达的全国交通网，犹如“大一统”帝国的动脉和经络。

7. 统一多民族国家的发展

秦始皇灭六国后，继续向西南、东南和两广少数民族地区推进，并在北方有效地遏制了匈奴族的骚扰，使多民族国家的统一得到进一步发展。

（1）统一百越。秦统一前，分布在今浙江、福建、江西、广东、广西一带的许多部族，总称为“百越”，其中著名的分支有于越、闽越、南越、东瓯、西瓯、骆越等。于越分布在今浙江绍兴一带，很早就建立了越国，战国时期为楚所灭。秦灭楚后，它就成为秦的一部分。瓯越也叫东瓯，分布在今浙江省南部瓯江流域。闽越在今福建省福州一带。公元前 223 年秦灭楚后，乘势统一了瓯越和闽越，并在那里设置了会稽郡和闽中郡。

南越分布在今广东、广西的岭南广大地区。这一地区很早就与中原有密切的交往。秦统一六国后，随即着手统一岭南各地。

公元前 217 年，秦派屠睢率领秦军向岭南进兵。由于山高路险，交通不便，军粮运输困难，为此，秦始皇派史禄在今广西的兴安县境内，凿了一条连接湘水和漓水的运河，以作为运粮的通道，这就是著名的灵渠。经过几年的艰苦作战，秦军征服了今广东、广西和越南东北一带，设置了南海郡、桂林郡和象郡。

秦始皇又迁徙中原几十万人去“戍五岭，与越杂处”。五岭是指越城、都庞、萌渚、骑田、大庾五岭，它们在湘、赣和粤、

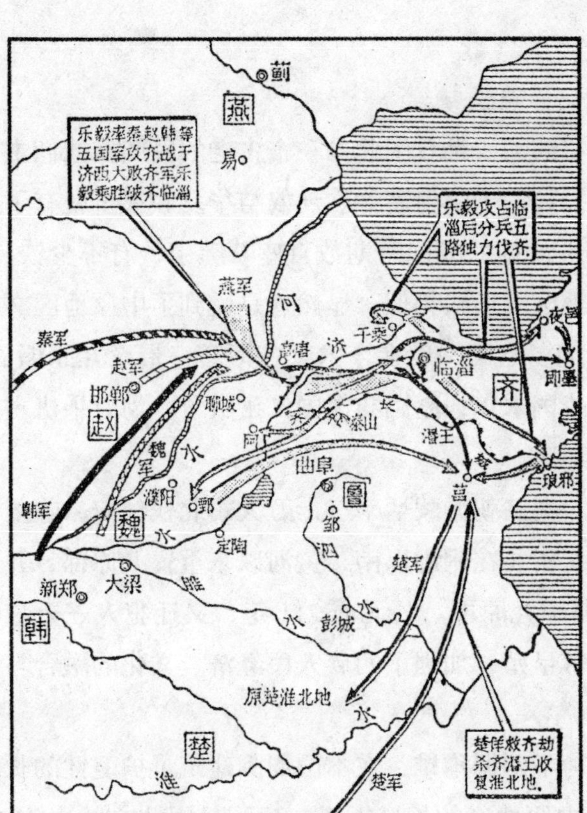

乐毅破齐示意图

桂等省区边境。所谓“岭南”，即指五岭以南的地区。从此，两广地区和祖国其他部分紧紧地结合在了一起。内地人民大量迁徙到岭南，带去了先进的生产工具和技术，和百越人民劳动生活在一起，加速了民族融合和这一地区经济、文化的发展。

(2) 统一西南。古代分布于今云南、贵州和四川西南部的少数民族，总称为“西南夷”。它们中的大部分，在战国时期已成为楚国和秦国的一部分。秦王朝又以成都平原为基地，向西、向北两方面扩张到今大渡河以北和岷江的上游，占据了邛（今四川省蒙经县东一带）、印清（今山战边县东一带）、冉（今四川省松潘县一带）和龙（今四川省茂县北一带）等部族地区。又派常安向南开通了一条“五尺道”（即宽五尺的道路），从今天四川宜宾延伸到云南的曲靖，并在沿线控制了不少据点，还在那里设

置官吏。

(3) 北击匈奴，修筑长城。

分布在蒙古高原的匈奴是我国北方一个古老的民族，他们主要从事游牧，以强悍和精于骑射著称。匈奴与华夏族很早就有了密切联系。在内蒙古发掘的战国时期数百座墓葬中，有不少铁、铜器的造型和中原地区的形状相似，显然这是受到了中原地区文化的影响。战国时期，赵国一度在今内蒙古河套一带设九原郡，抵御匈奴的南下。战国末年，赵国与秦国忙于战争，匈奴乘机占领了河套及其以南地区。

公元前 215 年，秦王朝派蒙恬率三十万大军北伐匈奴，收复了赵国的旧地。第二年，在阴山以南、黄河以东重置九原郡，并新设 44 个县，统属于九原郡。公元前 211 年，又迁犯人三万户到今河北、榆中一带垦殖，加强了两族人民经济、文化的融合与交流。

战国时，各国为了割据称雄，在本国周围建筑了护卫性的长城。秦统一后，将中原地区的长城拆毁。为了巩固北方的边防，又将原来秦、赵、燕北边的长城连接起来，并修缮补建，筑起了一条东起辽东（今朝鲜平壤西北海滨），沿黄河、阴山，西到临洮（今甘肃岷县）的万里长城。

就这样，一个统一的多民族国家，昂首屹立在了北起河套、阴山山脉和辽河下游流域，南到今越南东北和广东大陆，西起陇山、川西高原和云贵高原，东至大海的辽阔的土地上，成了东方的巨人，也是世界的巨人。

8. 创立中央集权的政权机构

为了有效地管理国家，也为了替子孙万代奠定基业，秦始皇吸取了战国时期设置官职的具体经验，建立了一套相当完整的中

央集权制度和政权机构。秦代国家机构设置的大致情况如下：

丞相：又分左丞相和右丞相，是中央政权机构的最高行政长官，协助皇帝处理全国政务。

太尉：是中央的最高军事长官，协助皇帝处理全国军务。

御史大夫：掌管监察工作，协助丞相处理政事。

丞相、太尉、御史大夫古代习称“三公”。“三公”以下设有“九卿”，它们是：

奉常：负责宗庙礼仪。

郎中令：执掌宫廷戍卫大权，统辖侍卫皇帝的诸郎。郎为帝王侍从官的通称。

卫尉：掌管宫门的警卫。

太仆：负责皇帝使用的车马。

宗正：管理皇族事务。

典客：主管少数民族事务。

少府：负责山林池泽的税收和宫廷手工业，属于管理皇室私家财富的机构。

治粟内史：负责租税赋得和财政开支。

廷尉：掌管刑罚。

此外，秦代还有一些比较重要的官职，比如：

博士：“掌通古今”，即通晓古今史事以备皇帝咨询，同时负责图书收藏。

典属国：与典客一样主管少数民族事务，不同的是典客掌管与秦友好的少数民族的交往，而典属国则负责已投降秦朝的少数民族。

詹事：掌管皇后和太子的事务。

将作少府：负责宫殿建造。

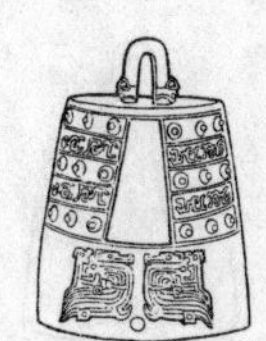

秦王朝所建立的这套中央集权的政权机构，以后一直被历代王朝所仿效。其中汉代的“三公九卿”，基本上是照搬秦制。

从秦朝的政权机构设置可以看出，为了使国家的军政大权能操纵于一己之手，实行皇帝的个人独裁，同时又要让政府部门各司其职，有效地运作起来，以加强对国家的管理，秦始皇对如何集权，又如何分权，是颇下了一番苦心的。其中，他对相权、兵权以及司法权进行了独到的处置。从这里我们最能看出秦始皇是怎样加强君主专制的。

丞相，秦时或称相邦、相国，他的职责是“掌丞（丞：帮助，辅佐）天子，助理万机”，是皇帝以下最重要的官职，有“百官之首”之称。

秦国的丞相最早出现于秦武王二年（公元前 309 年）。虽然此前史籍中有“商鞅相秦”（《汉书·地理志》）一类的记载，但此“相”并非官名，因为商鞅担任的是“左庶长”、“大良造”。自秦武王任甘茂、樗里疾分别为左、右丞相以后，丞相才正式在秦国成为官职。

自设丞相以后，秦国的一些国君就将军国大事全部委于丞相，以至于出现了像魏冉那样擅权的丞相。吕不韦为相国，也是总揽一切军政大权。因此，君权与相权之间既存在着互相依赖的一面，又存在着矛盾的一面：皇帝要依靠丞相处理政务，但丞相又最容易侵犯和削弱君权。这一点，虽然在丞相设置初期就意识到了，因而设了左、右二相，其目的就是要分散相权，便于国君控制。但以后的事实证明，以这种方法分散相权，还不能解决君权与相权之间的矛盾。

秦始皇为此总结了历史经验，进一步缩小了相权。主要有以下举措：

齐将田单大摆“火牛阵”

(1) 丞相仅设为文官之长，武事由太尉掌管（其实此职未委授任何人）。太尉与丞相地位相等，同由皇帝颁予金印紫绶，即任官时授印，免官时缴印，印及缚印的绶带，因官职的高低而有所不同。

(2) 以御史大夫分割相权。列于“三公”之一的御史大夫，原为秦始皇参照六国官制在统一后所设。御史大夫地位低于丞相，标志是“银印青绶”，但他掌管监察，又参与处理朝政，对丞相起到了牵制作用。

(3) 用博士侵削相权。秦王朝博士的地位和作用向来为人们所忽视，其实，博士在秦的政治生活中发挥着重要的作用。这些类似于顾问和智囊的人物，经常活动在秦始皇的左右，发表各种议论。由于秦始皇很迷信，他对“通古今”的博士也就格外信赖。秦始皇二十六年，天下初步统一，命令朝臣们议帝号时，丞相、御史大夫、廷尉与博士议后才向上回奏（《史记·秦始皇本纪》）。始皇三十四年“焚书”时，博士是唯一有权读禁书的人。

因此，博士以其特殊的地位可以放谈各色言论，影响始皇，影响朝政，从而在事实上构成了对相权的一种侵削。

秦始皇不仅在官制上制约相权，在平日里也对丞相存在戒心。有一次，秦始皇到梁山宫，从山上看见李斯的车骑仪仗很是隆重，就表示不满。这话后来传到了李斯那里，李斯立刻削减车骑。当秦始皇再次见到李斯的车骑仪仗时，发觉已经减少了，马上意识到是有人向李斯泄露了自己的话，遂下令将当时在场的人全部处死。

秦王朝的兵权，理论上是交给太尉执掌的，但事实上从来没有一个人担任太尉之职，在重大军事行动中也从不见太尉出场。秦始皇始终亲自控制着兵权，太尉形同虚设。

秦朝的“三公九卿”制，确立了古代中国的一种分权原则，比如，有人就将设丞相、太尉、御史大夫比喻为中国的“三权分立”。不过要注意，这种分散的权力最后又都集中到皇帝一人的权力之下。分权，只是为了让百官公卿通过互相牵制，更好地服务于皇权，也就是为了更好地集权。

9. 不封一尺土，实行郡县制

秦国统一天下后，围绕地方政权究竟是采用分封制还是郡县制，在大臣中展开了一场争论。丞相王绾认为，由于刚刚清灭六国诸侯，对那些辽阔而遥远的燕地、齐地、楚地等，中央无力统治，不如设置一些王，让他们到那里去加以镇服。王绾于是向秦始皇建议，对诸公子分封领地，建立属国，以维护中央。

对此，秦始皇没有马上表态，而是把王绾的这一建议交给群臣讨论。大多数官员都以为分封可行，支持王绾。但廷尉李斯力排众议，反对封地立国。他说：“当初周文王、周武王分封了那么多的子弟，可他们到后来视若仇敌，互相攻击。周天子不能制

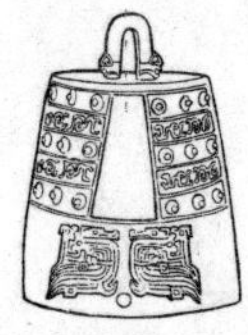

止。现在幸赖始皇帝领导的统一战争获取胜利，天下一统，各地都设立了郡县，各个子弟和功臣用国家的赋税收入重赏他们，这样做就很容易控制，使天下没有二心，这样才是安定国家的政术。设置诸侯不利于治理国家。”

秦始皇听后，十分赞同，说：“这么多年来天下征战不休，其根源就在于有诸侯王。仰赖宗庙先祖的神威，天下刚刚平定，又要重新设立王国，这是在种下战争的祸根，而想求得天下安宁发展，岂不是非常困难吗?”

于是秦始皇果断地决定，不采用分封制。后来司马迁在《史记》中对此评价说：“秦无尺土之封，不立子弟为王、功臣为诸侯者，使后无攻伐之患。”

这话道出了秦始皇不搞分封制，在全国全面推行郡县制，是利在后世的大举措。秦王朝建立了统一的地方行政制度——郡县制。起先，秦分天下为三十六郡，后来，随着疆界的拓展和郡制的调整，郡的总数达到四十六个。它们是巴郡、蜀郡、陇西郡、北地郡（今宁夏青铜峡以东），以上四郡为秦国早先设置。

太原郡、云中郡（今内蒙古大青山以南）、邯郸郡、巨鹿郡（今河北白洋淀以南）、雁门郡（今山西北部）、代郡（山西东北部及河北一部）、常山郡（河北正定南），以上七郡为赵国故地。

上郡（今陕西至内蒙古伊金霍洛旗、乌审旗）、河东郡（山西沁水县西、黄河东）、东郡（山东东河以西、河南延津东）、砀郡（安徽砀山西）、河内郡（河南中部），以上五郡为魏国故地。

三川郡（今河南灵室东）、上党郡、颍川郡（河南登丰以东），以上三郡为韩国故地。

汉中郡、南郡（湖北武汉以西、襄樊以南）、黔中郡（湖南洞庭湖以西）、南阳郡、陈郡（河南淮阳、太康、西华等地）、

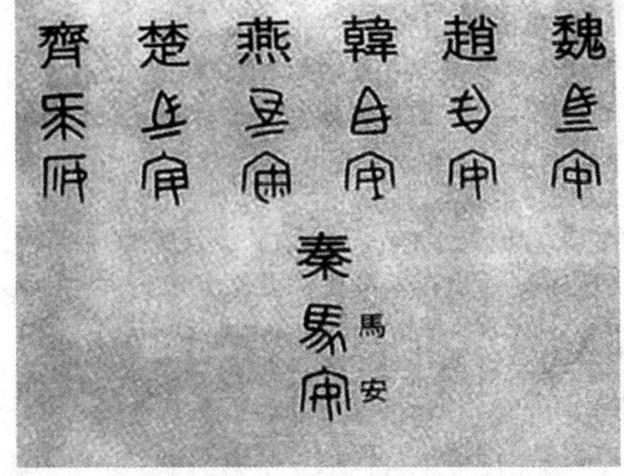

秦统一文字

薛郡（山东新汶、枣庄、济宁之间）、泗水郡（安徽淮河以北）、九江郡、会稽郡、长沙郡、衡山郡（湖南衡山周围），以上十一郡为楚国故地。

东海郡（今山东费城以南）、齐郡（山东境内）、琅琊郡、胶东郡、济北郡，以上五郡为齐国故地。

广阳郡（今河北境内）、上谷郡（河北张家口以东、北京昌平以北）、渔县郡、右北平郡、辽西郡、辽东郡，以上六郡为燕国故地。

闽中郡、南海郡、桂林郡、象郡（今广西西部、越南北部和中部），以上四郡为南越故地。

九原郡，此为匈奴故地。

秦王朝在郡下面设县或道，内地均设县，只在边地少数民族地区才设道。

县是秦代统治机构中非常关键的一级组织，属于秦王朝从中央到地方甚至一整套国家机器中具有相对独立性的一个单位。比如，人民的户籍、征收的粮食均以县为单位保管，地方武装以县为单位编制，徭役也以县为单位征发。县的这种特点和职能，在秦代确立后，对后世产生了深远的影响。

自秦代以来，中国整个基层一级地方行政区划，主要都称县。历史上县的数量，也表现出一定的稳定性。秦代县的数量不太清楚，估计有好几百个，汉代达一千五百多个，以后历代几乎在1100～1200个，唐代达一千五百多个，到中华民国增至两千个左右。

秦代推行的郡县制的影响是深远的。今天中国的省县制，就是由郡县制逐渐演变发展而来的。

秦王朝的地方行政官员，郡一级设守、尉、监等。郡的最高长官是郡守，主要掌管政务。郡尉负责军事和治安，不干预民事。监御史负责监察官吏，直属于中央的御史大夫。

县一级设令（或长）、丞、尉。万户以上的县设县令，不满万户的设县长，他们主要掌管政务。县尉掌管军事，县丞掌管司法。

郡县的主要官吏，都由皇帝任免。

县以下还有乡、里和亭两种不同的政权系统。乡和里是行政机构，亭是治安组织。

乡：乡是隶属于县的基层行政组织。其职能主要有四：摊派徭役；征收田赋；查证本乡被告案情；参与对国家仓库粮食的保管工作。乡官设有“三老”、“啬夫”、“游徼”（音教）。“三老”掌教化；“啬夫”掌诉讼、收赋税；“游徼”掌捕盗贼。多数乡官由当地地主豪绅担任。

里：乡以下是里。里设里正或里典（为避秦始皇名讳，而改“正”为“典”）。里中设置严密的伍户籍组织，以便支派差役，收纳赋税。并规定互相监督告揭，一人犯罪，邻里连坐。

亭：亭属于治安系统的基层组织，是县尉的派出机构。亭有亭长，下面还设有“亭父”、“求盗”各一人。亭除了主要管理

秦俑坑东端中部队列

治安，还要负责接待往来的官吏，掌管为政府输送、采购、传递（文书）等。

秦始皇构建的一套严密而又完整的地方与基层的政权系统，强化了国家对老百姓的管理。这套系统对后世产生了很大的影响，开创了此后两千多年中华帝国的基本形态。

通过以上九个方面的大一统举措，秦王朝在新的生产力基础和文明程度之上，继承和发展了商、周二代的王朝传统，将“统一”的中国推向了一个更高的形态——中央集权的君主专制帝国。

点 评

从夏商的方国联合起，到西周统一而权散的王国，再到秦朝中央集权的统一帝国，我们从中不难发现中国历史演进的轨迹。春秋战国时期社会动荡，政治变革的本质在于从建构在西周分封制、宗法制之上的国家形态，向新的、更为成熟的国家形态的转化。所谓的"礼崩乐坏"实质是旧制度、旧秩序的瓦解，同时也反映了新制度、新秩序的萌生。各个分裂的、走向独立的国家，既导致了旧的国家形态的崩溃和终结，又通过各自范围内的政治实践，创造出新的国家形态的胚胎和雏形。秦国经由改革和兼并战争，创立了秦王朝，最终促成了这一转化。秦帝国所创立的国家形态，在经过汉代的进一步完善以后，具有了一种异乎寻常的稳定性。由秦汉到清代，几乎没有发生什么大的变化，随着朝代的更替，只是不断地重复。

因而，古代中国主要是以统一的、中央集权的专制帝国的形象屹立于世的。这一形象最初是由秦王朝塑造的。虽然在汉语中，随着秦王朝的灭亡，代表秦人、秦朝的"秦"字很快地被斩断了与"中国"的关联，仅作为中国历史上的一群人、一个诸侯国或一个朝代的概念存在，而不像继它后起的汉代，其"汉"字在汉代灭亡以后却继续作为"中国"、"中国人"的代名词而继续存在，并使用到今天。但在英语及其他一些外语中，如英语的China的原意就是指"秦"，称"中国"为"采依那"，法语为

“细纳”，意大利语为“期纳”，德语为“赫依纳”，拉丁语为“西奈”，这些叫法，究其意义，都是“秦”的音译。“秦”（qin）是英语“中国”及其他外语中同源名称的原形。这多半是当时秦王朝（或强大的秦国）威名远扬，西域少数民族遂将东方的华夏族称为“秦人”，“秦人”的叫法逐渐西传，被其他语言所吸纳。

这一现象及秦朝所创立的国家形态对中国社会的巨大影响，无疑可以说，秦王朝是中华帝国之母。

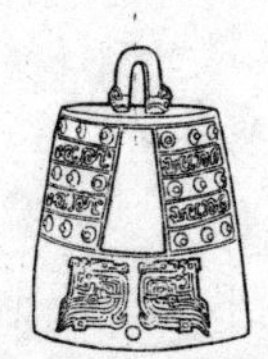

第十二章　绝对皇权下的暴君

《新语·无为》："秦非不欲为治，然失之者乃举措暴众而用刑太极故也。"秦国治政的失误就是从指导思想到举措的残暴性。

一、民本思想的凋敝

早在春秋战国时期，一些思想家开始发现了人民的力量和价值，提出了民本思想。其中最为后人称道并加以广泛引用的，是《孟子》和《荀子》中的两段话。

《孟子·尽心下》中说："民为贵，社稷次之，君为轻。"

《荀子·哀公》中说："君者，舟也；庶人者，水也。水则载舟，水则覆舟。"

中国古代的民本思想不同于西方的民主主义。比如，在古希腊实行民主制的城邦，是不允许有君主存在的。中国古代的民本思想，从来没有也从不试图在制度的层面上排斥和否定君主与君权。西方的民主制是一种审美意识，而中国古代的民本思想的主要特征是发现人类社会关系中的两种力量，主张以民权制约、抗衡君权，在这一点上，似乎和卢梭的《社会契约论》相近。检

视春秋战国时期的民本思想，可将其主要观点归纳为三点：君权的根本在民；立君的目的在于保民；如果君不称职，民可以批评以至反抗。

但是，民本思想这朵奇葩却在战国晚期逐渐枯萎，到秦王朝几尽凋敝。其原因大致有两个方面：

一是适应于战时特点的法家思想受到政治家们的青睐和采纳，而民本思想的积极鼓吹者儒家却往往不能见容于这个崇尚攻取的时代。一些法家人物，在为大一统的专制及帝制摇旗呐喊时，将君权至上论推向极端。《韩非·外储说右下》认为，君主再坏，终究是君主；臣民再好，终究是臣民。这就好比再破烂的帽子也要戴在头上，再好看的鞋子也必须踩在脚下。

法家也有一些重视“民”的言论。但其所看重的，主要是可供驱使的“民力”，而非“民心”，更不是民在社会中的主体价值。有的法家甚至公然宣称：“虽拂于民心，立其治。”（《韩非子·南面》）。丝毫不见民心的向背对为政、治国的重要性。他们还将欲“得民之心”的儒家反说为“不知治者”，以为“民智之不可用，犹婴儿之心也”。为政者如果想要适合民意、民心，乃是“乱之端，未可与为治也”。

法家思想的本意，虽然不在于造就一个绝对化的皇权，以让君主毫无约束，但思想界的这种动向，却在事实上为绝对化皇权的出现做了舆论上的开路工作。

二是被胜利冲昏头脑的秦始皇，不仅错误地过高估计了自己的才智和力量，而且想“独擅天下之利”。他以“独制天下”的政治实践，彻底否定和抛弃了民本思想。

早在秦始皇统一六国之前，尉缭就说，秦王政“少恩而虎狼心”。如果得到天下，天下人都将成为他的奴仆。不过那个时候

秦王政对自己的“虎狼心”还可以时常加以克制，对别人的批评和指责有时也能接受和容忍。对一些有真才实学的人，他甚至还可以屈尊相待。正是由于这一点，洞察秦王政本性的尉缭，最后还是被秦王政挽留了下来，并担任国尉，为秦的统一大业奔走效劳。

将军俑头像

然而，随着秦王政专制政权的巩固和发展，特别是在统一六国后，秦始皇使专制君主的权力在实践中获得了最大的实现，他的残忍暴虐的本性也就日益暴露了出来。秦始皇认为，凭借强大的军事官僚机器和一整套严刑酷法，就可以任意奴役天下。他视人民如草芥，无休止地横征暴敛，肆意地摧残、蹂躏，自己则穷奢极欲，纵情享受。公卿大臣们都仰承秦始皇的暴君行事，个个诚惶诚恐。违背他意志或惹他不高兴的人，随时会招来杀身之祸。

横扫天下、一统六国的英雄，变成了作威作福、荼毒人民的

暴君。

二、沉重的徭役

大兴土木的营建工程，这可能是帝王们共同的“嗜好”，而秦始皇在这方面更是极尽其能事。

早在统一战争还在进行的过程中，秦始皇就在咸阳大造宫殿。每当剿灭一国，他就派人到该国去摹绘那里的宫殿建筑，然后依照其式样，在咸阳附近的北阪筑起同样的宫殿。据历史记载，这个建筑群的规模很大，有各具特色的宫殿、楼阁 145 个。《史记·秦始皇本纪》说，这些宫殿南靠近渭河，从雍门向东至泾河、渭河的汇合处，殿室之间有天桥和环行的长廊相互连接。可见其工程之浩大。秦始皇又命令将从诸侯国所得到的美人、钟鼓，都安置在这些宫殿中。据《三辅》载，那里有“后宫列女万余人，气上冲于天”。北阪仿佛变成了东方各国建筑的博览会，东方美女的展示地。

统一六国后，秦始皇的享乐欲望和好大喜功的心理急剧膨胀。他大肆搜刮民脂民膏，滥用民力，劳民伤财地兴建了许多浩大的工程。

在平定六国的次年，他下令在渭南建造信宫。信宫后改为“权庙”，以象征天权的所在。

同年，下令修驰道。又修筑“甬道”，连接权庙和咸阳。所谓“甬道”，就是在道路两侧筑起高墙，专供秦始皇从中行走，不让路人瞧见。

秦始皇三十五年（公元前 212 年），修直道。

同年，秦始皇又以“咸阳人多，先王之宫廷小”为由，在渭

南上林苑营建“朝宫”。据《史记·秦始皇本纪》载：先修建前殿阿房，东西长五百步，南北宽五十丈，宫殿里可以坐上万人。殿前树立有五丈高的大旗，宫前立十二个巨大的铜人，各重24万斤，都是收缴民间兵器销毁改铸而成，还用磁石做大门，以防有人携带暗器入宫。

按照朝宫建筑群的营建规划，在前殿阿房宫周围，建有大小楼台亭阁相环绕。修建一条阁道，从阿房宫直达南山，在南山之巅再造宫阙。这一构想，可能与秦始皇想便于和天上神仙沟通有关。还要筑一条“复道”，即在楼阁之间架设空中通道。还准备跨越渭河将阿房宫与咸阳连起来。

如此庞大的工程，没能在秦始皇生前完工，秦始皇甚至未及予以正式命名。后世根据其前殿叫阿房，就称之为阿房宫。由

骊山食宫建筑复原图

此，唐代著名诗人杜牧在《阿房宫赋》中写道：

“六王毕，四海一；蜀山兀，阿房出。覆压三百余里，隔离天日。骊山北构而西折，直走咸阳。二川溶溶，流入宫墙。五步一楼，十步一阁；廊腰缦回，檐牙高啄……一日之内，一宫之间，而气候不齐。”

现知秦始皇时营造的宫殿还有兴乐宫、梁山宫等。当时可供秦始皇享用的宫殿，关中有三百座，关外有四百座，咸阳附近的宫殿都以“复道甬道相连”，秦始皇可以随意地行幸、游乐。

除以上所及，秦始皇兴建的庞大工程还有骊山秦始皇陵墓和长城。

骊山秦始皇陵的规模，据现代考古工作者估计，仅陵园中的封土、内外城墙、四大俑坑和防洪水堤等的土方量，就不少于1317.7万立方米，在当时的条件下需要十万人干一年才可能完工。而骊山陵的石料，采自渭河北面的甘泉山。当时流传着这样的民谣：“运石甘泉口，渭水不为流，千人唱，万人钩……”

可见其工程之浩大，人力耗费之巨。据说，修建骊山墓和造阿房宫所使用的劳动力达70万人（一说各70万人），修建长城的劳动力达30万人（一说40万人）。《剑桥中国秦汉史》曾对修建长城的难度和动用人力的数目作过一番评论。这些话有助于我们加深了解秦始皇是如何劳民伤财的。兹摘录如下：

“……不管长城究竟有多长，似乎可以确定地说，建造这样一种连绵延伸的防御工程，其后勤供应一定远远大于建造一座金字塔或其他固定的纪念性建筑物的后勤供应。因为随着长城的延伸，筑城活动的中心经常在变化，供应线也变得更长。此外，城墙不像正在修建的道路，它本身是依靠很不完善的运输材料手段。就长城而言，由于它越过的漫长山脉和半沙漠地带，以及这

骊山园缶

些地区稀少的人口和冬季的酷寒气候，条件就变得特别困难。”

今天，长城和骊山秦始皇陵都已作为人类文明史上的奇迹为人传颂。可是，千万别忘了，这些工程是用多少百姓的生命和血汗换来的。

古代国家都强制人民承担一定的无偿劳动，此称为徭役。《汉书·食货志》说，秦时徭役，“三十倍于古”。这话并不夸张，从秦王朝在不长的时间里就兴建了一系列大规模的工程看，其征发的徭役是极其繁重的。据一些研究者估算，秦王朝征发徭役与兵差所使用的民力，总数在三百万人以上。这对当时生产力还不十分发达、人口只有两三千万的国家来说，是一个相当沉重的负担，几乎是不到十个人就有一个人去服劳役。若扣除老人、小孩和女人，简直可以说大部分的壮年男丁都被抽去服了劳役！秦始皇滥发徭役而置正常的生产、生活于不顾，在历史上实属罕见。

当时人们负担的徭役不仅重，而且受到的待遇极差。服役者往往过着非人的生活，像牛马一样地被驱使着。清人杨廷烈所著的《房县志》中有这样一则记载：

房县有一种全身长毛的“毛人”，他们是当年为逃避秦始皇筑长城劳役而躲入深山老林的民夫的后代。由于在森林里生活、繁衍了千百年，所以他们全身都长出了毛。当有人遇见毛

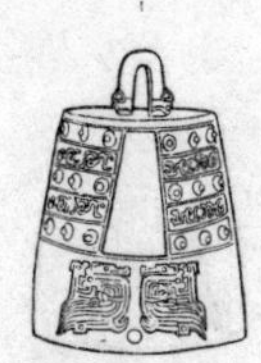

人时，毛人会先发问："长城筑完了没有？秦始皇还在么？"如果那人回答："长城还没修完，秦始皇还在！"毛人会吓得立刻掉头就跑。

这当然只能视为一个传说。然而历史上如果没有那样残酷的现实，它也就不会出现。当时残酷的现实，吓得老百姓不敢正常地生儿育女，以免使下一辈人再受痛苦。一首秦代的民歌唱道：

生男千万不要养育，
生女要用糊粥喂，
不见那长城下，
尸骸相连作支柱……

三、不堪忍受的赋税

秦王朝不仅徭役沉重，而且赋税也沉重。《汉书·食货志》说："至于始皇，遂并天下，内兴功作，外攘夷狄，收泰半之赋……竭天下之资财以奉其政，犹未足以澹其欲也。"这里"泰半"，是过半数、大多数之意，"澹其欲"，就是满足其欲望。这段话的意思是说，为了维护秦王朝庞大的国家机器，满足秦始皇等少数统治阶级的穷奢极欲和"大作大为"，秦廷向人们收取的赋税，超过了人们收入的一半还多。这是相当沉重的赋税了，然而这样还不能满足统治者的欲望。

秦代的赋税，主要有田租、口赋和杂赋三种。田租，即土地税，它按土地的多少征收。秦代的田租，仍按古代通行的"十一之税"收取，即按十分之一的原则分成计征。口赋，即人头税，它按人口征收，口赋远比田租重得多，所谓"收泰半之赋"，就

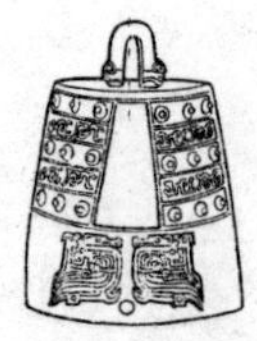

是要将一年收入的一大半，作为人头税上交国家。这种税收的方法是“头会箕敛”，即到征收口赋时，秦政府将居民召集一处，责令各户按人口交现钱现货，然后用簸箕敛集运走。如果不采取召集开会的形式，就由官吏到家里去收集。

劳动人民上交口赋、田租以后，所剩就不多了，一般只能勉强自给。如果遇到天灾人祸就不能维持。然而，秦政府还要时常摊派杂赋，这是口赋、田租以外的各种名目的临时征调。对广大穷苦农民来说，强行征收杂赋，好比是雪上加霜。

四、焚书坑儒

秦始皇在肆意地剥削和压榨天下百姓的同时，自己却纵情享乐，过着荒淫奢靡的生活。并经常出外巡幸，到处刻石立碑，宣扬自己的功德。

焚书坑儒

秦始皇三十四年（公元前 213 年）的一天，始皇帝在咸阳宫设置酒宴，有七十位博士上前祝酒。仆射周青臣上前颂扬说：“从前秦国的土地不超过千里，仰赖陛下的神灵圣明平定了海内，驱逐了蛮夷部族，使日月所能照到的地方没有人不称

臣顺服。把诸侯封国改成了郡县，使每个人都各自安居乐业，没有战争的祸患，这个伟大的功业流传万世，从上古以来没有人能赶得上陛下的神威和功德。”

秦始皇听了非常高兴。不料博士齐地人淳于越却进言说：“我听说殷、周统治天下一千多年，分封子弟和功臣，来作为自己的枝叶和辅佐。如今陛下拥有海内，而您的子弟却是匹夫平民，一旦突然出现了像田常、六卿一样的乱臣，没有藩辅，将用什么来相互救助呢？凡事不师法古制而能久长的，我从来没有听说过。如今周青臣又当面奉承而使陛下加重过失，他不是忠臣。”

秦始皇把这件事下发给群臣讨论。丞相李斯说：“五帝的政治措施不相重复，三代的国家制度不相因袭，各自根据当时的需要来进行治理，他们不是有意相反，而是时变势异的结果。如今陛下创建了伟大的功业，建立了流传万世的功勋，根本就不是愚儒所能理解的。而且淳于越所说的是三代时候的事，又有什么值得效法的？从前是因为诸侯并立而互争短长，所以才用优厚待遇招揽游学之士。如今天下已经平定，法令出于一统，百姓居家就应努力从事农耕生产，士人就应该学习法令刑禁。如今那些儒生不效法当今而要学习古代，用来非议当世，搞乱百姓的思想。”

丞相李斯还进言：“古时候王子分散混乱，没有人能够统一，所以使得诸侯并立兴起。有所论说都是称引古代而损害当世，用虚言加以粉饰来搅乱事实，人们只认为他们自己私下所学是正确的，而指责皇上所建立的制度。如今皇帝拥有一统的天下，辨别了是非黑白并规定了一切抉择于至尊。而那些私家之学相互勾结，非议法令教化，这些人一听到政令发布，就各自用他们所学的主张加以评论。在朝中就在堂上指责，出来后

就在街巷议论，在君主面前他们夸耀自己所主张的学说来博取名声，用有不同于当今的观念来表示高明，率领着一群追逐者对政府造谣诽谤。这样的情况不加以禁止，就可能使在上的君主威势下降，在下的臣子结成朋党。我认为禁止这种趋势是合适的。我请求命令史官把除《秦纪》以外的史书都焚毁。不是博士官的职务需要，天下其他的人若藏有《诗》、《书》、百家典籍的，都应该将这些典籍交到守、尉等地方官府一同焚毁。若有人敢相聚论说《诗》、《书》的就要被当众处死。用古事来非议当今的要被诛灭全族。官吏中若有知道和看见而不检举的人和他们同罪。命令下达后三十天内仍不烧书的人，要被处以黥刑后发配到边疆去修筑长城。不烧的是有关医药、小筮和种植一类的书籍。如果想要学习法令，就应拜官吏为师。”

秦始皇听后，觉得很好，就下达制书说：“可以。”

于是秦王朝在全国掀起了一场焚书运动，按李斯的提议，把《诗》、《书》、百家典籍进行焚毁，并不得再谈论《诗》、《书》，要读书，就是学习秦国的法令。

这就是著名的“焚书”事件。其实淳于越的进言也是为了秦始皇着想，秦始皇自己也觉得有点道理，犹疑不下。但经李斯一派巧言如簧的辩论，又把秦始皇拉到了法家的政治观上来，想以法家的思想来统一天下人们的认识，从而达到天下大治，遂同意了这一提议。而秦始皇也因此变得更加专横残暴起来。

秦始皇素来迷信，加上纵欲无度，贪恋权势，对臣下多疑，事必躬亲，天下的事无论大小都要亲自决定，以至于每天批阅的上奏文书要用秤量，白天黑夜都有呈奏，不批阅完规定数量的呈奏就不休息，极大地消耗了秦始皇的精力。于是他一意想寻找长生不老的仙药。一些方士则投其所好，使出各种法子来骗他。

咸阳宫一号宫殿复原模型

秦始皇二十八年（公元前218年），秦始皇东巡到琅琊（今山东胶南琅琊台西北），齐人徐福等上书说，东海之中有蓬莱、方丈、瀛洲三座神山，上面居住着仙人，并有长生不老的奇药，请求秦始皇委派他率领童男童女入海寻仙求药。

秦始皇听后大喜，立即下令赶造一批航海大船，并征集男女儿童数千人，徐福就带着这些儿童驾船出海而去，但他一去数年不归。秦始皇三十二年，秦始皇东巡到碣石（今河北昌黎北），又派燕人卢生去寻求传说中的仙人羡门、高誓。随后又派韩终、侯公、石生去探求长生不老之药。当秦始皇继续向北巡行到上郡（今陕西与内蒙古的部分地区），卢生求见始皇，号称从大海中寻得鬼神图书而归。图书上写着“亡秦者胡也”。秦始皇以为所谓“胡”就是北方少数民族胡人，就派大将蒙恬发兵30万北击胡人。

秦始皇三十五年，一直未觅得长生不老药的卢生，为了交差，又编造了一套鬼话去哄骗秦始皇，说：“我们这些臣子去寻找灵芝奇药和仙人，常常找不到，好像有什么东西伤害了他们。方术要和人主相合的时候，人主应该隐瞒行踪来远离恶鬼，远离了恶鬼，真人才能来临。人主所在的地方让臣子们知道了，就会伤害神灵。所谓真人，是进入水中不会沾湿，闯入火中不会烧

伤，凌驾在云气之上，和天地共长久的人。如今陛下治理天下，还不能做到清静安宁，希望皇上所居处的宫殿不要让别人知晓，做到这样以后或许才能求得不死之药。”

于是秦始皇说：“我仰慕真人。”就称自己为“真人”，不再称作“朕”。并下令将咸阳周围二百里以内的二百七十座宫殿，用空中的复道和有围墙的甬道互相连接起来，把帷帐、钟鼓、美女安置在里边，并分别登记在案而不准许移动，秦始皇有所临幸，如果有人透露出他所在的地方，就要被判罪处死。

方士们一而再、再而三地蒙骗秦始皇，为了追求长生不老，秦始皇竟然也连连相信方士们的胡说，表现得愚蠢之极。然而，神仙长生药毕竟是不存在的，谎言也终有被戳穿的一天。按秦法规定，所献之方无效验者，要处以死刑。所以随着时间的推移，方士们变得惊恐起来。

一天，卢生和另一名方士侯生在一起商量对策，说：“始皇帝的为人，天性刚烈狠毒，而且自以为是，从一个诸侯起家，兼并天下，心志满，为所欲为，认为自古以来的帝王没有人能够胜于他自己。他专门任用治狱的官吏，使治狱的官吏能够得到皇帝的亲近和宠幸。博士官虽有七十人，但只是备员充数而得不到任用。丞相和各位大臣都只是领受皇帝的成命，一切政务都要依靠皇上来决策办理。皇上喜欢用刑罚杀戮的方法来建立他的帝王权威，天下的人都害怕获罪而只想保住自己的俸禄，没有谁敢于竭尽忠诚。皇上不能听到自己的过失而日益骄横放纵，臣下被皇上的威严所慑服而只能用说谎、欺瞒的方法来取得皇上对自己的宽容。秦法中规定，一种方术不能试验两次，如果没有应验，就要被处死。然而占卜星象云气的虽多到三百人，他们都是良士，却因为畏惧皇帝的忌讳而阿谀，不敢直言始皇帝的过失。方术哪能

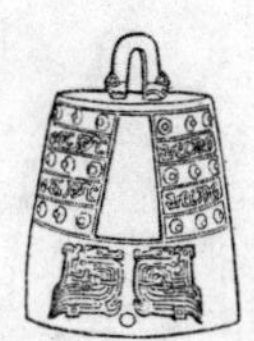

一次就成功呢！我们不应该替他寻求仙药。”

于是二人就逃跑了。秦始皇听说这一消息后，大为震怒，说：“前些时候我收集天下不合实用的书籍全部销毁了，广泛地召求许多文学方术之士，希望通过他们谋求太平，方士想要炼丹来求得奇药，如今听说有很多方士都逃跑了，徐福等人花费的钱要用万来计算，最终没有能得到仙药。每日只是相继听到报告他们为奸谋划的消息。卢生等人，我对他们既很尊重又给予了很多的赏赐，如今他们却诽谤我，夸大我的失德。那些在咸阳的方士儒生，我派人去查问了，有的人在制造妖言来惑乱民众。”

秦始皇派御史全面查究审问那些方士儒生。那些方士儒生相互牵扯告发，从中查出触犯禁令的有四百六十多人，秦始皇把他们全部活埋在咸阳，并让天下人知道，以警告后人。这就是著名的“坑儒”事件。

秦始皇长子扶苏见此劝谏说：“天下刚刚平定，远方的民众还没有归附，那些儒生都诵读诗书效法孔子，如今皇上一律用重刑制裁他们，臣子担心天下不会太平安宁，希望皇上明察这件事。”

秦始皇听后大怒，立即命令扶苏北赴上郡，去担任正在那里戍边的蒙恬军队的监军。

“焚书”和“坑儒”事件，将秦始皇的残暴推向了极致，在中国人民的心中，留下了永远的伤痛。

五、残忍的苛法酷刑

秦始皇暴政的又一个重要方面就是苛法。秦自商鞅以后，一直奉行以法治国的政治策略。法治使秦国走向强盛，并最终

统一中国。但秦法的极端残暴和酷烈，又导致秦王朝“奸邪并生，囚徒塞路，牢狱成市，天下愁怨，溃而叛之”。因此，后世的统治者都耻于与“暴秦”为伍，而史家对秦的法律也讳莫如深。

在秦王朝的法律中，主要的是刑法。其繁多而残酷的刑罚，有些叫现代人看了都会身上发麻。现录如下，让我们看一看秦王朝的刑罚有多么残暴。

（1）死刑。根据执行方法的不同，秦的死刑主要分以下

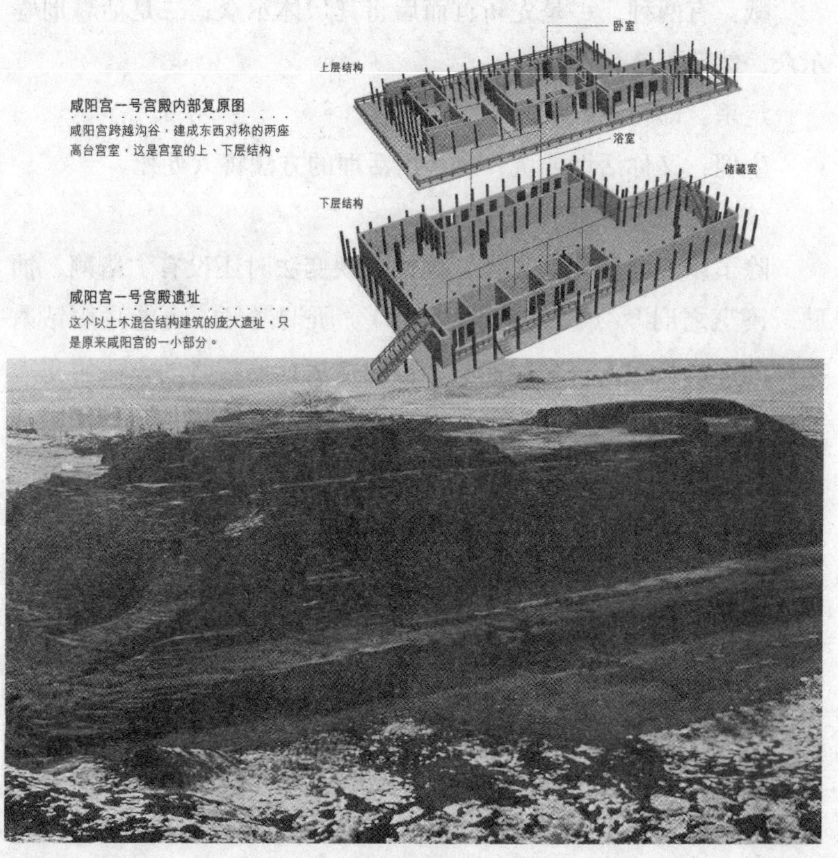

咸阳宫

几种：

枭首：即将犯人斩首后，将其首级悬于木杆之上以示众。

弃市：在闹市当众处死。

斩：分砍头和腰斩两种，以腰斩为多。秦的腰斩适用于“不告奸”（即不检举揭发坏人坏事）等罪。

车裂：以车拴住头和四肢，向五个方向撕裂肢体，俗称“五马分尸”。有时是在罪犯已被处死后，再施以车裂之刑。

磔：又称为矺，以分裂肢体的方法将犯人处死。

戮：有两种，一是先斩首而后将其尸体示众；二是活着刑辱示众，然后再杀死。

定杀：即将犯人放入水中淹死。

生埋：又称活埋或坑，就是用活埋的方法将人处死。

绞：用绳子将犯人勒死。

除了以上九种死刑罚外，据说商鞅变法时还设有“凿颠，抽胁，镬烹之刑”（《汉书·刑法志》）。所谓凿颠，可能是用钻凿头颅的方法将犯人杀死；抽胁，可能是用抽筋拔骨的方法将犯人杀死；镬烹，就是用大锅将犯人烹死。

（2）肉刑。主要有四种：

黥刑：又叫黑刑，即在犯人脸上刺字。

鼻刑：割去犯人的鼻子。

刖刑：斩去犯人的左右脚，或左右趾。汉代桓宽在《盐铁论·诸圣》中提到：“秦时，断足盈车。”

宫刑：即将男子去掉生殖器，去掉女子内生殖器官（或幽闭于宫中）。《史记·秦始皇本纪》载，秦朝受过宫刑犯人有“七十余万”。

这四种肉刑都是从夏、商、周三代流传下来的酷刑，在推崇

重刑的秦国和秦王朝，它们被广泛地使用。这些肉刑，常与徒刑等并用。如秦简中提到“黥为城旦”，即受黥刑后，还要去从事修城筑墙的劳役。

（3）笞刑。这是用竹木板责打犯人的臀部，属于对轻微犯罪的一种常用刑罚。云梦秦简有多处提到笞刑，其中有“笞十”、“笞五十”、“笞一百”的规定。

（4）徒刑。依照服刑时间的长短和所从事劳役的不同，秦设置了下列几种主要的徒刑：

城旦舂：城旦适用于男犯人，受刑人主要从事修城筑墙的劳役。舂适用于女犯人，受刑人被罚作舂米的劳役。城旦的刑期一般为五年、四年两种。

鬼薪：适用于男犯人，是强迫他们进山采薪（柴），以供宗庙祭祀鬼神用。刑期为三年。

白粲：这是强制女犯人择米以供宗庙祭祀鬼神用的一种刑罚。刑期三年。

司寇：强制男犯人到边远地区服劳役，同时防御外寇的进攻。至于女犯人，则负担与司寇相类似的劳役，刑期都为两年。

罚作复作：罚作适用于男犯人，受刑人到边远地区戍边劳作。复作适用于女犯人，受刑人主要在官府服劳役。罚作复作的刑期是三个月到一年。

候：受刑人被罚去从事瞭望、防御的劳役。这是仅见于秦的一种徒刑，是轻于司寇的一种刑罚。

下吏：适用于犯罪的官吏，受刑者被罚作劳役。这也是仅见于秦的刑罚。

隶臣妾：就是将犯人或其家属罚作官奴婢的刑罚，男受刑人

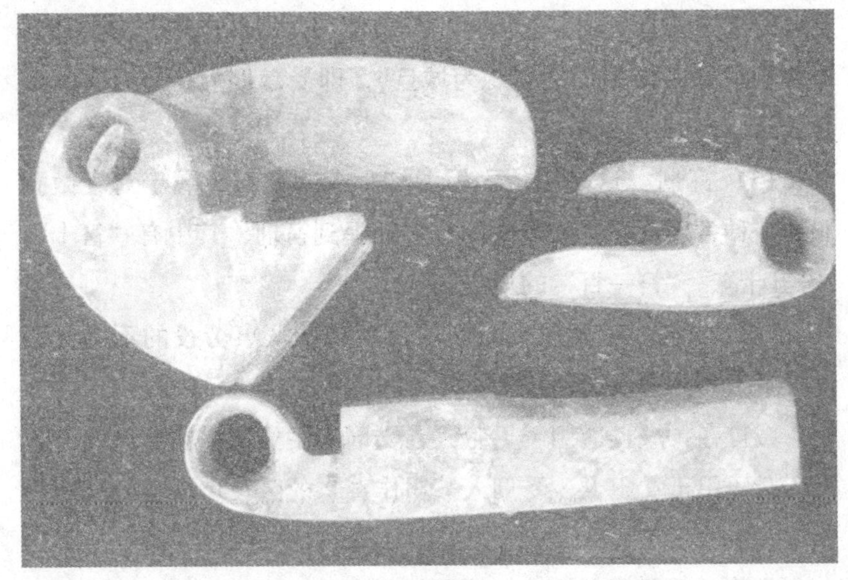

秦代厚重弩机

称隶臣，女受刑人称隶妾。隶臣妾实际上是无期徒刑，但隶臣妾可以通过一定形式得到赎免或赦免。此刑罚又叫做孥或籍家。

(5) 迁刑。这是将罪犯遣送到指定地区服劳役而不准随意迁回原籍的一种刑罚。对一些没有犯罪但统治者认为有犯罪可能的人，也常采取这一措施，以作预防。

(6) 髡刑，耐刑。髡（音昆）刑，就是剃光犯人的头发。耐刑，就是剃去犯人的胡须和鬓毛。

(7) 罚金。这是一种经济制裁方法，由执法机关强制犯罪者向政府缴纳一定数目的金钱或有价物，使犯人在经济上受到一定的损失，以达到惩罚犯罪的目的。

(8) 赎刑。由犯人用缴纳一定数量金钱的办法来赎免其被判处的刑罚。当然，用钱赎罪的主要是官僚和贵族。

(9) 连坐。一人有罪，全家、邻里和有关之人同受刑罚。

（10）族刑。一人有罪，灭绝其宗族。族刑有时株连到父族、母族、妻族。

（11）剥夺政治权利，或流放出境。剥夺政治权利的刑罚有夺爵、废、削籍几种。夺爵，即剥夺爵位。废，即废弃罪犯的官职。削籍，即将罪犯之名从簿籍上除去。在秦统一六国以前，还有将犯人驱逐出秦国国境的刑罚。

（12）谇刑。此即申斥责骂罪犯的刑罚，广泛适用于犯有轻罪的官吏。

从上面可以看出，秦的刑罚特别是死刑和肉刑是相当残暴的。再加上秦法的轻罪重刑原则，称之为苛法一点也不过分。当秦的统治者用推行法治来建立专制主义的中央集权制度的时候，当他们把这些严刑峻法用在迫使人民努力耕战以完成统一大业的时候，诸侯割据称雄与人民大众要求统一之间的矛盾十分尖锐，从而使人民大众与统治者及其统治工具严刑峻法之间的对立和矛盾暂时地掩盖了起来，他们因此取得了一时的胜利。

但是，秦王朝建立以后，情形就不同了。此时，人民大众与统治者之间的矛盾突显了出来，尤其是原六国的人民，他们与秦统治者之间构成了一种极其复杂而微妙的矛盾关系。面对这样的现实，秦始皇理应省刑罚、轻徭役，使人民大众有一个从事和平劳动和重建家园的环境，缓和社会矛盾。然而，秦始皇没有这样做。不仅如此，他反而在全国范围内变本加厉地推行严刑峻法，并力图用法这个工具，强制全国的官吏和人民驯服地服从他的个人意志。于是，秦王朝一步步走向了灭亡。

被胜利冲昏了头脑的秦始皇，推动了以往数任秦国国君克制私欲以“缘法而治”的作风，而将法变成了纯粹的专制帝王一个人私欲权威的工具。他所颁定的法律，所有官吏和人民都

必须严格遵行。而他自己却可以凌驾于法律之上，置身于法律之外，并且有权修改、废除任何一项法律，有权以任何一项新法律代替旧法律，甚至有权置一切法律于不顾，一怒之下置天下人于死地。

这样，法家法治学说的固有缺陷，因秦始皇及其儿子秦二世的所作所为而暴露无遗。法从一种“治国的工具”变成了为害百姓的祸患。这种专制之法，使他们“惟法为治”的美好理想在极权专制制度下化为泡影。由此，明清之际的启蒙思想家黄宗羲干脆就说：“三代以下无法。”

是的，在专制而严苛的法律下，社会就变得没了法。

点　评

秦朝统治者的残暴行径，非但没有使自己坐稳江山，反而导致了空前强大的帝国在极短的时间里土崩瓦解。这无情的事实，令后人警醒。

人们在总结历史的经验教训时，重新提出了民本思想。汉初思想家贾谊（公元前200—公元前168年），从秦末大起义中认识到，人民有力量支持一个政权，也有力量推翻一个政权。他向统治者呼吁说：“人民不可不畏惧啊！因为人民具有巨大的力量，是统治者不可匹敌的。与人民为敌！”

进而贾谊重新张扬起了“民本”的旗帜，他说：“政治，必须以人民为本。国家要以人民为本，君主要以人民为本，官吏要

以人民为本。因为人民可以决定国家的安危，可以决定君主的荣辱，可以决定官吏的贵贱。”

一句话，统治者能否坐稳江山，一切决定于民心的向背。

这种民本思想，对中国古代君主专制帝国高度膨胀的君权无疑构成了一种极重要的制约。任何统治者若不想重蹈秦朝灭亡的覆辙，就不能不对此予以注意，并对自己的所作所为有所检点。正如唐太宗李世民在告诫太子和诸王时所说：“水能载舟，亦能覆舟。”

第十三章 秦帝国的崩溃

让我们再来看一看秦帝国崩溃的先兆，看一看始皇陵那用多少百姓的生命和血汗换来的奇迹。正如马克思在评论法国作家巴尔扎克的作品时所说的，这些“伟大的作品是对贵族社会必然崩溃的一曲无尽的挽歌”。

一、秦始皇之死

秦始皇三十六年（公元前211年）秋天，长期操劳国事又纵欲过度的秦始皇，时常被一种不祥的预感所侵扰。信奉神祇的他，让人为他占卜，结果封辞显示的是巡游迁徙才会吉祥。于是他先迁徙了三万家民户到北河榆中定居，赏赐每户一级爵位。第二年十月癸丑日，又开始他的第五次巡游。

随同秦始皇这次出巡的，有已升任丞相的李斯，执掌始皇车骑和符玺的中东府令赵高。幼子胡亥因为羡慕出游请求跟从，秦始皇准许了他的请求。出发之前，秦始皇对军国大事做了一番安排，由右丞相冯去疾留守都城咸阳，总管朝政。至于长子扶苏，早已派往上郡，与大将蒙恬一起率兵防御匈奴。

秦始皇带着大队人马从咸阳出发，出武关，沿丹水、汉水到

了方梦，又沿长江东下，经丹阳，来到钱塘。按计划准备在这里渡江上会稽山。因水波汹涌，就向西行进了一百二十里，从江水最狭窄的地方渡过。登上会稽山，祭祀大禹，遥望南海，立石碑刻字而歌颂秦德。回程经过吴县，从江乘县渡过长江，沿着海岸北上，到达琅琊。

秦始皇曾数次到达琅琊。琅琊地处东海之滨，传说中的仙人就住在东海的蓬莱山上。这正是琅琊吸引秦始皇的所在。当听说秦始皇再次来到琅琊，一直为秦始皇向仙人寻求长生不老药的方士徐福等人，因好几年没有结果，花费又多，害怕受到谴责，又撒谎说："蓬莱仙药可以得到，但是经常被大鲛鱼所袭击，所以不能到达。希望皇帝派遣善射的人和我们一同去寻取，如果见到大鲛鱼就用连发的弓弩射杀它。"

秦始皇一心想着长生不死，以至于对这些荒诞不经之言深信不疑，他立即派人乘船入海射鱼。求药心切的他，居然自己也拿起连弩，等候大鲛鱼，想射杀它。从琅琊向北航行到荣成山，没有见到大鱼。到芝罘山的途中，见到了巨大的鱼，射杀了一条。然后就从海岸向西走。而这时徐福早已不知去向。

当车驾到达平源津的时候，本来就体弱多病的秦始皇，加上旅途劳累，患上了重病。这位被长生不老梦想迷住的暴君，一向忌讳说死，因此群臣没有谁敢说死的事。然而事实无情，秦始皇的病情日益严重。生命垂危之际，他终于意识到死亡之神已经向他伸出了双手。

秦始皇开始安排后事，他口授叫赵高写了一封给公子扶苏的信，让他速回咸阳办理丧事，并继承帝位。然而，未等这封信送出，当这行人马到达沙丘平台（今河北巨鹿县东南）时，秦始皇便崩逝了。这位叱咤风云的一代帝王，只活了四十九岁，就结束

了他的一生。

二、赵高密谋胡亥篡位

秦始皇死后，左丞相李斯因为皇上在都城外崩逝，恐怕各个公子及天下人会搞政变，决定隐密这件事，不发布丧事。秦始皇的尸体放在始皇生前睡卧的辒辌车中，每日照常令人送饭送水，以掩人耳目。只有胡亥、赵高及五六个宦官知道底细。车驾日夜兼程向咸阳赶路。

这时，早就觊觎高位的赵高，开始盘算如何篡权。赵高曾是胡亥的老师，教胡亥读书和学习刑法律令等事，深得胡亥的宠幸。而胡亥的哥哥则信任蒙恬。因此，赵高就谋划让胡亥即位，从而使自己可以攫取大权。赵高扣留了秦始皇给扶苏的玺印和书信，并对胡亥说："皇上逝世，没有诏令封立公子为王，而只给了长子扶苏一封信。等扶苏一来，就会立为皇帝，而您却连一寸封地也没有，对此，该怎么办?"

荀　子

胡亥开始不理会赵高的用意，说："本来是这样嘛！我听说，贤明的君主最了解他的臣子，贤明的父亲最了解他的儿子。父皇临终，不封赐儿子们，有什么好说的呢?"

赵高见胡亥不开窍，又开导说："不是这样！当今天下大权，生死存亡都在于您，我和丞相李斯无所谓，希望您能慎重考虑。况且让别人向自己称臣和自己向别人称臣，控制别人和被别人控制，难道可以相提并论吗?"

胡亥说："废弃长兄而拥立弟弟，这是不义的；不遵从父亲的遗命，这是不孝的；才能浅薄，强夺别人君位，这是无能的。这三种行为都是违背道德的，天下人心不服，自身危险，国家也会灭亡。"

赵高说："我听说商汤、周武王杀死了他们的君王，天下人都认为合理，不能算是不忠。卫君杀死了他的父亲，而卫国人称颂他的功德，孔子还记载了这件事，不算是不孝。做大事的人不拘泥于小节，作大德不必谦让。乡里风俗各有习惯，而百官的工作也各不相同。因此，凡事只顾细节而遗忘大体，日后必定有祸害，犹豫不决将来必定后悔。果断勇敢地放手去做，连鬼神也会逃避，后来必能成功。希望您就这样去做。"

胡亥开始动摇，但又深深地叹了口气，说："现在皇上刚去世，还没有发丧，丧礼还没进行，怎好拿这事去求丞相呢?"

赵高说："时间紧急，短暂得来不及谋算。就像背着干粮骑着快马赶路一样，千万不能耽误了时机!"

经赵高反复劝说，胡亥终于同意篡位。赵高又说："如果不跟丞相谋划，恐怕事情不会成功。臣请求为您去与丞相一起谋划这件事!"

于是赵高就去串通李斯阴谋篡位，说："皇上临终的时候，

秦长城遗迹

给长子一封信，叫他到咸阳参加丧礼，并立他为皇位继承人。可是信还没有发出，如今皇上已经去世，这事还没有别人知道。给长子的信和玺印都在胡亥这儿，确定太子的事，就在您和我赵高之口所说罢了。事情将怎么办?”

李斯一听，十分吃惊地说：“怎么能说出这种亡国的话呢！这种事不是我们做人臣的所应该谈论的！”

赵高见此，就对李斯施展挑拨离间的伎俩说：“你自己估量一下，您的才能与蒙恬相比，怎么样？您与蒙恬相比谁的功劳高？深谋远虑而不失误比蒙恬怎么样？不被天下人怨恨比蒙恬怎么样？跟长子扶苏有故交又深得信任与蒙恬相比怎么样?”

李斯说：“这五项我都比不上蒙恬，而你对我的责备是多么深刻啊！”

赵高说：“我本来只是宦官这样的仆役，侥幸因为娴熟狱法

文书而进入秦朝宫廷，理事二十多年来，还没见到未被秦王罢免的丞相或功臣，有把封爵传到第二代的，最终都是被诛杀而死。皇帝的二十几个儿子，都是您所了解的。长子扶苏刚强又勇敢，对人信任，又善鼓励士兵，他就位的话，必定任用蒙恬当丞相，您就不可能带着通侯的印绶告老还乡，这是很明显的了。我赵高，接受皇上的命令教育胡亥，让他学习法令已好几年了，没有见过他有什么过失。胡亥仁慈忠厚，轻视钱财，重视士人，内心很明白但不善于言辞，竭尽礼仪，敬重贤士，秦国的公子们没有能比得上他的，可用他作皇位继承人。希望您考虑以后再决定这件事。”

李斯说：“您还是回到您的座位上去吧！我李斯遵照皇帝的遗诏，听从上天安排的命运，还有什么可考虑决定的呢?”

赵高说：“安全可以转为危险，危险可以转为安全，安全和危险都没有确定，怎么能尊贵?”

李斯说：“我李斯原是上蔡街道里的平民，皇上之所以提拔我为丞相，封我为通侯，让我的子孙都能得到尊崇的地位和丰厚的俸禄，是因为将要把国家存亡安危的重担交托给我。我难道能辜负皇上吗？忠臣不避死是最基本的，孝子过于勤劳就会危害自身，做人臣的只应恪守本分的职责。你还是不要再说了，再说的话将会使我李斯蒙受罪过!”

赵高说：“我听说圣人处世迁徙无常，能够顺应变化而依从时势，看到事物的苗头就能知道事物的根本，看到事物的趋向就能知道事物的归宿。事物本来就是这样的，哪能有永恒的法则呢？当今天下的权力和命运都掌握在胡亥手中，我赵高能揣摩出胡亥的意向。况且由外部来制服内部就是作乱，从下面控制上面就是叛逆。所以秋霜一降，花草就凋落，春暖冰化水流动，万物

秦长城排水陶瓦

就生长，这是必然结果。您为什么迟迟不能理解这种道理呢？”

李斯说：“我听说晋献公废太子申生改立奚齐，结果三代政局不安；齐桓公怕和公子纠兄弟争夺王位，后来公子纠被杀死；殷纣王杀死叔父比干，不听劝谏，因此都城变成废墟，终于使国家危亡。这三件事都是违背天理的，弄得国破家亡，宗庙没有人祭祀。我李斯还是人啊，怎么能参与篡位的阴谋！”

赵高说：“上下同心协力，大事就可以长久；内外一致，事情就不会有差错。您要是听从我的计策，就可以得到封侯，世世代代称王称侯。而且您也必定有像王子乔、赤松子两位仙人那样的长寿，像孔子、墨子两位圣贤那样的智慧。如果您放弃这个好机会而不肯去干，就连您的子孙都会遭受祸殃。我实在替您心寒。聪明人是能因祸而得福的，您打算如何处置呢？”

李斯于是仰天长叹，流着眼泪叹息说：“唉！我偏偏遭遇这样的乱世，既然不能以死效忠，又向哪里去寄托我的命运呢？”

李斯终于屈服于赵高的计谋。赵高就回复胡亥说：“我请求奉太子您的明确命令去通知丞相李斯，丞相岂敢不遵命！”

赵高与李斯合谋篡改了秦始皇写给扶苏的信，捏造罪名，反责扶苏在边疆十几年，不能向前扩展国土，士兵伤亡消耗却很多，没有一点功劳，反而屡次上书直言诽谤秦始皇的所作所为，因不能回来作太子就日夜怨恨，是为“不孝”；而蒙恬知道扶苏的言行而不加以纠正，表现“不忠”，要他们两人自杀。赵高与李斯又假造了立胡亥为太子以继承皇位的诏书。伪造的书信由胡亥的亲信送往扶苏、蒙恬率军驻扎的上郡。

扶苏接到信一看，就哭泣起来，不知其中有诈，深知父命难违，便走进内室要自杀。蒙恬劝止扶苏说：“陛下在外巡视，没有确立太子，派我率领三十万大军驻守边疆，叫公子任监军，这是天下的重任。如今只有一个使臣到来，就要自杀，您怎么知道这不是诡计呢？请您再请示一下，再请示之后自杀也不迟！”

扶苏为人忠厚，对蒙恬说：“父皇既令儿子自杀，那还要请示什么呢？”

说完就自杀了。蒙恬不肯自杀，使者就把他交给狱官，囚禁在阳周。此时，载着秦始皇尸体的车驾已从井陉（今河北井陉北）绕道九原向咸阳进发。他们故意从北边绕一大圈，一是为了掩人耳目，二是等使臣回报扶苏的消息。载尸的车已散发出臭气，内中的尸体腐烂不堪。于是下令在后面的车中装上一石鲍鱼同行，以鱼腥气掩盖臭气。

当车驾由九源沿直道快抵达咸阳时，终于传回了扶苏自杀的消息。赵高一伙欣喜若狂。回到咸阳，就给始皇发丧。然后宣布太子胡亥继位为二世皇帝。那一年，胡亥 21 岁。赵高因此当上了郎中令，掌握宫廷戍卫大权。

三、规模空前的陵墓

秦始皇死后三个月，秦二世胡亥把始皇帝安葬在了骊山北侧，在今陕西省临潼县东北部一带，北临渭水，南依骊山。

据《史记·秦始皇本纪》记载，秦始皇的陵墓在秦始皇开始即位的时候就着手兴建了。等统一天下后，又从全国各地押来七十多万奴隶，开挖三重泉水的深度，用铜水浇铸堵塞缝隙后再把棺材放进去，又把宫殿和所设的百官位次，以及奇器珍怪等宝物拿来满满地藏在其中。命令工匠制作带有机关的弩箭，假若有人盗墓穿凿进去就会被射杀。用水银模拟成百川和江河大海，利用机关使它相互灌输流动，陵墓内的顶壁上依据天文图案进行装饰，下部依据地理图形加以布置。墓中还用娃娃鱼的脂肪做蜡烛照明，长年不熄。

由于陵墓过于庞大和精致，秦始皇生前未能看到它竣工。秦始皇死后，秦二世加以突击修建。始皇下葬后，工程还在继续，直到反秦大起义的队伍打进关中，才被迫中止。

秦始皇陵的规模以及奢华、精致的程度，不仅超过了秦国历史上所有先公、先王的陵墓，而且在中国历代帝王陵墓中也是绝无仅有的。

秦始皇葬礼的细节，史书记载不多。但是从秦始皇陵的规模看，当时治丧的盛况，一定是空前的。

当时，秦二世曾下令，凡没有生育过子女的秦始皇后妃以及大批宫女，全部为始皇殉葬。这是秦史上规模最大的一次人殉。并且，秦二世又生怕修建秦始皇陵的工匠泄露墓室中的机密，竟下令在始皇灵柩下葬后，迅速关闭出口，将所有在墓内工作的工

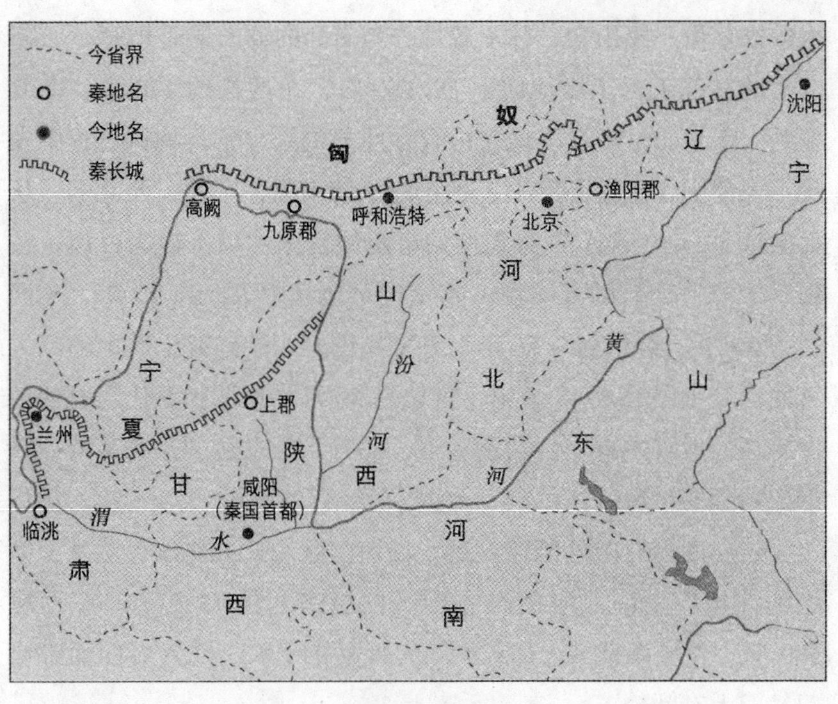

秦长城的分布

匠全部活埋在里面。此外，秦二世还在秦始皇陵墓外围埋下了大量的殉葬物。

经过近几十年来的考古发掘和研究，人们已对秦始皇陵有了进一步的了解，弥补了文献记载的不足。

整个秦始皇陵园区占地 56.25 平方公里，主要包括五个部分：封土、地宫、城垣、寝殿等附属建筑及陪葬坑。封土，即坟墓，它由黄土堆积、夯匀，呈上小下大的方锥体状。据记载，秦始皇陵原来坟高五十多丈，周边长有五里多。封土的底部南北长 515 米，东西宽 485 米，总面积约 25 万平方米。由于历经两千年的风雨侵蚀，现有封土已比原来小了很多，但高度仍在 50 米以上，东西长 345 米，南北宽 356 米，面积约为 12 万平方米。高

大的坟墓像一座山峦，林木葱郁，与南面的骊山遥遥相对。

地宫位于封土堆地面下 30 米左右，东西长约 170 米，南北宽约 145 米，呈矩形。地宫内存在明显的汞异常。物探过程中发现了大范围含量较高的汞，且东南、西南强，东北、西北弱，从而验证了《史记》中有关秦始皇陵地宫内“以水银为百川、江河、大海”记载的真实性。墓室位于地宫中央，高 15 米，东西长约 80 米，南北宽约 56 米，墓室周围有一层细夯土质地的巨大宫墙，夯土层厚 6～8 毫米，宫墙高 30 米，顶端比秦代当时的地面要高。地宫内有东西两条墓道，还有十分发达的排水系统，以保证内部的干燥。

封土四周有内外两道城垣。城垣已倾塌，目前仅存墙基。内城和外城均呈南北向的长方形。内城南北长 1355 米，东西宽 580 米。外城南北长 2165 米，东西宽 940 米。内外城四面都有门，门上有阙楼。

在城垣以内，封土的北侧和西侧是地表建筑，封土北侧的建筑为陵园的寝殿，西侧的建筑是供奉陵寝内墓主灵魂饮食的饮官的住处。这是模仿人间宫殿“前朝后寝”制度而来的，反映了侍奉始皇遗体如他生前一样的观念。

在城垣内外，有数不尽的陪葬坑。例如，在封土西侧有大型彩绘铜车马两组，它们是供墓主灵魂乘坐巡行用的车马仪仗中的副车。西边的内、外城之间，有珍禽异兽坑及跪坐俑坑 31 座，有鹿麂及其他珍贵动物，象征着宫廷的苑圃。在外城东边的上焦村，发现了马厩坑及跪坐俑坑，它们象征着宫廷的厩苑，跪坐俑是古代负责饲养马的人员。此外，还有戏俑、文官俑、乐手俑和青铜水禽等。

特别是在秦始皇陵东侧 1.5 公里处，还发现了一组大型的陪

葬坑，这就是震惊世界的秦始皇兵马俑群。

1974年3月，几位农民在距秦始皇陵东侧1.5公里处打井时，偶然发现几片陶俑的碎片。聪明的他们立刻意识到地下一定埋有重要的文物，就向文物部门报告。于是，引出了一项震惊世界的考古发现。

经发掘，那里有以军阵形式排列的兵马俑坑3个。一号坑呈东西向的长方形，东西长230米，南北宽62米，面积为1.426万平方米。二号坑位于一号坑的东端北侧，为曲尺形，东西最长处124米，南北最宽为98米，深约5米，面积约6000平方米。三号坑位于一号坑的西端北侧，呈“凹”字形，东西长17.6米，南北宽21.4米，深4.8米，面积约520平方米。

3个兵马俑坑出土的陶俑、陶马和真人真马大小相似，形态逼真。它们的排列是按照当时的军阵编组的。一号坑是以战车与步兵组合排列的长方阵；二号坑为战车、骑兵、步兵混合编组的曲尺形军阵；三号坑的陶俑作仪卫式的夹道排列，是统率一、二号坑军队的指挥部。一、二、三号坑构成了秦帝国强大军队的一个缩影。

这三处从墓的兵马俑坑呈品字形排列，共出土陶俑、陶马8000件，战车百乘，以及数万件实物兵器等。兵马俑坑不但是一个丰富的地下军事博物馆，也是一个雕塑艺术的宝库。数以千计的高大的兵马俑群，其规模的宏伟，气势的磅礴，在中国和世界雕塑史上十分罕见。这些多彩多姿、形态逼真、充满个性特征的艺术形象，具有永恒的艺术魅力，表现了古代中国人民在艺术创造上的卓越才能。

秦始皇陵的兵马俑坑，生动地再现了秦帝国军队训练有素、兵强马壮的情景，显示了秦王朝横扫六国、威震天下的军事力量

及其雄伟的气势，被称为“世界第八大奇迹”。

秦始皇陵园的整个建筑布局，模拟了始皇生前居住在京城的形式：那高大的封土下的地宫象征着皇宫，内外两城象征着京城的宫城和外郭城。内城里有寝殿、便殿、苑圃、吏舍，还有供皇帝出行用的乘辇。外城外边的厩苑内有供驾车和骑乘用的骏马。至于兵马俑，则象征着驻扎在京城外的宿卫军，守卫着京城。再加上地宫内具有的百官位次以及无数奇珍异宝，构成了一幅“千古帝王”理想的生活宫城图！

然而，令人惊叹的秦皇陵是用天下百姓的生命和血汗换来

司马迁墓复原图

的，是用无数建造者的尸骨堆出来的。据研究，仅秦始皇陵园外的那组兵马俑坑，占地面积总计两万平方米，光挖坑一项的土方工程量就达10万余立方米。所用木料均为巨大的松柏。根据遗留的木槽看，有的棚木直径为68厘米，长约10米。初步计算，一、二、三号俑坑共约用木料8000立方米，棚木上铺的苇席和竹席约1800平方米，铺地用砖25万块。加上7000件大型陶俑、陶马的制作，其工程量和所耗费的人力、物力都是十分惊人的。

这仅是一个陪葬坑而已。因此，司马迁记载的秦始皇派发70万人修建陵墓，不会是一个失实的数字。正如元代张养浩在《山坡羊》小曲中所唱的："兴，百姓苦；亡，百姓苦。"

四、诛杀宗室大臣

秦二世继位不久，他们的篡权行为引起了诸公子和大臣们的疑虑。奸诈的赵高感觉到危机四伏，就对胡亥说："沙丘之谋，各位公子和大臣们都有怀疑，愤愤不平，很可能要发生事变。为今之计，要用严刑峻法，将先帝的内臣以及诸公子清灭干净。然后收揽重用前朝遗留下来的民众，对于地位卑贱的人，使他变得高贵；对于贫困的人，使他变得富足；对于前朝被疏远的人，给予亲近宠信，这样就能实现上下团结而使国家安定。"

二世皇帝说："这个办法很好。"

于是胡亥开始密谋诛杀那些对他们心怀不满的大臣、公子。胡亥有兄弟姐妹数十人。经过与赵高共同策划，胡亥罗织罪名，首先将六位公子杀死在杜县。随后又在咸阳的街上公开处死十二位公子。公子将闾等兄弟三人被囚禁在内宫中，因为等待议定他们的罪名被单独拖延在后。二世皇帝派使者对将闾说："公子不

臣服君上，你的罪过应当处死，官吏将要来执行法令了。”

将闾说：“宫廷的礼法，我从来不敢不顺从赞礼官的引导而妄为；朝廷上的位次，我从来不敢失节错乱；领受皇帝的命令回答提问，我从来不敢失言错答。依据什么说我不臣服？我希望能够明白地知道我所犯的罪过，再接受死罪。”

使者说：“我不可能参加谋议，只是奉诏书行事。”

将闾于是仰天大呼：“天啊！我没有罪！”

最后兄弟三人被迫含恨自杀。公子高见势不好，准备逃跑，却又怕牵连家属满门被斩，于是主动上书，请求为秦始皇殉葬。见到公子高主动求死的奏书，胡亥大喜，准其请求，并赐钱十万用来安葬。胡亥对姐妹们也不放过，将她们残酷杀害。

大臣中的心腹之患是蒙恬兄弟。当时接到伪诏，扶苏拔剑自刎，而蒙恬不肯，被使者逮捕，囚禁北郡阳周。自蒙恬的祖父蒙骜起，蒙氏家族世代为秦名将。蒙恬本人为秦国扫平群雄出生入死，屡建奇功。统一六国后，蒙恬率兵三十万，北逐匈奴，收复河南地（今内蒙河套一带），又负责修筑长城，声威赫赫。蒙恬有个弟弟叫蒙毅，过去深得秦始皇的赏识，常跟随在秦始皇的左右。有一次赵高触犯秦法，秦始皇将他交给蒙毅处治。蒙毅秉公执法，依秦律判处赵高死罪。可当蒙毅将判刑结果上奏秦始皇时，秦始皇却因宠爱赵高，赦免了他。此后赵高对蒙毅恨之入骨，发誓要报仇雪恨。

当胡亥听说公子扶苏自杀了的时候，本想放了蒙恬。赵高唯恐蒙氏兄弟再次显贵而掌权，仍然怨恨他们，便日夜中伤蒙氏兄弟，搜罗他们的罪过，检举弹劾他们。胡亥遂不放蒙恬，并把蒙毅囚禁在代地，要诛杀蒙氏兄弟。

胡亥的侄儿子婴进言规劝说：“我听说以前赵王迁杀死他的

贤臣李牧以后任用颜聚，齐王建杀死他的前代忠臣而用后胜，这些都导致国家的灭亡，而且祸殃连及自身。如今蒙氏兄弟是秦朝的大臣、谋士，而君王想一朝抛弃他们，我私下认为不行。我听说轻信的人不能治理国家，不集思广益的人不能保全君位。诛杀忠臣而任用没有德行节操的人，这样对内使群臣互不信任，对外使战士的斗志涣散，我私下认为不行。”

但胡亥没有听从进谏，最后派人诛杀了蒙氏兄弟。胡亥、赵高还捏造罪名杀死了其他一些大臣。中央郡官以上，地方郡县守、尉也被杀掉和撤换了一大批，并换上自己的亲信。

秦二世又更改法律，对人民进行更残酷的镇压。这一切，使得群臣人人自危，为保住他们的禄位而拼使阿谀逢迎，平民百姓则更加震惊恐惧。

古栈道

五、李斯在勾心斗角中丧命

本来，比起昏庸而贪婪的秦二世胡亥，丞相李斯还有一定的政治眼光和统治经验。他见秦二世骄奢无度，秦王朝岌岌可危，几次劝谏，胡亥从来不听。一次，胡亥反过来责问李斯："听说古代的尧、禹等君王都是很辛苦的，难道君王就是为了如此辛苦劳神而拥有天下的吗？我可不希望当这样的君王。我想随心所欲，尽情享受，又要永远保有天下，你说有什么办法能达到这个目的？"

李斯一向看重爵禄，唯恐丢官，听秦二世如此责问，就不再进谏，而谄媚起来。他提出了一套"督责之术"，以博秦二世的欢心。上书奏道，"贤主"必能行"督责之术"，"督责之，则臣不敢不竭能以徇其主矣"；不能行"督责之术"的，如尧、禹这些君主，"其身劳于天下之民"，势必苦形劳神，以身徇百姓，是受罪。

李斯所说的"督责之术"，简单地说就是严刑峻法加上君主独裁。李斯主张用"轻罪重罚"的办法来统压臣下和百姓，使他们不敢轻举妄动，同时，君主还需独揽大权，驾驭群臣，而不能被臣民所影响。这样，君主的位置就坐稳了，也就可以随心所欲、为所欲为了。

这样，李斯慑于宫廷政治的险恶和专制君主的淫威，不仅参与了权奸的篡位阴谋，还堕落为了一个阿谀奉迎的人。秦二世对这种极端独裁专制的统治思想深以为然，对人民压榨得更加残酷。这激起了全国民众的强烈反抗，终于爆发了陈胜、吴广领导的大泽乡起义。进而英雄豪杰群起响应，自立为王。

秦二世、赵高和李斯三人，因互相利用而联合起来。由于权力和利益在分配上的不平均，他们之间常常勾心斗角。

赵高原是赵国王族的远亲。秦灭赵时，他父母都做了俘虏，被迁到秦。入秦后赵高父亲因触犯秦律，被施以宫刑，母亲也沦为宫奴，在宫中服役。赵高母亲在宫中服役时曾与人“野合”，生下了赵高。后来，她的不轨行为被人揭穿，受到刑罚，因此殃及赵高，也被处以宫刑，罚做宫中奴仆。然而，一个偶然的机会使赵高的命运发生了转折。

一天，秦始皇在宫中遇到赵高，见赵高身材高大，力量过人，很是喜欢，就叫他做中车府令，管理皇帝的车马。在服侍秦始皇的过程中，赵高学了点狱法，于是秦始皇又叫他做公子胡亥的老师。以后，赵高平步青云，及至沙丘之变，成为执掌秦王朝大权的几个要人之一。

赵高深知自己出身卑贱，在朝中又结怨甚广，十分惧怕大臣们在秦二世面前说自己的坏话，于是，他对秦二世说：“现在陛下年少即位，如果与大臣们议事出点差错，朝臣们就会轻视您。陛下不如深居宫中，由我在廷上与朝臣们议事，然后报告给您。这样您就不会在大臣面前有什么过失，他们也就会把您当作英明圣主了。”

秦二世本来就耽于美色，厌于理事，听赵高如此一说，正中下怀。从此常居宫中，一意寻欢作乐，大臣再也难以见到。而赵高便攫取了大权，政事皆由他决断。

李斯见赵高控制着秦二世，独揽朝政，十分不满，常与赵高过不去。于是赵高也将李斯视为眼中钉，决心彻底制服李斯。一天，赵高一本正经地对李斯说：

“现在关东形势很紧张，盗贼纷起，而皇上却加紧增派劳役

修建阿房宫，无休止地搜集天下好玩之物，我想进谏，但地位卑贱，实在有些不方便。你为什么不进谏呢？”

李斯早就对秦二世终日深处宫中、骄奢淫逸而不问政事忧心忡忡，现在赵高叫他进谏，李斯不知是计，就说：“本来呀，我早就想说了，可是现在皇上不上朝，得不到进言的机会啊！”

金牛道

赵高说：“你若是真想进谏的话，我给你寻找机会，到时通知你。”

于是赵高就趁二世皇帝正在欢宴娱乐，宫中美女在面前侍候的时候，派人告诉李斯说：“皇上正有空闲，你可以进来禀奏事情。”

李斯于是来到宫里求见，这样一连三次。秦二世发怒说：“我平常有空闲的日子，丞相不来，我正在私宴娱乐的时候，他却来请示事情。丞相难道是在故意为难我吗?”

赵高趁机进谗言说：“这样就危险了，沙丘之谋，丞相参与了。现在陛下已经立为皇帝，可是丞相并没有更加尊贵，这样就表明他内心也想割地封王了！而且陛下不问我，我也不敢说。丞相的儿子李由担任三川郡守，楚地盗贼陈胜等人都是丞相邻县的居民，所以当陈胜等人经过三川郡时，李由只是守城，却不出击。我听说他们之间有书信往来，因为还没有得到确切情况，所以不敢来告知陛下，况且丞相处在宫外，权势比陛下还重。”

秦二世听罢立即派人去调查李由与陈胜起义军的关系，李斯意识到大祸将至，立即上书二世，揭发赵高的罪错，建议除掉赵高。

秦二世对赵高深信不疑，以为李斯是诬告赵高，离间君臣关系，他还把李斯上书的内容告诉了赵高。赵高立即先发制人，对秦二世说：“丞相所忧虑的只有我赵高，我死后，丞相就要仿效田常篡夺君位了!”

秦二世于是下令逮捕李斯，说：“那就把李斯交给郎中令处理吧!”

李斯被抓了起来，关进了监狱。与李斯一起下狱的，还有右

丞相冯长疾和将军冯劫。二冯认为“将相不能受侮辱”，就自杀了。秦二世令赵高审讯李斯，赵高刑讯逼供，让李斯承认谋反之罪，并将其宗族通通收捕殆尽。李斯经不住酷刑的折磨，承认了赵高的指控。李斯之所以不自杀，是因为自负能言善辩，有功劳，确实没有谋反的动机。他在狱中向二世上书，在书中竭尽其辩才，希望二世省悟而赦免自己。

但是，赵高却扣下了李斯所上之书。赵高又令人假扮御史等官员，反复审讯李斯。只要李斯稍有翻案的念头，就加以严刑拷打，迫使李斯维持承认谋反的口供。最后，二世派人向李斯验证口供，李斯以为又同前几次一样，终于不敢改变口供，承认了状辞。

秦二世二年（公元前 208 年）七月，李斯在咸阳市被当众腰斩，其宗族也被全部诛灭。

李斯的一生，颇能发人深思：他在辅佐秦始皇统一天下，建立大一统君主专制帝国的过程中，作出了一定的贡献，是秦始皇身边几个具有政治见解的大臣之一。但他贪图爵禄，缺乏气节，在专制政治的漩涡中，不敢坚持自己的见解，甘愿与昏君同流合污。最后，不仅毁掉了自己的前半生功业，还在权力的角逐中丧生。他既是被专制政治和昏君奸佞所杀，也是为自己丧失节操所害。

六、指鹿为马事件

左丞相李斯、右丞相冯长疾死后，秦二世胡亥即任命赵高为丞相，由于赵高是阉人，可以出入内宫，故被称为“中丞相”。秦二世耽于享乐，事情无论大小，总是由赵高决定。

然而赵高欲壑难填。他仍不满足于一人之下、万人之上的地位，还想有朝一日坐上皇位。他首先派亲信控制了中央的要害部门。他任命女婿阎乐为咸阳令，弟弟赵成为郎中令，掌握了京师和皇宫的卫队。随后，开始试探群臣的意向。

秦二世三年（公元前207年）八月的一天，赵高牵着一头鹿献给秦二世，说："这是一匹马。"

秦二世一看，笑着说："丞相错了，怎么把鹿说成是马呢?"

但赵高坚持说是马。秦二世又问左右大臣究竟是鹿还是马。结果，有的回答是鹿，有的为了阿谀奉承赵高回答是马，还有的沉默不语。事后，赵高对言鹿者一一加以迫害。从此，群臣都缄口不语，以免被赵高治罪。

灵渠徒门

赵高指鹿为马的目的达到了，当他正在忙于做篡位准备时，刘邦、项羽率领的起义军已席卷关东，并向关中进军。当刘邦率领部队攻至武关的消息传到咸阳时，秦二世才如梦初醒，连忙派人去找赵高，商量对策。赵高于是决定除掉二世。他让弟弟赵成做内应，谎称有大盗进入宫里，派女婿阎乐率领属部进行追击，借机攻打二世居住的望夷宫。行动之前，狡诈而又心狠手辣的赵高怕女婿有变，悄悄地将阎乐之母扣为人质。

阎乐率领官兵一千多人来到望夷宫殿门，说："盗贼从这里进去了，为什么不加以制止？"

卫令说："宫殿四周都有士兵守卫，非常严谨，怎么会有盗贼敢进入宫殿？"

阎乐就斩杀了卫令，率领官兵径直进入宫殿，边走边射箭，群臣百官非常惊骇，有人逃跑，有人格斗，格斗的就被杀死，被杀的有几十个人。最后赵成和阎乐一同进入宫殿，箭射到了皇上座右的帷幄上。秦二世愤怒地召令左右侍者，侍臣们都惶恐慌乱，不敢挺身格斗。二世身边有一个宦官，伺候他不敢离去。二世对他说："你为什么不早告诉我？以至于落到这个地步？"

宦官说："臣子不敢说，所以才能保全。如果我早就说了，都已被诛杀了，怎么还能活到今日？"

阎乐上前历数了二世的罪行。二世说："我能否见丞相？"

阎乐说："不可以。"

二世又说："我愿意到一个郡的地方作一个王。"

没有得到允许。二世又说："我情愿和妻儿在一起作平常百姓，如同各个公子一样。"

阎乐说："我受丞相之命，为了天下的人诛杀你，你虽然说了许多话，也不能同意。"

阎乐指挥士兵拥上前来，二世被迫自尽。

七、子婴投降起义军

秦二世一死，赵高就把皇帝的玉玺佩戴在身上。文武百官见赵高居然佩戴帝印，按捺不住心头的不满，一时朝廷上议论纷纷。赵高见状，知道像他这样出身的人要登上皇帝的宝座，公卿大臣们是不会答应的，只好让二世的侄子子婴即位。

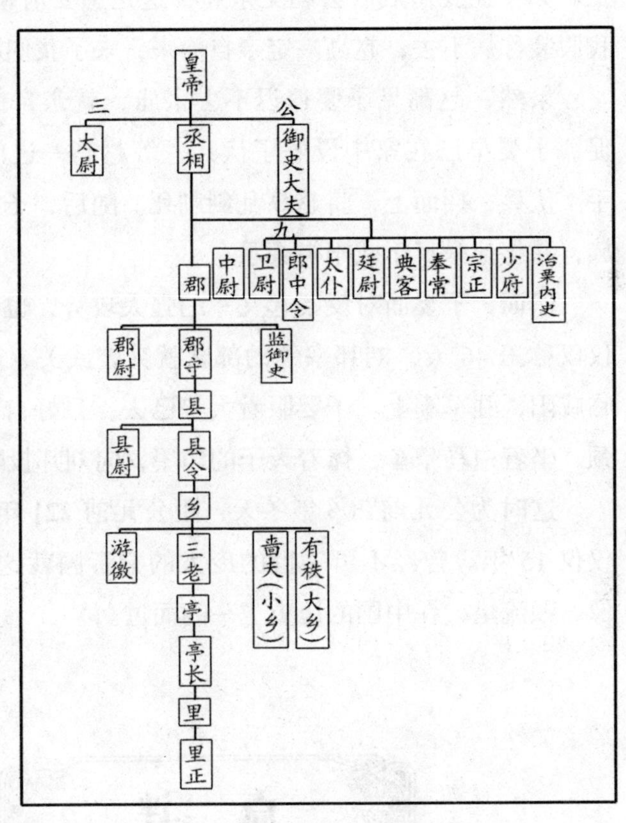

秦朝政权机构表

但他只让子婴称王，不称帝，说：“秦始皇过去能够君临天下，所以才称帝。如今六国自己又重新拥立了国王，秦所控制的地域变得很小了，仍然沿用空名而称帝，是不可以的。应该像以前那样称王，这样更便利。”

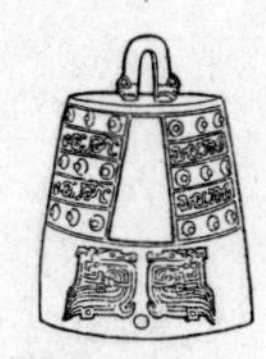

赵高又让子婴斋戒，到宗庙中去拜见祖先，接受玉玺。斋戒了5天，子婴和他的两个儿子商议说："丞相赵高在望夷宫杀害了二世皇帝，害怕群臣诛杀他，才假装申张大义来扶立我。我听说赵高已经和楚国订立盟约，灭亡了秦的宗室以后他在关中称王。如今让我斋戒后去朝见宗庙，这是想要借朝见宗庙来杀我。我假装称病不去，赵高一定亲自前来，来了我们就杀死他。"

果然，赵高见子婴迟迟不去宗庙，就亲自前往子婴住宅催促。子婴早已在家中设好了伏兵，等赵高一进门，立刻下令动手。伏兵一拥而上，将赵高乱剑刺死。随后，子婴又诛灭赵高三族，并将他暴尸于咸阳街头示众。

然而，子婴面对反秦起义军的强大攻势，也无力抵抗。子婴仅仅称王46天，刘邦率领的部队就突破武关，攻下山尧关，兵临咸阳，驻军霸上。子婴眼看大势已去，只好自己用绳子拴着脖颈，坐着白马辇车，捧着天子的印玺，向刘邦投降。

这时为公元前206年冬天，距公元前221年秦王朝的建立，仅仅15年。曾经不可一世的庞大的秦帝国就这样如昙花一现，像一颗流星，在中国的历史上一闪而过。

点评

从秦国的兴起到秦帝国的建立，经历了漫长的时间。而庞大的秦王朝却像一颗流星一样一转眼就灭亡了。什么原因呢？是始皇、二世的暴政呢？还是法家的学说？法家学说的残暴性在儒家

看来是明显的，但法家对儒家的诘难也不是没有道理的。有史学家说："秦国的衰败是一代代积累而成的。"

秦王朝转眼就灭亡了，但最终形成于秦始皇之手的统一帝国的国家形态却一直延续下来。它既对古代中国的繁荣和文明的发展起了积极的作用，又对中国社会的进步产生了许多负面影响。中国古代社会的许多毒瘤，就是生长在这个封建皇权高度膨胀的专制法制的躯体之上。

参考文献

[1] 冯静荪，李君.资治通鉴谋略大典 [M] .郑州：中州古籍出版社，1993.

[2] 司马光.资治通鉴精华 [M] . 北京：九州出版社，2005.

[3] 司马迁.史记 [M] .长沙：岳麓书社，1988.

[4] 班固.汉书 [M] .郑州：中州古籍出版社，1996.

[5] 范晔.后汉书 [M] .郑州：中州古籍出版社，1996.

[6] 四书五经 [M] .长沙：岳麓书社，1998.

[7] 陈晋.毛泽东评点二十四史 [M] . 北京：时事出版社，2011.

[8] 冯梦龙.东周列国志 [M] .长沙：岳麓书社，1990.

[9] 卢定兴，王良.五千年帝王历史演义 [M] . 北京：京华出版社，2009.